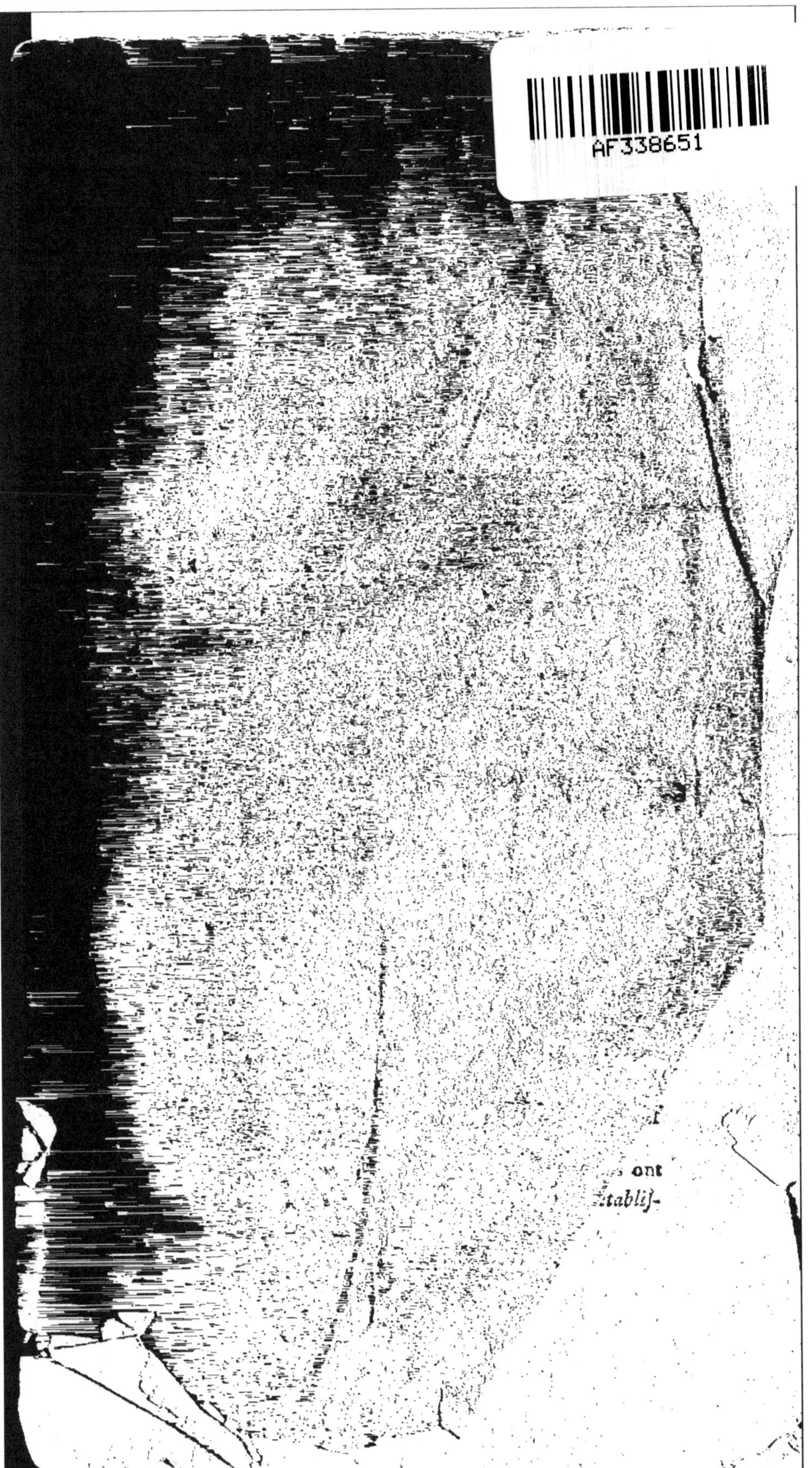

AF338651
ont
tablif-

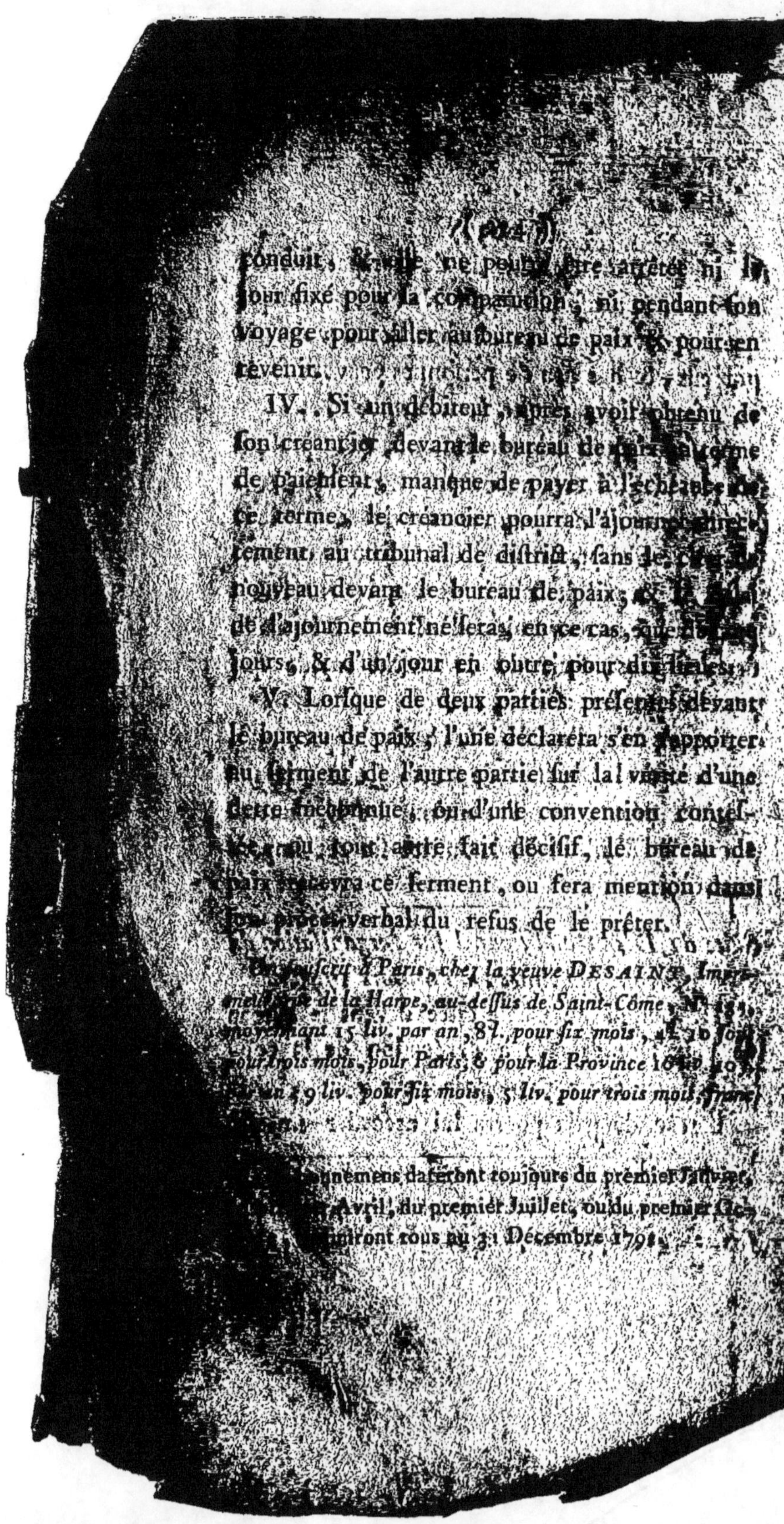

conduit, & elle ne pourra être arrêtée ni le
jour fixé pour la comparution, ni pendant son
voyage pour aller au bureau de paix, & pour en
revenir.

IV. Si un débiteur, après avoir obtenu de
son créancier, devant le bureau de paix, un terme
de paiement, manque de payer à l'échéance de
ce terme, le créancier pourra l'ajourner directement au tribunal de district, sans le citer de
nouveau devant le bureau de paix; & le délai
de l'ajournement ne sera, en ce cas, que de trois
jours, & d'un jour en outre pour dix lieues.

V. Lorsque de deux parties présentes devant
le bureau de paix, l'une déclarera s'en rapporter
au serment de l'autre partie sur la vérité d'une
dette méconnue, ou d'une convention contestée, ou tout autre fait décisif, le bureau de
paix recevra ce serment, ou fera mention dans
son procès-verbal du refus de le prêter.

On souscrit à Paris, chez la veuve DESAINT, Imprimeur, rue de la Harpe, au-dessus de Saint-Côme, N°.,
moyennant 15 liv. par an, 8 l. pour six mois, 4 l. 10 s.
pour trois mois, pour Paris, & pour la Province 16 liv.
par an, 9 liv. pour six mois, 5 liv. pour trois mois, franc

[les abon]nemens dateront toujours du premier Janvier,
[du premier] Avril, du premier Juillet, ou du premier Oc-
[tobre, & fin]iront tous au 31 Décembre 1791.

PRINCIPES

DE MESSIEURS

BOSSUET ET FÉNELON,

SUR LA SOUVERAINETÉ.

PRINCIPES

DE MESSIEURS

BOSSUET ET FÉNELON,

SUR LA SOUVERAINETÉ,

Tirés du 5e Avertissement sur les Lettres de M. Jurieu,
et d'un Essai sur le Gouvernement civil.

———

A PARIS,

Chez {
LAILLET, Impr, Marché-neuf, n° 40.
DUFRESNE, Libraire, au Palais,
PICHARD, au Luxembourg.
LALLEMANT, sur le Pont-neuf,
}

1791.

PRÉFACE.

Il n'est point de controverses plus délicates et plus dangereuses que celles qui ont pour objet la souveraineté, son origine, ses bornes, les sujets où elle réside. Les sages ont toujours cru qu'on devoit éviter avec le plus grand soin de remuer de semblables questions, et sur-tout, qu'on ne devoit jamais les agiter en présence du peuple. Cependant ce sont aujourd'hui les questions à la mode; elles sont dans la bouche de tout le monde, et les hommes les plus ignorans et les plus bornés, sont ceux qui les tranchent avec plus de hardiesse. On avance comme une maxime incontestable, on pose en premier principe, que le peuple est souverain, et que lui seul peut l'être. On ne parle que du contrat social, d'un contrat primordial entre les sujets et les princes, et renfermant, comme tous les autres contrats, des clauses résolutoires.

Cette doctrine de la souveraineté du peuple et de son premier contrat avec les rois, souffre de grandes difficultés; et, entendue en un sens dans lequel il n'est que trop ordinaire de l'entendre, c'est une doctrine erronée et pestilentielle, capable de tenir tous les gouver-

nemens dans un état habituel de convulsion,
et d'inonder la terre de larmes et de sang.
C'est dans cette doctrine que les forfaits les
plus détestables et les plus détestés dans les
derniers siècles, ont pris leur source ou trouvé
leur apologie.

Le fameux ligueur Jean Boucher, qui osa
bien justifier publiquement l'assassinat de
Henri IV par Jean Châtel, fonda principalement son apologie sur cette doctrine: *Le
fondement de la royauté*, dit-il (a), *n'est
autre comme de toute autre seigneurie en
général, sinon un contrat mutuel et obligation réciproque entre le seigneur et le
vassal, sur lequel le droit de succession
subsiste suivant les termes, et avec pré-
supposition duquel, et non autrement, les
peuples ont consenti à la reconnoissance
de ceux de la ligne de leur roi; et d'ailleurs il est certain que la contravention par
l'une des parties, rend l'obligation nulle,
pour l'égalité du droit qui y est, etc.*

C'est encore sur cette doctrine que Cromwel et son parlement appuyèrent toutes leurs
procédures contre Charles I, et c'est par elle

____

(a) Apologie de Jean Châtel, tome 6 des Mémoires
de Condé, page 30. Voyez aussi page 21 et 35.

qu'ils arrivèrent à cet attentat dont toutes les histoires n'offrent point d'autre exemple.

« Il y a trop long-temps, disoit Ireton adres-
« sant la parole au parlement, qu'on abuse
« de la patience du premier tribunal d'An-
« gleterre.... La nature, le droit des gens,
« nous apprennent nos droits en telle occur-
« rence. Le contrat des rois et des peuples
« contient un engagement mutuel, aux peu-
« ples d'obéir aux rois, aux rois de protéger
« leurs peuples. Notre roi cesse de nous pro-
« téger ; dès-là nous sommes dispensés de la
« soumission et des hommages auxquels nous
« étions engagés par le contrat mutuel que
« nos pères ont fait avec ses ancêtres (a). »

Bradshaw , président de la commission établie pour juger le roi, l'ayant interpelé de répondre aux charges rapportées contre lui : *Ma mauvaise fortune*, dit Charles I, *ne m'a pas fait oublier mon rang et ma dignité. Je suis votre roi, et vous n'avez point de pouvoir sur moi. Avant de vous répondre , je vous interpelle vous-même de dire par quel autorité vous êtes ici assemblés pour me faire mon procès: je n'entends pas parler de celle que se donnent*

____

(*a*) Histoire des Révolutions d'Angleterre. liv. 9.

les voleurs de grand chemin ; il n'en est que
trop de semblables dans le monde : mais
je demande sur quoi vous fondez l'autorité
légitime que vous prétendez en avoir. Je ne
veux point trahir mon droit : souvenez-
vous que je le tiens de Dieu…

« Il est aisé de vous satisfaire, répartit le
« président : La même autorité qui vous a mis
« sur le trône, nous fait asseoir sur ce tri-
« bunal. C'est le peuple qui vous a élu pour
« roi ; c'est le même peuple qui nous a cons-
« titués pour être vos juges. »

« Vous errez, M. le président, répliqua le
» Roi, et vous êtes mal instruit du droit des
« rois d'Angleterre à la couronne. Ils la tien-
« nent de Dieu et de leurs prédécesseurs,
« comme un royaume héréditaire et non
« électif ; et telle est de temps immémorial
« la constitution de cette illustre monarchie.
« mais vous, encore une fois, sur quoi fondez-
« vous votre prétendu droit ?

Bradshaw, à cette question souvent ré-
pétée, ne se lassoit point de répondre :
« Cette cour tient son droit des communes,
« de qui vous tenez votre couronne (a). »

Cette doctrine de la souveraineté du peuple,

_____

(a) Histoire d'Angleterre par Larrey, in-fol. tom. 4,
page 267.

poussée jusqu'à ses plus odieuses conséquences, fut d'abord assez généralement embrassée par les prétendus-réformés. On connoît les ouvrages d'un Buchanan, d'un Milthon, d'un Mildelton et de tant d'autres. Mais les plus sages auteurs ont paru les désavouer dans la suite ; et lorsqu'on a prétendu que Duplessis-Mornay ou Bèze s'étoient cachés sous le nom de *Junius Brutus*, et étoient les véritables auteurs du fameux ouvrage, *Indiciæ contrà tyrannos*, où cette malheureuse doctrine est plus nettement proposée et plus habilement défendue que dans tout autre, tout le parti s'est récrié, et a repoussé cette imputation comme une calomnie odieuse. Ce désaveu étoit-il sincère ? Qu'on en juge par les écrits anciens et modernes des protestans (*a*).

Il faut convenir que quelques théologiens de l'école de Paris ont parlé peu sagement sur cet article, et enseigné, au moins incidemment, la même doctrine que les prétendus-réformés. Ils ont été entraînés par l'autorité d'Aristote, si puissante alors sur les scholastiques ; et on trouve effectivement dans ses écrits les semences de cette pernicieuse opinion.

Almain est un de ces théologiens impru-

____

(*a*) Voyez Bayle, tome 5 de son Dictionnaire.

dens. Ses ouvrages ayant été réimprimés au commencement de ce siècle, on les déféra à Louis XIV, comme renfermant une doctrine infiniment dangereuse sur le pouvoir des peuples contre les rois, et comme méritant à cet égard une condamnation éclatante. Le mémoire qui contenoit la délation, fut communiqué par ordre du roi à M. Daguesseau, alors procureur général au parlement de Paris.

Ce magistrat, qui convenoit bien que la doctrine d'Almain étoit *mauvaise, témétaire et dangereuse*, crut pourtant qu'on ne devoit point sévir publiquement contre elle. L'une de ses raisons, c'est qu'il ne falloit point décréditer un des plus ardens défenseurs de nos libertés, et *qui n'avoit mis en avant cette doctrine que comme moyen, et pour montrer que le concile universel est au-dessus du pape, et que si le pape abusoit de son pouvoir, l'église universelle, au nom de laquelle il l'exerce, pourroit aussi le priver de son autorité.*

Mais la raison principale de M. Daguesseau, et qui est bien plus solide que la première, c'est que plus la doctrine d'Almain *étoit dangereuse, plus il pouvoit être dangereux de la relever publiquement.*

« La question téméraire de la puissance
« du corps de la nation par rapport à son roi,
« dit ce magistrat, n'a point fait encore au-
« cune impression sur le peuple de France,
« peuple le plus fidèle à ses souverains qu'il
« y ait sur la terre. Il l'ignore heureusement :
« ira-t-on la lui apprendre, en la condamnant,
« et lui faire connoître ce qu'on doit souhaiter
« qu'il ignore toujours (a). »

Rien de plus sage que l'observation et le
vœu de M. Daguesseau. Mais tous les ménagemens sont aujourd'hui parfaitement inutiles : la question de la souveraineté retentit
d'un bout du royaume à l'autre ; elle a pé-
nétré jusque dans les chaumières les plus écar-
tées. La sagesse et la prudence, loin donc
de défendre de traiter une semblable question,
exigent au contraire qu'on la traite avec étendue. Il faut bien rappeler sur cette matière
et répandre les vrais principes, autrefois si
connus et si constans, mais aujourd'hui si
étrangement oubliés ; et s'il étoit des auteurs
libres qui eussent approfondi cette question,
des auteurs assez accrédités dans le public

____

(a) Tome 13, p. 522, 523, 528. Item, voyez à la fin
la dissertation de ce célèbre magistrat, sur la question présente.

et assez graves pour déterminer, par leur autorité, les hommes honnêtes et raisonnables,
et les dispenser d'une discussion épineuse
dont peu de personnes sont capables, il seroit
très à propos de remettre leurs sentimens
sous les yeux du public, et de faire réimprimer leurs ouvrages?

Or Bossuet et Fénelon ont traité la question avec une juste étendue; et nous demandons s'il est des auteurs plus dignes à tous
égards de notre confiance, plus capables de
déterminer et de fixer invariablement l'opi-
des honnêtes gens. Quels hommes ont jamais
réuni dans un plus haut degré, le génie, le savoir et la vertu? L'un et l'autre ont été l'honneur de la littérature française et la gloire de
l'église gallicane; l'un et l'autre ont été des
politiques profonds; car quels ouvrages de
politique sont comparables aux discours sur
l'histoire universelle et au Télémaque? L'un
et l'autre ont fait aboutir toute la sagesse et
toute la gloire des gouvernemens au bonheur
des peuples; le Télémaque sur-tout, d'un bout
à l'autre, ne respire que l'amour des peuples
le plus vif et le plus tendre. L'un et l'autre
méritent donc bien d'en être crus, quand ils
indiquent les fondemens, et donnent la me-

sure de l'obéissance qu'on doit aux princes, quand ils assignent les bases qui seules pouvant rendre les gouvernemens fermes et stables, seules peuvent aussi rendre les peuples heureux.

Mais qu'on prenne la peine de les entendre : si l'on n'est pas disposé à céder d'abord à leur autorité, on sera bientôt subjugué et convaincu par leurs puissans raisonnemens.

M. Bossuet, dans son histoire des variations, avoit reproché aux protestans leur révolte et la guerre qu'ils avoient faite à leurs princes légitimes, avec l'approbation de tout le parti, et d'après les décisions expresses de leurs synodes. M. Jurieu, le plus célèbre des Ministres protestans de son siècle, et qui avoit d'abord paru blâmer les guerres civiles de religion, osa dans la suite les justifier ouvertement, et avança à cette occasion, sur l'obéissance due aux princes et sur la souveraineté des peuples, une multitude de principes et de raisonnemens que M. Bossuet crut devoir combattre. Il le fit dans le cinquième de ses avertissemens. Cet avertissement est un des plus beaux ouvrages de M. Bossuet ; un ouvrage qui sera toujours précieux aux rois et au genre-humain, parce qu'il a enlevé pour toujours à la rebellion ses

moyens et ses prétextes, et qu'il appuie sur
des fondemens inébranlables l'autorité des
gouvernemens , et par conséquent la tranquillité publique , que nous pouvons appeler
à juste titre le premier de tous les biens, puisqu'il est celui à l'abri duquel on goûte tous
les autres. C'est là qu'il montre que la religion est pleinement d'accord avec la saine
politique, et que loin d'en contrarier les principes, elle leur prête sa lumière , et les con-
sacre par son autorité.

C'est ce cinquième avertissement que nous
nous proposons de faire réimprimer, en en
retranchant cependant quelques parties, qui
ont purement rapport au calvinisme; car ce
n'est point la querelle particulière de M. Jurieu et du calvinisme qui nous intéresse dans
le moment: nous ne nous intéresserons qu'à
la question de la souveraineté et de la fidélité inviolable qu'on doit en tout temps à ses
princes légitimes. Ce ne sera point sans éton-
nement qu'on reconnoîtra sous la plume de
M. Jurieu , les principes erronés et tous les
faux raisonnemens de nos philosophes modernes. Mais aussi nous verrons avec une bien
grande satisfaction , qu'ils ont déja été confondus depuis long-temps, et détruits sans
ressource. En supprimant les parties de l'a-

vertissement qui ne serviroient pas à notre dessein, ou qui n'y sont pas nécessaires, nous changerons en même temps l'ordre des autres parties, et nous y mettrons par-là un enchaînement et une suite que Bossnet, forcé de mesurer sa marche sur celle de son adversaire, et de le suivre dans tous ses écarts, n'a pu ni dû y mettre. Mais cette transposition de parties n'aura lieu que très-rarement, et s'exécutera toujours sans altérer une seule phrase du texte.

L'autre maître que nous nous proposons d'écouter après Bossuet, et qui est aussi le plus digne de l'être, c'est Fénelon. Il est vrai que nous n'aurons pas toujours l'avantage de l'entendre lui-même, et qu'il nous parlera ordinairement par la bouche d'un disciple.

Mais si le disciple si pénétrant, si sage et si fidèle, ne nous transmet pas toujours les propres expressions de son maître, nous sommes au moins assurés qu'il nous rend toujours ses véritables sentimens.

M. le chevalier de Ramsay, converti par les soins de M. de Fénelon, étoit devenu son ami intime. Il ne le quitta point pendant les dernières années de sa vie. M. de Fénelon n'avoit rien de caché pour lui, et dans cet espace de temps, il lui révéla avec plénitude

tous ses principes de morale et de politique.
Ce digne disciple, peu de temps après la
mort de son illustre maître, s'empressa de
publier et de développer ce qu'il en avoit appris sur la souveraineté. Il donna pour titre à
son ouvrage : *Essai philosophique sur le
gouvernement civil.*

Il déclare encore, dans la préface, qu'il
ne l'a composé que d'après les principes
et les instructions de M. de Fénelon. Nous
devons le croire avec d'autant plus de
confiance que les sentimens qu'il assure
avoir recueillis de la bouche de ce prélat, sont parfaitement d'accord avec ceux
qu'on voit répandus dans le Télémaque,
les Dialogues des morts, et ses autres pro-
ductions. C'est cet ouvrage que nous ferons
imprimer sur la seconde édition, de 1722,
à la suite de l'Avertissement de Bossuet.
Il semble qu'il a été fait pour les circonstances où nous vivons. En le lisant,
l'on sera souvent tenté de rechercher l'é-
dition que nous citons, pour la confron-
ter, et s'assurer que l'ouvrage est effectivement antérieur aux circonstances, et
que nous n'en avons point imposé au lecteur.

Les

Les vrais amis du peuple ne cherchent point à l'égarer par des sophismes ou des flatteries ; ils lui présentent ces vérités universelles et lumineuses , qu'on ne méconnoît que dans l'enthousiasme et le délire des passions. Ils lui parlent de ses devoirs, parce que c'est en les remplissant qu'il sera aussi heureux qu'il peut l'être. Ils le rappellent aux maximes si simples et si claires de la raison et de la religion, parce que c'est l'oubli de l'une et de l'autre qui mène aux plus grands désordres. Quelle différence entre leur langage et celui qu'on se permet aujourd'hui ! Tout retentit des cris forcenés de la rebellion. Avec quelle fureur on attaque et Dieu et ses représentans ! On se fait un jeu des blasphêmes et des profanations qui nous auroient glacé d'effroi il y a quelques années. Voilà où nous a conduit l'incrédulité. Quel affreux progrès dans ces détestables voies !

On commence, dit le père Bertier dans son commentaire sur les pseaumes, tome 3, page 215 , « on commence par ne vouloir « pas s'instruire de bonne foi ; on ferme les « yeux à la lumière qui éclate de toute « part dans les preuves de la religion ; de-

« là on passe au mépris formel de la pa-
« role de Dieu ; on l'examine avec des
« yeux déterminés à y découvrir des con-
« tradictions, des impossibilités, des indé-
« cences, des faussetés; on exerce sur elle
« une critique pleine d'amertume, de su-
« percherie , de hauteur. Mais quel inté-
« rêt a-t-on à déprimer ainsi les monu-
« mens de la religion ? L'impie n'agit pas
« sans motif ; il veut se décharger du
« joug de la loi , et s'établir dans la li-
« berté de vivre selon ses penchans. Le
« frein de la religion brisé, il n'épargnera,
« dans l'occasion, ni les biens , ni l'hon-
« neur du prochain ; il sera voleur et
« adultère , quand il poura se soustraire
« à la rigueur des lois humaines ; et n'aura-
« t-il pas raison , s'il n'y a pas de dieu
« vengeur ? Car ce que lui dictera la passion, sera la seule loi qu'il reconnoîtra, et
« il seroit en effet ennemi de lui-même ,
« s'il réprimoit ses penchans quand il peut
« les satisfaire impunèment. Je puis bien
« m'écrier ici : Seigneur ! voilà où conduit
« l'incrédulité à votre sainte loi ! la bar-
« rière de votre parole une fois rompue ,
« il ne reste dans le monde que des prin-

« cipes de violence et de corruption : »

Ajoutons , en finissant cette préface ,
cette exclamation presque prophétique ,
que faisoit le père de Neuville , il y a
plus de quarante ans , dans son panégy-
rique de S. Augustin , tome 6 de ses
Œuvres, page 274.

« O religion sainte de Jésus - Christ ! ô
« trône de nos rois ! ô France ! ô patrie !
« ô pudeur ! ô bienséance ! ne fût-ce pas
« comme chrétien , je gémirois comme ci-
« toyen ; je ne cesserois de pleurer les ou-
« trages par lesquels on ose vous insulter ,
« et la triste destinée qu'on vous prépare.
« Qu'ils continuent de s'étendre et de s'af-
« fermir , ces affreux systêmes ; leur poi-
« son dévorant ne tardera pas à consumer
« les principes , l'appui , le soutien néces-
« saire et essentiel de l'état. Amour du
« prince et de la patrie , liens de famille et
« de société , désir de l'estime et de la ré-
« putation publique ; soldats intrépides , ma-
« gistrats désintéressés , amis généreux ,
« épouses fidèles, enfans respectueux, riches
« bienfaisans , ne les attendez , ne les es-
« pérez pas d'un peuple dont le plaisir et
« l'intérêt sont l'unique Dieu , l'unique loi,

« l'unique vertu, l'unique honneur. Dès-lors,
« dans le plus florissant empire, il faudra
« que tout croule, que tout s'affaisse, que
« tout s'anéantisse. Pour le détruire, il ne
« sera pas besoin que Dieu déploie sa foudre
« et son tonnerre : le ciel pourra se reposer
« sur la terre du soin de le venger et de
« la punir. Entraîné par le vertige et le
« délire de la nation, l'état tombera, se
« précipitera dans un abyme d'anarchie,
« de confusion, de sommeil, d'inaction, de
« décadence et de dépérissement. »

PRINCIPES
DE M. BOSSUET,
SUR LA SOUVERAINETÉ.

CHAPITRE PREMIER.

Réfutation des principes de M. Jurieu, sur la souveraineté du Peuple.

» LE PEUPLE fait les souverains et donne la
» souveraineté (*a*) ; donc le peuple possède la
» souveraineté, et la possède dans un degré plus
» éminent ; car celui qui communique, doit
» posséder ce qu'il communique d'une manière
» plus parfaite ; et quoiqu'un peuple qui a
» fait un souverain, ne puisse plus exercer la
» souveraineté par lui-même, c'est pourtant la
» souveraineté du peuple qui est exercée par le
» souverain, et l'exercice de la souveraineté qui
» se fait par un seul, n'empêche pas que la
» souveraineté ne soit dans le peuple comme
» dans sa source, et même comme dans son

____

(*a*) N° 4, pag. 123.

A

» premier sujet. « Voilà les principes qu'il pose dans la XVIe lettre ; et il en conclut dans les deux suivantes, que le peuple peut exercer sa souveraineté en certains cas, même sur les souverains ; les juger, leur faire la guerre, les priver de leurs couronnes, changer l'ordre de la succession, et même la forme du gouvernement.

Ce qui d'abord se fait sentir dans ce discours, ce sont les contradictions dont il est plein. *Le peuple, dit-on, donne la souveraineté, donc il la possède.* Ce seroit plutôt le contraire qu'il faudroit conclure, puisque si le peuple l'a cédée, il ne l'a plus ; ou en tout cas, pour parler avec M. Jurieu, il ne l'a que dans le souverain qu'il a créé. C'est ce que le ministre vient d'avouer, en disant *qu'un peuple qui a fait un souverain, ne peut plus exercer la souveraineté par lui-même, et que sa souveraineté est exercée par le souverain qu'il a fait.*

Il n'en faut pas davantage pour renverser tout le système du ministre. Car tout ce où il veut venir par ses principes, c'est que le peuple peut faire la loi à son souverain en certains cas, jusqu'à lui déclarer la guerre, le priver, comme on a dit, de sa couronne, changer la succession et même le gouvernement.

Or, tout cela est contre la supposition que le ministre vient de faire. Car sans doute ce ne sera pas par le souverain, que le peuple fera la guerre au souverain même, et lui ôtera sa couronne : ce sera donc par lui-même que le peuple exercera ces actes de souveraineté ; encore qu'on ait supposé qu'il n'en peut exercer aucun.

(3)

Mais, sans encore examiner les conséquences
du systême, allons à la source, et prenons la
politique du ministre par l'endroit le plus spécieux. Il s'est imaginé que le peuple est naturellement souverain ; ou, pour parler comme
lui, qu'il possède naturellement la souveraineté,
puisqu'il la donne à qui il lui plaît : or cela
c'est errer dans le principe, et ne pas entendre
les termes. Car à regarder les hommes comme
ils sont naturellement, & avant tout gouvernement établi, on ne trouve que l'anarchie,
c'est-à-dire, dans tous les hommes une liberté
farouche et sauvage, où chacun peut tout prétendre et en même-temps tout contester ; où
tous sont en garde, et par conséquent en guerre
continuelle contre tous ; où la raison ne peut
rien, parce que chacun appelle raison la passion
qui le transporte ; où le droit même de la nature
demeure sans force, puisque la raison n'en a
point ; où par conséquent il n'y a ni propriété,
ni domaine, ni bien, ni repos assuré, ni à
vrai dire, aucun droit, si ce n'est celui du
plus fort, encore ne sait-on jamais qui l'est,
puisque chacun tour-à-tour le peut devenir,
selon que les passions feront conjurer ensemble
plus ou moins de gens.

Savoir si le genre-humain a jamais été tout
entier dans cet état, ou quels peuples y ont
été et en quels endroits, ou comment et par
quels degrés on en est sorti ; il faudroit pour
le décider compter l'infini, et comprendre toutes
les pensées qui peuvent monter dans le cœur
de l'homme.

Quoi qu'il en soit, voilà l'état où l'on ima-

gine les hommes avant tout gouvernement.
Imaginer maintenant, avec M. Jurieu, dans
le peuple considéré en cet état, une souveraineté, qui est déja une espèce de gouvernement,
c'est mettre un gouvernement avant tout gouvernement, et se contredire soi-même. Loin que
le peuple en cet état soit souverain, il n'y a
pas même de peuple en cet état. Il peut bien
y avoir des familles, et encore mal gouvernées
et mal assurées: il peut bien y avoir une troupe,
un amas de monde, une multitude confuse;
mais il ne peut y avoir de peuple, parce qu'un
peuple suppose déja quelque chose qui réunisse,
quelque conduite réglée et quelque droit établi :
ce qui n'arrive qu'à ceux qui ont déja commencé
à sortir de cet état malheureux, c'est-à-dire,
de l'anarchie.

C'est néanmoins du fond de cette anarchie
que sont sorties toutes les formes de gouvernemens, la monarchie, l'aristocratie, l'état populaire et les autres; et c'est ce qu'ont voulu
dire ceux qui ont dit que toutes sortes de magistratures ou de puissances légitimes, venoient
originairement de la multitude ou du peuple.
Mais il ne faut pas conclure de là, avec M. Jurieu,
que le peuple, comme un souverain, ait dis-
tribué les pouvoirs à un chacun; car pour cela,
il faudroit déja qu'il y eût ou un souverain,
ou un peuple réglé, ce que nous voyons qui
n'étoit pas.

Il ne faut non pas plus s'imaginer que la souveraineté ou la puissance publique soit une
chose comme subsistante, qu'il faille avoir pour
la donner; elle se forme et résulte de la cession

(5)

des particuliers, lors que fatigués de l'état où tout le monde est le maître, et où personne ne l'est, ils se sont laissés persuader de renoncer à ce droit, qui met tout en confusion, et à cette liberté qui fait tout craindre à tout le monde, en faveur d'un gouvernement dont on convient.

S'il plaît à M. Jurieu, d'appeler souveraineté cette liberté indocile qu'on fait céder à la loi et au magistrat, il le peut; mais c'est tout confondre : c'est confondre l'indépendance de chaque homme dans l'anarchie, avec la souveraineté; mais c'est là, tout au contraire, ce qui la détruit.

Où tout est indépendant, il n'y a rien de souverain : car le souverain domine de droit; et ici le droit de dominer n'est pas encore : on ne domine que sur celui qui est dépendant; or nul homme n'est supposé tel en cet état, et chacun y est indépendant non seulement de tout autre, mais encore de la multitude, puisque la multitude elle-même, jusqu'à ce qu'elle se réduise à faire un peuple réglé, n'a d'autre droit que celui de la force.

Voilà donc le souverain de M. de Jurieu; c'est dans l'anarchie le plus fort, c'est-à-dire, la multitude et le grand nombre contre le petit: voilà le peuple qu'il fait le maître et le souverain au-dessus de tous les rois et de toute puissance légitime; voilà celui qu'il appelle *le tuteur* et le défenseur naturel de la véritable religion (a); voilà celui, en un mot, qui, selon lui, *n'a pas besoin d'avoir raison pour valider ses actes:* car, dit M. J[u]rieu (b), *cette autorité n'est que dans le peuple,*

____

(a) Lett. 16, n. 4.   (b) Lett. 18, p. 140.

et on voit ce qu'il appelle le peuple. Que le lecteur se souvienne de cette rare politique : la suite en découvrira les absurdités ; mais maintenant je n'en veux montrer que le bel endroit.

C'est la doctrine des pactes que le ministre explique en ces termes, *qu'il est contre la raison , qu'un peuple se livre à un souverain sans quelque pacte , et qu'un tel traité seroit nul et contre la nature.* Il ne s'agit pas, comme on voit, de la constitution particulière de quelque état ; il s'agit du droit naturel et universel que le ministre veut trouver dans tous les états. *Il est, dit-il, contre la nature de se livrer sans quelque pacte,* c'est-à-dire, de se livrer sans se réserver le droit souverain ; car c'est le pacte qu'il veut établir ; comme s'il disoit : Il est contre la nature de hasarder quelque chose pour se tirer du plus affreux de tous les états, qui est l'anarchie ; il est contre la nature de faire ce que tant de peuples ont fait, comme on a vu. Mais laissons-là toutes ces raisons.

Comme ces pactes de M. Jurieu ne se trouvent plus , et qu'il y a long-temps que l'original en est perdu, le moins qu'on puisse demander à ce ministre, c'est qu'il prouve ce qu'il avance ; et il le fait en cette sorte (*a*) : » Il » n'y a point de relation au monde qui ne soit » fondée sur un pacte mutuel , ou exprès ou tacite, excepté l'esclavage tel qu'il étoit entre » les païens , qui donnoit à un maître pouvoir de vie et de mort sur son esclave, sans » aucune connoissance de cause : ce droit étoit

______

(*a*) Lett. 16, pag. 124.

» faux , tyrannique , purement usurpé , et con-
» traire à tous les droits de la nature. « Et un
peu après : » Il est donc certain qu'il n'y a au-
» cune relation de maître , de serviteur , de
» père , d'enfant , de mari , de femme , qui ne
» soit établie sur un pacte mutuel , et sur des
» obligations mutuelles ; ensorte que quand une
» partie anéantit ces obligations , elles sont
» anéanties de l'autre. «

Quelque spécieux que soit ce discours en
général , si on y prend garde de près , on y
trouve autant d'ignorances que de mots. Commençons par la relation de maître et de serviteur. Si le ministre y avoit fait quelque réflexion , il auroit songé que l'origine de la servitude vient des lois d'une juste guerre , où
le vainqueur ayant tout droit sur le vaincu ,
jusqu'à lui pouvoir ôter la vie , il la lui conserve ; ce qui même , comme on sait , a donné
naissance au mot *servi* , qui , devenu odieux dans
la suite , a été dans son origine un terme de
bienfait et de clémence , descendu du mot *ser-*
vare , conserver. Vouloir que l'esclave en cet état ,
fasse un pacte avec son vainqueur qui est son
maître , c'est aller directement contre la notion
de la servitude : car l'un , qui est le maître ,
fait la loi telle qu'il veut ; et l'autre , qui est
l'esclave , la reçoit telle qu'on veut la lui donner ;
ce qui est la chose du monde la plus opposée
à la nature d'un pacte où l'on est libre de part
et d'autre , et où l'on se fait la loi mutuellement.

Toutes les autres servitudes , ou par vente , ou
par naissance , ou autrement , sont formées et
définies sur celle-là. En général , et à prendre

la servitude dans son origine, l'esclave ne peut rien contre personne, qu'autant qu'il plaît à son maître : les lois disent qu'il n'a point d'état, point de tête, *caput non habet* ; c'est-à-dire, que ce n'est pas une personne dans l'état ; aucun bien, aucun droit ne se peut attacher à lui. Il n'a ni voix en jugement, ni action, ni force, qu'autant que son maître le permet, à plus forte raison contre son maître. De condamner cet état, ce seroit entrer dans les sentimens que M. Jurieu lui-même appelle outrés, c'est-à-dire, dans les sentimens de ceux qui trouvent toute guerre injuste ; ce seroit non - seulement condamner le droit des gens, où la servitude est admise, comme il paroît par toutes les lois ; mais ce seroit condamner le Saint-esprit, qui ordonne aux esclaves, par la bouche de saint Paul (*a*), de demeurer en leur état, et n'oblige point leurs maîtres à les affranchir.

Cela va plus loin que ne pense M. Jurieu ; car il méprise le droit de conquête jusqu'à dire (*b*), que *la conquête est une pure violence*, ce qui est dire manifestement que toute guerre en est une ; et par conséquent, contre les propres principes du ministre, qu'il ne peut jamais y avoir de justice dans la guerre, puisqu'il n'y a rien qui s'accorde moins que la justice et la violence. Mais si le droit de servitude est véritable, parce que c'est le droit du vainqueur sur le vaincu, comme tout un peuple peut être vaincu jusqu'à être obligé de se rendre à discrétion, tout un peuple peut être serf ; en sorte que

____

(*a*) 1. Cor. 8 ; 24. Eph. 6, 7.   (*b*) Lett. 16, p. 25.

(9)

son seigneur en puisse disposer comme de son bien, jusqu'à le donner à un autre sans demander son consentement, ainsi que Salomon donna à Hiram (*a*), roi de Tyr, vingt villes de Galilée. Je ne disputerai pas davantage ici sur ce droit de conquête, parce que je sais que M. Jurieu, dans le fond, ne le peut nier. Il faudroit condamner Jephté (*b*), qui le soutient avec tant de force contre le roi de Moab (*c*). Il faudroit condamner Jacob, qui donne à Joseph ce qu'il a conquis avec son arc et son épée. Je sais que M. Jurieu ne soutiendra pas ces extravagances, et je ne relève ces choses qu'afin qu'on remarque que, ébloui par de vaines apparences, il jette en l'air de grands mots, dont il ne pèse pas le sens, comme il lui est arrivé lorsqu'il a confondu les conquêtes avec *les pures violences*.

La seconde relation que notre ministre établit sur un pacte exprès ou tacite, est celle de père à enfant (*d*), ce qui est la chose du monde la plus insensée; car qui est ce qui a stipulé pour tous les enfans avec tous les pères? Les enfans qui sont au berceau ont-ils aussi fait un pacte avec leurs parens, pour les obliger à les nourrir et à les aimer plus que leur vie? Mais les parens ont-ils eu besoin de faire un pacte avec leurs enfans, afin de les obliger à leur obéir? C'est bien écrire sans réflexion, que d'alléguer ces prétendus pactes.

Il y a plus de vraisemblance à établir sur un

____

(*a*) 3. Reg. 9, 11.   (*c*) Gen. 48, 20.
(*b*) Jud. XI.   (*d*) Lett. 16, p. 124.

pacte la relation de mari à femme, parce qu'en effet il y a une convention. Mais si l'on vouloit considérer que le fond du droit et de la société conjugale, et celui de l'obéissance que la femme doit à son mari, est établi sur la nature et sur un exprès commandement de Dieu, on n'auroit pas vainement tâché de l'établir sur un pacte.

Qui ne voit en tout ce discours un homme emporté par une apparence trompeuse, qui a confondu le terme de pacte avec celui d'obligation et de devoir ? Et en effet, il confond trop grossièrement ces deux mots, lorsqu'il dit que les relations dont nous venons de parler, de serviteur à maître, d'enfant à père et de femme à mari, sont établies *sur des pactes mutuels et sur des obligations mutuelles* (a) ; sans vouloir seulement considérer qu'il y a des obligations mutuelles qui viennent, à la vérité, d'une convention entre les parties, et c'est ce qu'on appelle pacte ; mais aussi qu'il y en a qui sont établies par la volonté du supérieur, c'est-à-dire de Dieu, qui ne sont point des pactes ni des conventions, mais des lois suprêmes et inviolables, qui ont précédé toutes les conventions et tous les pactes. Car, qui jamais a ouï dire qu'il soit besoin d'une convention, ou même qu'on en fasse aucune, pour se soumettre à la loi, et encore à la loi de Dieu ? comme si la loi de Dieu empruntoit sa force du consentement des parties à qui elle prescrit leurs devoirs.

____

(a) Lett. 16, p. 124.

C'est faute d'avoir entendu une chose si manifeste, que le ministre fait ce pitoyable raisonnement : *Il n'y a rien de plus inviolable et
de plus sacré que les droits des pères sur les enfans ; néanmoins les pères peuvent aller si loin
dans l'abus de ces droits, qu'ils les perdent.* Qui
jamais a ouï parler d'un tel prodige, que par
l'abus du droit paternel un père le perde ? Cela
seroit vrai, si le père n'avoit de droit sur son
enfant que par un pacte mutuel. Comme le devoir d'un fils est fondé sur quelque chose de
plus haut, sur la loi du supérieur, qui est Dieu,
loi qu'il a mise dans les cœurs avant que de
l'écrire sur la pierre ou sur le papier ; si un
père peut perdre *son droit*, comme dit M. Jurieu, c'est Dieu même qui perd le sien.

Il n'est pas moins ridicule de dire avec ce
ministre, *qu'un mari qui abuse de son pouvoir
sur sa femme, par cela même la met en droit de demander la protection des lois, de rompre tout lien
et toute communion, de résister en un mot à
toutes ses volontés.* Ne diroit-on pas que le mariage est rompu, et que ce n'est plus seulement
l'adultère qui l'anéantit, selon la réforme, mais
encore toute violence d'un mari ? Que si,
malgré tout cela, le mariage subsiste, qui peut
dire, sans être insensé, *que tout lien et toute
communion* soit rompue, *et qu'une femme* acquiert le beau droit de résister *à toutes les volontés* d'un mari ?

Mais n'est-il pas vrai, dit-il, que les enfans
et les femmes sont autorisés par les lois divines
et humaines, à résister aux injustes volontés
d'un mari et d'un père ? N'est-il pas vrai que

le pouvoir des maîtres sur les esclaves les plus
vils a des bornes ? Qui ne le sait ? Mais qui
ne sait en même temps, que ce n'est point
en vertu d'une convention volontaire, qui ne
fut jamais ni n'a pu être, mais d'un ordre supérieur ?

C'est que Dieu qui a prescrit certains devoirs
aux femmes, aux enfans, aux esclaves, en a
prescrit d'autres aux maîtres, aux pères, aux
maris ; c'est que la puissance publique, qui renferme toute autre puissance sous la sienne,
a réglé les actions et les droits des uns et des
autres ; c'est qu'où il n'y a point de loi, la
raison, qui est la source des lois, en est une
que Dieu impose à tous les hommes ; c'est que
les devoirs les plus légitimes, comme par
exemple, ceux d'une femme ou d'un fils, peuvent bien être suspendus envers un mari et
envers un père que son injustice et sa violence
empêchent de les recevoir. Mais que le fond de
l'obligation puisse être altéré, ou que la disposition du cœur puisse être changée, on ne
le peut dire sans extravagance.

J'avoue donc, selon ces principes, à M. Jurieu,
qu'il y a des obligations mutuelles entre le
prince et le sujet, de sorte qu'à cet égard, il
n'y a point de pouvoir sans bornes, puisque
tout pouvoir est borné par la loi de Dieu et
par l'équité naturelle. Mais que de telles obligations soient fondées sur un pacte mutuel,
loin que M. Jurieu nous l'ait prouvé, il n'allègue
pour le prouver que de faux principes, que
lui-même ne peut soutenir de bonne foi dans
son cœur, et que par conséquent il n'entend
point quand il les avance.

(13)

Depuis qu'on se mêle d'écrire, je ne crois pas qu'on ait rien écrit de plus téméraire que ce qu'a écrit M. Jurieu, qu'on *ne voit point d'érection de monarchie qui ne se soient faites par des traités, où les devoirs des souverains soient exprimés aussi bien que ceux des sujets* (a). Qui ne croiroit, à l'entendre, qu'il lui a passé sous les yeux beaucoup de semblables traités ? Il en devroit donc rapporter quelqu'un, et surtout, s'il avoit trouvé ce contrat primordial du roi et du peuple, qu'on prétend que le roi d'Angleterre a violé, il n'auroit pas dû le dissimuler; car il auroit relevé la convention dont il entreprend la défense, d'un grand embarras, sur-tout si l'on trouvoit dans ce traité, qu'il seroit nul, en cas de contravention de part ou d'autre, et que le peuple reviendroit au même état que s'il n'avoit jamais eu de roi.

Mais par malheur, M. Jurieu, qui avance qu'on ne voit point *d'érection de monarchie* où l'on ne trouve de tels traités, non-seulement n'a pas trouvé celui-ci, mais encore n'en a trouvé aucun, et n'entreprend même pas de prouver par aucun fait positif, qu'il y en ait jamais eu.

Il raille quelque part le docte Grotius (1), de ce qu'avec de beau grec et de beau latin, il croit nous persuader tout ce qu'il veut; et il a peut-être raison, de reprendre ce savant auteur de l'excès de ses citations. Mais qu'aussi je ne

____

(a) Lett. 16, p. 125.

(1) Voyez la note qui est à la fin du volume.

dirai pas sans latin ni grec, mais sans exemple, sans autorité, sans témoignage ni de poète, ni d'orateur, ni d'historien, ni d'aucun auteur quel qu'il soit, notre ministre ait osé poser en fait, *qu'on ne voit aucune érection de monarchies qui ne soient faites sans des traités tels que ceux qu'il imagine, et que tous les peuples du monde, anciens et modernes, même ceux qui regardent leurs rois comme des dieux, ou plutôt qui n'osent les regarder, et ne connoissent d'autres lois que leurs volontés, se soient réservés sur eux un droit souverain, et encore sans le connoître et sans en avoir le moindre soupçon;* en vérité, c'est un autre excès qui n'a point de nom, et on ne peut pas abuser davantage de la foi publique.

Pour moi, sans vouloir me perdre dans des propositions générales, je vois dans l'histoire sainte l'érection de deux monarchies du peuple de Dieu, où, loin de remarquer ces prétendus traités mutuels entre les rois et les peuples, avec la clause de nullité en cas de contravention de la part des rois, je vois manifestement la clause contraire; et M. Jurieu ne le peut nier: car, selon la doctrine de ce ministre, le *traitement* que Samuel déclara au peuple qu'il recevroit de son roi, étoit tyrannique, et un abus manifeste de la puissance. C'est le principe de M. Jurieu ; par conséquent il doit avouer que la royauté fut d'abord proposée au peuple hébreu avec son abus ; néanmoins le peuple passe outre, et loin de se réserver la moindre espèce de droit contre le roi qu'il vouloit avoir, nous ferons voir clairement qu'il n'y a pas seulement songé. Ce peuple, encore un coup, n'a jamais songé qu'il se fût réservé un droit sur son souverain, je ne dis pas dans les abus médiocres de la puissance royale que Samuel lui proposoit, mais au milieu des plus grands excès de la tyrannie, tels que sont ceux que nous pouvons voir dans l'histoire sainte, sous les rois les plus impies et les plus cruels, sans que le peuple ait songé à se relever de ces maux par la force. Bien plus, après les avoir éprouvés, et toutes les suites les plus funestes qu'ils pouvoient avoir, le même peuple revient encore, sous les Machabées, dans la liberté de former son gouvernement, et il ne le forme pas sous d'autres lois, ni avec moins d'indépendance du côté des princes, qu'il avoit fait la première fois. Nous en verrons rapporté l'acte. Voilà des faits positifs, et non pas des discours en l'air, ou de vaines spéculations.

Je trouve dans Hérodote, l'établissement de la monarchie des Mèdes sous Déjocès ; et je n'y vois aucun traité de part ni d'autre, encore moins la résolution du traité en cas de contravention : mais ce qui est bien constant par toute la suite, c'est que l'empire des rois Mèdes a dû être, par son origine, le plus indépendant de tout l'Orient, puisqu'on y voit d'abord cette indépendance d'une manière si éclatante, qu'elle n'a été ignorée de personne. Ainsi ces titres primordiaux ne sont pas tous favorables à la prétention du ministre, et il tombe dans l'inconvénient de donner aux peuples un droit souverain sur eux-mêmes et sur leurs rois, sans que les peuples à qui il le donne en aient jamais eu le moindre soupçon.

M. Jurieu nous demande quelle raison pourroit avoir eu un peuple de se donner un maître si puissant à lui faire du mal. Il m'est aisé de lui répondre: C'est la raison qui a obligé les peuples les plus libres, lorsqu'il les faut mener à la guerre, de renoncer à leur liberté pour donner à leurs généraux un pouvoir absolu sur eux: on aime mieux hasarder de périr, même injustement, par les ordres de son général, que de s'exposer par la division, à une perte assurée de la main des ennemis plus unis. C'est par le même principe qu'on a vu un peuple très-libre, tel qu'étoit le peuple romain, se créer, même dans la paix, un magistrat absolu, pour se procurer certains biens, et éviter certains maux qu'on ne peut ni éviter ni se procurer qu'à ce prix. C'est encore ce qui obligeoit le même peuple à se lier par des lois que lui-même ne pût abroger; car un peuple libre a souvent besoin d'un tel frein contre lui-même; et il peut arriver des cas où le rempart dont il se couvre, ne sera pas assez puissant pour le défendre, si lui-même le peut forcer. C'est ce qui fait admirer à Tite-Live la sagesse du peuple romain, si capable de porter le joug d'un commandement légitime, qu'il opposoit volontairement à sa liberté, quelque chose d'invincible à elle-même, de peur qu'elle ne devînt trop licencieuse: *Adeò sibi invicta quædam patientissima justi imperii civitas fecerat.* C'est par de semblables raisons, qu'un peuple qui a éprouvé les maux, les confusions, les horreurs de l'anarchie, donne tout pour les éviter; et comme il ne peut donner de pouvoir sur lui qui ne

puisse

puisse tourner contre lui-même, il aime mieux hasarder d'être maltraité quelquefois par un souverain, que de se mettre en état d'avoir à souffrir ses propres fureurs, s'il se réservoit quelque pouvoir. Il ne croit pas pour cela donner à ses souverains un pouvoir sans bornes, car, sans parler des bornes de la raison et de l'équité, si les hommes n'y sont pas assez sensibles, il y a les bornes du propre intérêt, qu'on ne manque guère de voir, et qu'on ne méprise jamais quand on les voit. C'est ce qui a fait tous les droits des souverains, qui ne sont pas moins les droits de leurs peuples que les leurs.

Le peuple, forcé par son besoin propre à se donner un maître, ne peut rien faire de mieux que d'intéresser à sa conservation celui qu'il établit sur sa tête. Lui mettre l'état entre les mains, afin qu'il le conserve comme son bien propre, c'est un moyen très pressant de l'intéresser. Mais c'est encore l'engager au bien public par des liens plus étroits, que de donner l'empire à sa famille, afin qu'il aime l'état comme son propre héritage, et autant qu'il aime ses enfans. C'est même un bien pour le peuple que le gouvernement devienne aisé, qu'il se perpétue par les mêmes lois qui perpétuent le genre-humain, et qu'il aille, pour ainsi dire, avec la nature.

Ainsi les peuples où la royauté est héréditaire, en apparence, se sont privés d'une faculté, qui est celle d'élire leurs princes; dans le fond c'est un bien de plus qu'ils se procurent: le peuple doit regarder comme un avantage, de trouver son souverain tout fait, et de n'avoir pas, pour ainsi parler, à remonter un si grand ressort. De

cette sorte, ce n'est pas toujours abandonnement
ou foiblesse de se donner des maîtres puissans,
c'est souvent, selon le génie des peuples et la
constitution des états, plus de sagesse et plus
de profondeur dans ses vues.

C'est donc une grande erreur de croire, avec
M. Jurieu, qu'on ne puisse donner des bornes
à la puissance souveraine, qu'en se reservant
sur elle un droit souverain. Ce que vous voulez
faire foible à vous faire du mal, par la condition des choses humaines, le devient autant à
proportion à vous faire du bien ; & sans borner
la puissance par la force que vous vous pouviez
reserver contre elle, le moyen le plus naturel
pour l'empêcher de vous opprimer, c'est de
l'intéresser à votre salut.

Je ne sais s'il y eut jamais, dans un grand
empire, un gouvernement plus sage et plus modéré qu'à été celui des Romains dans les provinces. Le peuple romain n'avoit garde d'imaginer aucun reste de souveraineté dans les peuples
soumis, puisqu'il les avoit réduits par la force,
et qu'une de ses maximes pour établir son autorité, étoit de pousser la victoire jusqu'à convaincre les peuples vaincus, de leur impuissance
absolue à résister au vainqueur.

Mais, encore qu'ils eussent poussé la puissance
jusque-là, sans s'imaginer dans ces peuples
aucun pouvoir légitime qu'ils pussent opposer
au leur, l'intérêt de l'état les retenoit dans de
justes bornes. On sentoit bien qu'il ne falloit
point tarir les sources publiques, ni accabler
ceux dont on tiroit du secours. Si quelquefois
on oublioit ces belles maximes; si le sénat, si

le peuple, si les princes, lorsqu'il y en eût, quittoient les règles du bon gouvernement, leurs successeurs revenoient à l'intérêt de l'état, qui dans le fond étoit le leur ; les peuples se rétablissoient ; et sans en faire des souverains, Marc-Aurèle se proposoit d'établir dans la monarchie la plus absolue, la plus parfaite liberté du peuple soumis ; ce qui est d'autant plus aisé, que les monarchies les plus absolues ne laissent pas d'avoir des bornes inébranlables dans certaines lois fondamentales, contre lesquelles on ne peut rien faire qui ne soit nul de soi.

Ravir le bien d'un sujet pour le donner à un autre, est un acte de cette nature : on n'a pas besoin d'armer l'oppressé contre l'oppresseur : le temps combat pour lui ; la violence réclame contre elle - même ; et il n'y a point d'homme assez insensé pour croire assurer la fortune de sa famille par de tels actes. Le prince même a intérêt de les empêcher : il sent qu'il faut faire aimer le gouvernement pour le rendre stable et perpétuel.

Comme on a vu que le vrai intérêt du peuple est d'intéresser à son salut ceux qui gouvernent, le vrai intérêt de ceux qui gouvernent est d'inéresser aussi à leur conservation les peuples soumis. Ainsi l'étranger est repoussé avec zèle ; le mutin et le séditieux ne sont pas écoutés ; le gouvernement va tout seul, et se soutient, pour ainsi dire, par son propre poids.

Sans craindre qu'on les contraigne, les rois habiles se donnent eux-mêmes des bornes pour s'empêcher d'être surpris ou prévenus ; ils s'astreignent à certaines lois, parce que la puissance outrée se détruit enfin elle-même : pousser plus loin la précaution, c'est, pour ne rien dire de plus, autant inquiétude que prévoyance ; autant indocilité que liberté et sagesse ; autant esprit de révolte et d'indépendance, que zèle du bien public ; et enfin, car je ne veux pas étendre plus loin ces reflexions, on voit assez claire-ment que les maximes outrées de M. Jurieu répugnent à la raison, & même à l'expérience de la plus grande partie des peuples de l'univers.

Il faut néanmoins encore exposer ce que ce ministre croit avoir de plus convaincant. Il croit nous fermer la bouche en nous deman-dant *ce qu'il faut faire à un prince qui com-manderoit à la moitié d'une ville de massacrer l'autre, sous prétexte de refus d'obéissance sur un commandement injuste.* Qu'un homme se mette dans l'esprit de fonder des règles de droit et des maximes de gouvernement sur des cas bizarres, et inouis parmi les hommes! Mais écou-tons néanmoins, et voyons où l'on veut aller. » Cette moitié de la ville, poursuit - il, n'est » pas obligé de massacrer l'autre : on en demeure » d'accord, car on donne des bornes à l'obéis-» sance active. Mais si ce souverain, après cela, » a le droit de massacrer toute cette ville, sans » qu'elle ait le droit de se défendre, il est clair » que le prince aura le droit de ruiner la société » entière. «

Puisqu'il vouloit conclure à la ruine de toute la société en ce cas, que n'ajoutoit-il encore, que cette ville fût la seule où ce prince fût souverain, ou qu'il en voulût faire autant à toutes les autres qui composeroient son état,

en sorte qu'il y restât seul, pour n'avoir plus
de contradicteurs, et pour pouvoir tout sur
des corps morts, qui seroient dorénavant tous
ses sujets.

Le ministre n'a osé ainsi construire son hypo-
thèse, parce qu'il a bien senti qu'on lui diroit
qu'elle est insensée, et que c'est encore quelque
chose de plus insensé, de fonder des lois, ou
de donner un empire au peuple, sous prétexte
de remédier à des maux qui ne sont que dans
la tête d'un spéculatif, et que le genre-humain ne
vit jamais.

Comme donc, à parler de bonne foi, ce
prince de M. Jurieu, qui voudroit tuer tout
l'univers, ne fut jamais, et que la fureur et
la phrénésie n'ont pas même encore été jusque-
là, demander ce qu'il faudroit faire à un prince
qui auroit conçu un semblable dessein, c'est,
en d'autres termes, demander ce qu'il faudroit
faire à un prince qui deviendroit furieux ou
phrénétique au-delà de tous les exemples que
le genre-humain connoît.

En ce cas, la réponse seroit trop aisée. Tout
le monde diroit au ministre qu'on a donné des
tuteurs à des princes moins insensés que celui
qu'il nous propose. Son prétendu empire du
peuple n'est ici d'aucun usage : le successeur
naturel d'un prince dont le cerveau seroit si
malade, ou les transports si violens, feroit naturellement la charge de régent.

Lorsqu'Ozias frappé de la lèpre par un coup
manifeste de la main de Dieu, prit la fuite
tout hors de lui-même, on entendit bien que
la volonté de Dieu étoit qu'on le séquestrât,

selon la loi, de la société du peuple ; et Joathan son fils aîné, qui étoit en état de lui succéder s'il fût mort, prit en main le gouvernement du royaume. On conserva le nom de roi au père: le fils gouverna sous son autorité, et on n'eut pas besoin d'avoir recours à cette chimérique souveraineté dont on veut flatter tous les peuples.

Mais, après tout, où veut-on aller par cet empire du peuple ? Ce peuple, à qui l'on donne un droit souverain sur ses rois, en a-t-il moins sur toutes les autres puissances ? Si parce qu'il a fait toutes les formes de gouvernement il en est le maître, il est le maître de toutes, puisqu'il les a toutes faites également. M. Jurieu prétend, par exemple, que la puissance souveraine est partagée en Angleterre, entre les rois et les parlemens, à cause que le peuple l'a voulu ainsi. Mais si le peuple croit être mieux gouverné dans une autre forme de gouvernement, il ne tiendra qu'à lui de l'établir, et il n'aura pas moins de pouvoir sur le parlement, qu'on lui en veut attribuer sur le roi. Il ne sert de rien de répondre que le parlement c'est le peuple lui-même ; car les évêques ne sont pas le peuple ; les pairs ne sont pas le peuple ; une chambre haute n'est pas le peuple (*a*). Si le peuple est persuadé que tout cela n'est qu'un soutien de la tyrannie, et que les pairs en sont les fauteurs, on abolira tout cela ; Cromwel aura eu raison de réduire tout aux communes, et de réduire les communes même à une nouvelle forme. On établira si l'on veut une

____

(*a*) Les communes elles-mêmes ne sont pas le peuple, mais les commettans.

(23)

république, si l'on veut l'état populaire , comme
on en a eu le dessein , et comme tant de gens,
l'ont peut-être encore. Si les provinces ne conviennent pas de la forme du gouvernement ,
chaque province s'en fera un comme elle voudra.
Il n'est pas de droit naturel que toute l'Angleterre fasse un même corps. L'Ecosse , dans la
même île , fait bien encore un royaume à part.
L'Angleterre a été autrefois partagée entre cinq
ou six rois : si on en a pu faire plusieurs monarchies , on en pourroit faire aussi bien plusieurs républiques. Si le parti qui l'entreprendroit étoit le plus fort, le peuple, qui est le vrai
soûverain, l'auroit voulu.

Mais le sage Jurieu , qui a établi l'empire du
peuple , a prévu cet inconvénient , et a bien
voulu remarquer que le peuple peut abuser de
son pouvoir. Je l'avoue, il l'a dit ainsi. Il semble
même donner des bornes à la puissance du
peuple, *qui , dit-il (a) , ne doit jamais résister à la
volonté du souverain , que quand elle va directement et pleinement à la ruine de la société.* Mais
qui ne voit que de tout cela, c'est encore le
peuple qui en est juge ? C'est, dis-je , au peuple
à juger quand le peuple abuse de son pouvoir.

Le peuple , dit ce nouveau politique , est
cette puissance *qui seule n'a pas besoin d'avoir
raison pour valider ses actes.* Qui donc dira au
peuple qu'il n'a pas raison ? Personne n'a rien
à lui dire ; ou bien il en faut venir, pour le bien
du peuple, à établir des puissances contre lesquelles le peuple lui-même ne puisse rien ; et

____

(a) Lett. 16, p. 125.

B 4

voilà , en un moment, toute la souveraineté du peuple à bas, avec le système du ministre.

Quelle erreur, de se tourmenter à former une politique opposée aux règles vulgaires , pour enfin être obligé d'y revenir ! C'est comme dans une forêt, après avoir long-temps tournoyé parmi des sentiers embarrassés, se retrouver au point d'où l'on étoit parti.

Mais examinons encore ce rare principe de M. Jurieu : *Il faut qu'il y ait dans les sociétés une certaine autorité qui n'ait pas besoin d'avoir raison pour valider ses actes ; or cette autorité n'est que dans le peuple* (a). C'est par où il tranche ; c'est la finale résolution de toutes les difficultés. Un de ses confrères lui a objecté cette téméraire maxime; et notre ministre lui répond (b) comme on va voir. » Cette maxime ne peut avoir de
» mauvaises conséquences , qu'en supposant
» qu'on veut dire que tout ce qu'un peuple fait
» par voie de sédition , doit valoir : mais c'est
» bien peu entendre les termes. Qui dit un acte,
» dit un acte juridique, une résolution prise
» dans une assemblée de tout un peuple ,
» comme peuvent être les parlemens et les états.
» Or , il est certain que si les peuples sont le
» premier siége de la souveraineté, ils n'ont pas
» besoin d'avoir raison pour valider leurs actes,
» c'est-à-dire, pour les rendre exécutoires : car,
» encore une fois, les arrêts, soit des cours sou-
» veraines , soit des souverains , soit des assem-

(a) Lett. 28 ; p. 140.

(b) Lett. 21, p. 167.

» blées souveraines, sont exécutoires, qu'elqu'in-
» justes qu'ils soient.

Je le prie, si ses pensées ont quelque ordre,
s'il veut nous donner des idées nettes, qu'il nous
dise ce qu'il entend par exécutoire. Veut-il dire
que tous les arrêts, justes ou injustes, des souverains et des assemblées souveraines, sont exécutés
en effet? Bien certainement cela n'est pas. Veut-
il dire qu'ils le doivent être, et enfin qu'ils le
sont de droit? Voilà donc, selon lui-même,
un droit de mal faire, un droit contre la justice,
qui est précisément, comme on a vu, ce qu'il a
voulu éviter, et néanmoins, par nécessité, il y
retombe.

Qu'il cesse donc de nous demander quel droit
a un prince d'opprimer la religion ou la justice :
car il avoue à la fin, que, sans avoir droit de
mal ordonner ou de mal faire (car personne n'a
un tel droit, et ce droit même n'existe pas),
il y a dans la puissance publique un droit d'agir
de manière qu'on n'ait pas droit de lui résister
par la force, et qu'on ne le puisse faire sans
attentat.

Que s'il dit que, selon ses maximes, ce droit
n'est que dans le peuple, et que le peuple a
seul cette autorité de valider ses actes sans raison;
il est vrai qu'il l'a dit ainsi dans la lettre 18;
mais il n'est pas vrai qu'il s'en est dédit dans
la lettre 21, où nous avons lu ces paroles,
que non-seulement les arrêts du peuple, mais
encore *ceux des cours souveraines, ou des souverains, ou des assemblées souveraines, sont exécutoires* de droit; et ainsi cette autorité n'est pas

seulement dans le peuple , comme il l'avoit posé d'abord.

S'il répond qu'à la vérité elle peut être dans les souverains ou dans les cours de justice, mais qu'elle n'est en sa perfection que dans le peuple , et encore non pas dans un peuple séditieux , mais, comme il l'a défini, dans une *assemblée* où il fait un *acte juridique et légitime* ; ne voit-il pas que la question revient toujours ? Car qu'est-ce qu'une assemblée , et qu'est-ce qu'un acte juridique ?

L'acte qu'on passa sous Cromwel pour supprimer l'épiscopat et la chambre haute, et attribuer aux communes la suprême autorité de la nation , jusqu'à celle de juger le roi, étoit-ce l'acte d'une assemblée qui prétendoit représenter tout le peuple , et en exercer le droit ? Car quest-ce qu'enfin le peuple selon M. Jurieu, si ce n'est le plus grand nombre ? Et si c'est le petit nombre, qui peut lui donner son droit si ce n'est le grand ? L'a-t-il par la loi de Dieu ou par la nature ? Et s'il l'a par l'institution et la volonté du peuple, le même peuple qui l'a donné ne peut-il pas l'ôter ou le diminuer comme il lui plaît ? Et quelles bornes M. Jurieu pourra-t-il donner à sa souveraine puissance ? Sera-ce les lois du pays et les coutumes déja établies ? comme si M. Jurieu ne les fondoit pas sur l'autorité du peuple, ou que le peuple n'en fût pas autant le maître sous Cromwel qu'il l'est à présent, et autant cette puissance suprême qui n'a pas besoin d'avoir raison pour rendre ses actes valides et exécutoires de droit.

Dira-t-il enfin que Cromwel agissoit par la

force, et avoit les armées en sa main ? Quand donc on a une armée, l'acte n'est pas légitime : ou bien est-ce peut-être qu'une armée de citoyens, telle qu'étoit celle de Cromwel, annulle les actes, et qu'une armée d'étrangers rend tout légitime ? Avouons que M. Jurieu nous parle d'un peuple qu'il ne sauroit définir : et cela, qu'est-ce autre chose que ce peuple sans loi et sans règle dont il a été parlé au commencement de ce discours ?

M. Jurieu ne rougit pas de flatter un tel peuple ; et il appelle ses adversaires les flatteurs des rois. Mais puisqu'il trouve plus beau d'être le flatteur du peuple, il doit songer que les gens d'un caractère si bas, sous prétexte de flatter les peuples, sont en effet les flatteurs des usurpateurs et des tyrans. Car, en parcourant toutes les histoires des usurpateurs, on les verra presque toujours flatteurs des peuples ; c'est toujours, ou leur liberté qu'on leur veut rendre, ou leurs biens qu'on leur veut assurer, ou leur religion qu'on veut rétablir. Le peuple se laisse flatter et reçoit le joug.

C'est à quoi aboutit la souveraine puissance dont on le flatte ; et il se trouve que ceux qui flattoient le peuple, sont en effet les suppôts de la tyrannie.

C'est ainsi que les états libres se font des monarques absolus, et deviennent insensiblement, que dis-je ? ils deviennent manifestement l'annexe d'une monarchie étrangère.

C'est ainsi que les états monarchiques se font des maîtres plus absolus que ceux qu'on leur fait quitter sous prétexte de les affranchir.

Les lois qui servoient de rempart à la liberté publique s'abolissent, et le prétexte d'affermir une domination naissante, rend tout plausible. Deux peuples se lient l'un l'autre (a), et concourent ensemble à rendre invincible la puissance qui les tient tous également sous sa main: on a fait cet ouvrage en les flattant.

L'église anglicane avoit posé comme une maxime de religion, *la souveraine indépendance des rois*, en sorte qu'il ne fût pas permis de leur résister *par la force*, sous quelque prétexte que ce fût, pas même sous celui *de la religion ou de la conservation des lois et des priviléges.*

» Il n'est rien, dit M. Jurieu (b), de plus » injuste que d'attribuer à notre théologie le » triste supplice de Charles 1er. C'est la fureur » des fanatiques et les intrigues des papistes qui » ont fait cette action épouvantable.... Ne sait- » on pas que c'est le fait de Cromwel, qui se » servit des fanatiques pour rendre vacante une » place qu'il vouloit occuper ? «

Laissons croire à qui le voudra ces curieuses intrigues des papistes, et leur secrette intelligence avec Cromwel. Venons aux vrais auteurs du crime : c'est Cromwel et les fanatiques, je l'avoue. Mais de quelles maximes se servirent-ils pour faire entrer les peuples dans leur sentiment ? Quelles maximes voit-on encore dans leurs apologies, dans celle d'un Midleton, et dans cent autres libelles dont les Cromwellistes inon-

____

(a) Les Anglais et les Ecossais.

(b) Lettre 18, p. 137.

doient toute l'Europe ? De quoi sont pleins tous ces livres, et tous les actes publics et particuliers qu'on faisoit alors, que de la souveraineté absolue des peuples ? de ces contrats primordiaux entre les peuples et les rois, et de toutes les autres maximes que M. Jurieu soutient encore, après Bucanan, que la convention a suivies, et où l'église anglicane se laisse entraîner malgré ses anciens décrets (a) ? Il n'est pas question de détester Cronwel et de le comparer à Catilina, quand après cela on suit toute sa doctrine. Car écoutons comme s'en défend M. Jurieu. » Nous » ne disons pas, dit-il, qu'il soit permis de ré- » sister aux rois jusqu'à leur couper la tête. » Il y a bien de la différence entre attaquer » et se défendre. La défense est légitime contre » tous ceux qui violent le droit des gens et les » lois des nations; mais il n'est pas permis d'at- » taquer des rois, et des rois innocens, pour » leur faire souffrir un honteux supplice. «

Il sembloit dire quelque chose en faveur des rois, en leur accordant du moins qu'il n'est pas permis de les attaquer, ni même de *leur résister jusqu'à leur* faire souffrir le dernier supplice; mais il n'ose soutenir ce peu qu'il leur donne. Il craint de s'engager trop, en disant qu'il n'est par permis de pousser les Rois jusque-là, et il en vient aussitôt à la restriction *des rois innocens*.

En effet, si les peuples sont toujours, et en toute forme d'état, les principaux souverains; si les rois sont leurs justiciables, et relèvent de

____

(a) Lett. 18, p. 137.

ce tribunal; si on peut leur faire la guerre, appeler contre eux l'étranger; les priver de la royauté, les réduire par conséquent à un état particulier; qui empêche qu'on n'aille plus loin, et qui les pourra garantir des extrémités que je n'ose nommer? Leur innocence, dira M. Jurieu, comme les derniers du peuple. Mais qui sera le juge de leur innocence, si ce n'est encore le peuple, ce peuple qui n'a pas même besoin d'avoir raison pour rendre ses actes valides, juridiques et exécutoires, comme parle M. Jurieu? Qui ne voit donc que par les maximes de ce ministre, et par celles que l'Angleterre vient de suivre, le cromwellisme prévaut, et qu'il n'y a rien à lui opposer; que les maximes qu'on reconnoît être celles de l'église anglicane (a), mais qu'elle voit maintenant ensevelies avec la succession de ses rois.

____

(a) De l'aveu de M. Jurieu, l'église anglicane avoit posé comme une maxime de religion, la souveraine indépendance des Rois, ensorte qu'il ne fût permis de leur résister par la force, sous quelque prétexte que ce fût.

CHAPITRE II.

De la souveraineté du peuple. Principe de la politique de M. Jurieu; Profanation de l'Ecriture pour l'établir.

M. Jurieu traite cette matière dans ses lettres 16, 17 et 18e ; et après avoir consumé le temps à plusieurs raisonnemens et distinctions inutiles, il vient enfin à s'en rapporter à l'histoire sainte, non-seulement comme *à la règle la plus certaine*, mais encore comme à la seule qu'on puisse suivre, *puisqu'il n'y a*, dit-il (*a*), *que les autoritées divines qui doivent faire quelque impression sur les esprits.* C'est aussi par là qu'il se vante de pouvoir montrer qu'en toutes sortes de gouvernemens, le peuple est le principal souverain, ou plutôt le seul souverain en dernier ressort, puisque la souveraineté y demeure toujours, non-seulement comme dans sa source, mais encore comme dans le premier et principal sujet où elle réside. Voici par où le ministre commence sa preuve.

« Dieu, dit il (*b*), s'étoit fait roi comme immé-
» diat du peuple hébreu ; et cette nation, du-

(*a*) Lett. 17, p. 131, 133.
(*b*) Lett. 17, p. 131.

»rant environ trois cents ans , n'a eu aucun souverain sur terre, ni roi, ni juge souverain, ni gouverneur. Il n'y a rien de tel que de trancher net, et cela donne un air de savant qui éblouit un lecteur. Mais je demande à M. Jurieu , que veulent donc dire ces paroles de tout le peuple à Josué : *Nous vous obéirons en toutes choses , comme nous avons obéi à Moyse; qui ne vous obéira pas, mourra* (*a*) : ce qui prouve la suprême autorité , non-seulement en la personne de Moyse, mais encore en celle de Josué. Est-ce là ce qu'on appelle n'avoir aucun juge ni magistrat souverain ?

Les autres juges que Dieu suscitoit de temps en temps , n'eurent pas une moindre autorité , et il n'y avoit point d'appel de leurs jugemens. Ceux qui ne déférèrent pas à Gédéon furent punis d'une mort cruelle (*b*). Samuel ne jugea pas seulement le peuple avec une autorité que personne ne contredisoit ; mais il donna encore la même autorité à ses enfans ; et la loi même défendoit , sous peine de mort, de désobéir au juge qui seroit établi (*c*).

C'est donc une erreur grossière, de vouloir nous dire que le peuple de Dieu n'eut ni juge souverain ni gouverneur durant trois cents ans. Il est vrai qu'il n'y avoit point de succession réglée : Dieu pourvoyoit au gouvernement selon les besoins ; et encore qu'il soit écrit qu'*en un*

(*a*) Josué, 1 , 17, 18.
(*b*) Jud. 8 , 25.
(*c*) 1. Reg. 7, 15; 8, 1.

certain

certain temps et avant qu'il y eût des rois, *chacun faisoit comme il vouloit*, il en est bien dit autant du temps de Moyse (*a*); & cela doit être entendu avec les restrictions qu'il n'est pas ici question d'examiner.

Cet état du peuple de Dieu sous les juges est plus important qu'on ne pense; & si M. Jurieu y avoit pris garde, il n'auroit pas attribué au peuple l'établissement de la royauté au temps de Samuel & de Saül. » Quand, dit-il (*b*), le » peuple voulut avoir un roi, Dieu lui en donna » un. Il fit ce qu'il put pour l'en détourner; » le peuple persévéra et Dieu céda. « Qu'est-ce que cela signifie, sinon que l'autorité des rois dépend des peuples, et que les peuples sont naturellement maîtres de leur gouvernement, pour lui donner telle forme que bon leur semble? Je le veux bien, lorsqu'on imaginera un peuple dans l'anarchie; mais le peuple hébreu en étoit bien loin, puisqu'il avoit en Samuel un magistrat souverain; & c'est à M. Jurieu une erreur extrême, & d'une extrême conséquence, que de vouloir rendre le peuple maître de son sort en cet état.

Aussi, loin d'entreprendre de se faire un roi ou de changer par eux-mêmes la forme du gouvernement, ils s'adressent à Samuel en lui disant (*c*): *Vous êtes âgé, & vos enfans ne marchent pas dans vos voies : établissez-nous un roi qui nous juge*

(*a*) Jud. 17, 6; 18, 1, &c. Deut. 12, 8.

(*b*) Lett. 17.

(*c*) 1. Reg. 8, 5.

C

comme en ont les autres nations. Ils en usèrent d'une autre manière envers Jephté (*a*) : *Venez*, lui dirent-ils, *& soyez notre prince*, parce qu'alors la judicature, pour ainsi parler, étoit vacante, et le peuple pouvoit disposer de sa liberté : mais ils ne se sentoient pas en cet état sous Samuel, et c'est aussi à lui qu'ils s'adressent pour changer le gouvernement.

Le même peuple avoit dit autrefois à Gédéon (*b*) : *Dominez sur nous, vous et votre fils* ; ou s'ils semblent vouloir disposer du gouvernement sous un prince déja établi, il faut remarquer que c'étoit en sa faveur, puisque loin de lui ôter son autorité, ils ne vouloient que l'augmenter et la rendre héréditaire dans sa famille. Et néanmoins ce n'étoit ici qu'une simple proposition de la part du peuple à Gédéon même ; et pour avoir son effet, on peut dire qu'il y falloit non-seulement l'acceptation, mais encore l'autorisation de ce prince : à plus forte raison la falloit-il pour ôter au prince même son autorité ; c'est pourquoi le peuple eut raison de s'adresser à Samuel, en lui disant : *Etablissez-nous un roi* (*c*), et Dieu même reconnut le droit de Samuel lorsqu'il lui dit, *Ecoute la voix de ce peuple, et établis un roi sur eux* (*d*) ; et un peu après, *Samuel parla en cette sorte au peuple qui lui demandoit un roi* : c'étoit donc toujours à lui qu'on le demandoit.

____

(*a*) Jud. 11, 6.
(*b*) Ibid. 8, 22.
(*c*) 1. Reg. 8, 4.
(*d*) Ibid. 22.

Que si Samuel consulte Dieu sur ce qu'il avoit à faire, il le fait comme chargé du gouvernement, & à la même manière que les rois l'ont fait en cent rencontres. Ce fut lui qui sacra le nouveau roi (*a*); ce fut lui qui fit faire au peuple tout ce qu'il falloit ; qui fit venir les tribus & les familles les unes après les autres; qui leur appliqua le sort, que Dieu avoit choisi comme le moyen de déclarer sa volonté sur celui qu'il destinoit à la royauté, & tout cela, comme il le déclare, en exécution de la demande qu'ils lui avoient faite : *Donnez-nous un roi.*

M. Jurieu brouille encore ici à son ordinaire : *Le sort*, dit-il (*b*), *est une espèce d'élection libre ; car, encore que la volonté ne concourre pas librement au choix du sujet sur lequel le choix tombe, il concourt librement à laisser faire le choix au sort, & à confirmer ce que le sort a fait :* fausse subtilité, que le texte sacré dément, puisque le sort n'est pas ici choisi par le peuple, mais commandé par Samuel. Aussi, lorsque le sort se fut déclaré, & que Saül eut paru, Samuel ne dit pas au peuple : Voyez celui que vous avez choisi ; mais il lui dit (*c*) : *Voyez celui que le Seigneur a choisi.* Par où aussi s'en va en fumée l'imagination du ministre, qui nous voudroit faire accroire que Dieu avoit laissé au peuple la liberté ou l'autorité *de confirmer ce que le sort avoit fait :* au lieu que sans demander sa confirmation ni son

---

(*a*) 1. Reg. 10, 1, 21, 22.

(*b*) Lettre 17.

(*c*) 1. Reg. 8, 24.

suffrage, Samuel leur dit décisivement, comme on vient d'entendre (*a*) : *Voilà le roi que le Seigneur vous a donné.* Ce fut encore Samuel *qui déclara à tout le peuple la loi de la royauté, la fit rédiger par écrit, & la mit devant le Seigneur.*

Le peuple, en tout cela, ne fait qu'obéir aux ordres qui lui sont portés en cette occasion, comme dans toutes les autres, par son magistrat légitime, & l'obéissance est si peu remise à la discrétion du peuple, qu'au contraire il est écrit en termes formels (*b*), *qu'il n'y eut que les enfans de Bélial qui méprisèrent Saül;* c'est-à-dire, qu'on ne pouvoit résister que par un esprit de révolte.

Il faut donc déja rayer ce grand exemple, par lequel M. Jurieu a voulu montrer indéfiniment que le peuple fait les rois, & qu'il est en son pouvoir de changer la forme du gouvernement. Tout le contraire paroît; mais le ministre qui, comme on voit, réussit si mal dans l'exemple du premier roi, qui étoit Saül, ne raisonne pas mieux sur le second, qui fut David.

Dieu, dit-il (*c*), *avoit fait oindre David pour roi, par Samuel; cependant, il ne voulut point violer le droit du peuple pour l'élection d'un roi, & nonobstant ce choix que Dieu avoit fait, David eut besoin d'être choisi par le peuple.* Voici un étrange théologien, qui veut toujours qu'un homme que Dieu fait roi, ait encore besoin du peuple pour avoir ce titre. La preuve en est

____

(*a*) 1. Reg. 8, 26.
(*b*) Ibid. 27.
(*c*) Lett. 18, p. 132.

pitoyable. *C'eſt pourquoi*, dit-il (*a*), *David monta en Hébron, & ceux de Juda vinrent & oignirent là David pour roi ſur la maiſon de Juda.* Mais qui lui a dit que ce n'est pas là une installation & une reconnoissance d'un roi déja établi, ou tout au moins déja déſigné de Dieu, avec un droit certain à la succession, puisque, comme nous l'avons vu, tout le peuple, & Saül lui-même, aussi bien que Jonathas son fils aîné, l'avoient reconnu ; & David se porta tellement pour roi (*b*), incontinent après la mort de Saül, que comme roi, il vengea son prédécesseur, & récompensa ceux de Jabes-Galaad (*c*). Il paroît même que tout Israël l'auroit reconnu, sans Abner, général des armées sous Saül, *qui fit régner Iſboſet, fils de ce prince, ſur les dix tribus.*

Le ministre veut qu'on croie qu'Isboset fut roi légitime, parce que les dix tribus lui avoient donné la puissance souveraine (*d*), *& que les peuples ſont les maîtres de ieur ſouveraineté, & la donnent à qui bon leur ſemble.*

Quoi, contre l'ordre exprès de Dieu, qui avoit donné à David tout le royaume de Saül ! C'en est trop, & le ministre s'oublie tout-à-fait : mais voyons encore quelle fut la suite de ce choix de Dieu.

Lorsqu'Abner voulut établir le règne de Da-

(*a*) 2. Reg. 2, 2, 4.
(*b*) Ibid. 1, 16, 18.
(*c*) Ibid. 2, 6, 7.
(*d*) Ibid. 8. 9.
(*e*) Lett. 18.

vid sur les dix tribus, il lui fait parler en cette sorte : *A qui eſt la terre (a)*, si ce n'est à vous ? *Entendez-vous avec moi, & je vous ramènerai tout Iſraël*, comme on ramène le troupeau à son pasteur, & des sujets à leur roi. Mais que dit-il encore aux principaux d'Israël, qui reconnoissoient Isboset ? *Hier & avant hier (b), vous cherchiez David afin qu'il régnât ſur vous.*

Il y avoit sept ans qu'Isboset régnoit, & on voit jusqu'aux derniers jours, dans les dix tribus qui le reconnoissent, un perpétuel esprit de retour à David, comme à leur roi, & à un roi que Dieu leur avoit donné (c), ainsi qu'Abner venoit de le présenter; ce qui fait voir qu'ils ne demeuroient sous Isboset que par force, à cause d'Abner & des troupes qu'il commandoit. Aussi, dès la première proposition, tout Israël, & Benjamin même, qui étoit la tribu d'Isboset (d), consentirent à se soumettre à David comme à leur roi légitime, & Abner lui dit : *J'amènerai tout Iſraël au roi mon ſeigneur (e).*

On sait la suite de l'histoire (f), & comme les deux capitaines qui commandoient la garde d'Isboset en apportèrent la tête à David : on sait aussi que David leur rendit le salaire qu'ils méritoient, comme il avoit fait à l'Amalécite

---

(a) 2. Reg. 3, 12.
(b) Ibid. 17.
(c) Ibid. 18.
(d) Ibid. 19, 20, 21.
(e) Ibid. 30.
(f) Ibid. 4, 2, &.

qui s'étoit vanté d'avoir tué Saül ; car il les fit
mourir sans miséricorde , comme il avoit fait
celui-ci. Mais le discours qu'il tint à l'un & aux
autres , fut bien différent, puisqu'il dit à l'Amalécite qui se vantoit d'avoir tué Saül (a) ;
*Comment n'as-tu pas craint de mettre la main fur
l'oint du Seigneur pour le tuer ? Ton sang sera
fur ta tête , parce que tu as osé dire : J'ai tué
l'oint du Seigneur.* Parla-t-il de la même manière
aux deux capitaines qui se vantoient d'avoir fait
un semblable traitement à Isboset (b) ? Point du
tout. *Vive le Seigneur,* leur dit-il, *j'ai fait tuer
celui qui penfoit m'apporter une agréable nouvelle
en me difant, Saül eft mort de ma main : combien plutôt punirai-je deux fcélérats qui ont tué
fur son lit un homme innocent ?*

David n'oublie rien , comme on voit , pour
exagérer leur crime. Mais reproche-t-il à ces
traîtres, comme il a fait à l'Amalécite, qu'ils
avoient attenté sur l'oint du Seigneur ? Leur
dit-il, du moins, qu'ils ont fait mourir leur légitime seigneur ? Rien moins que cela. Il reproche à l'Amalécite d'avoir versé le sang d'un
roi ; & à ceux-ci d'avoir répandu celui d'*un
homme innocent* à leur égard, qu'ils avoient tué
dans son lit, sans qu'il fît de mal à personne,
& qui même, à le prendre de plus haut, ne
s'étoit mis sur le trône qu'à la persuasion
d'Abner, avec une prétention vraisemblable,

(a) 2. Reg. 1 , 14 , 16.

(b) Ibid. 4 , 9 , 10 , 11.

&, comme nous parlons, avec un titre coloré, puisqu'il étoit fils de Saül.

M. Jurieu ne voit rien de tout cela, au lieu qu'il veut tout peser dans un livre aussi précis & aussi profond, pour ne pas dire aussi divin que l'écriture ; il marche toujours devant lui, entêté de sa puissance du peuple, dont, à quelque prix que ce soit, il veut trouver des exemples, & croit encore avoir tout gagné, quand il nous demande (a), *si l'écriture traite le fils de Saül de roi illégitime, ou les dix tribus de rebelles*, pour s'être soumis à son empire ; comme si nous ne pouvions pas lui demander à notre tour, si l'écriture traite de rebelles les mêmes tribus, lorsqu'elles se soumirent à David ? Pouvoient-elles abandonner Isboset, si c'étoit *un roi fils de roi (b) & héritier légitime de son père, élu selon le droit de toutes les couronnes successives*, comme parle M. Jurieu ? Mais David est-il traité d'usurpateur, pour avoir *dépossédé* un roi si légitimement établi ? car assurément un roi légitime ne peut être abandonné sans félonie, & David n'auroit pu le dépouiller sans être usurpateur. Il le seroit donc, selon le ministre, en recevant Abner & les dix tribus sous son obéissance, pendant qu'Isboset leur roi légitime vivoit encore. Or, bien certainement, ni les dix tribus ne furent infidèles en se soumettant à David ; ni David, sacré roi par ordre de Dieu, n'a été usurpateur ni tyran. Qui ne voit donc

____

(a) Lett. 18.
(b) Ibid.

qu'il faut dire nécessairement que David étoit le roi légitime de tout Israël, & qu'on n'avoit pu reconnoître Isboset que par attentat ou par erreur ?

Je ne sais plus ce qu'on peut penser de ce ministre, après de tels égaremens : mais voici un troisième exemple, qui met le comble à ses erreurs. Le rebelle Absalon (a) étoit défait & tué ; mais David n'osoit se fier à un peuple ingrat, où la crainte d'être puni de son infidélité pouvoit encore entretenir l'esprit de révolte. En effet, les rebelles effrayés, au lieu de venir demander pardon au roi, & se ranger, comme ils le devoient, sous ses étendards, s'étoient retirés dans leurs maisons avec un air de mécontentement : quelques-uns parloient pour David, mais trop foiblement encore ; & le mouvement fut si grand (b), qu'un peu après, Seba, fils de Bochri, souleva le peuple, de manièrre que si on ne se fût dépêché de le calmer, cette dernière révolte eût été plus dangereuse que celle d'Absalom.

Avant donc que de retourner à Jérusalem, David voulut reconnoître la disposition du peuple, & faisoit parler aux uns & aux autres pour les rappeler à leur devoir. Il n'en faut pas davantage pour faire dire au ministre que *David ne voulut remonter fur le trône* (c) *que par la*

(a) 1. Reg. 19, 9.
(b) Ibid. 20, 6.
(c) Lett. 17, p. 132.

même autorité par laquelle il y étoit premièrement
monté, c'est-à-dire, par celle du peuple.

Mais quoi, David n'étoit-il pas demeuré roi
malgré la rebellion, et Absalom n'étoit-il pas un
usurpateur ? *Oui*, dit M. Jurieu, *c'étoit un in-
fâme usurpateur, et le peuple étoit rebelle.* Qu'attendoit donc David, selon ce ministre ? Avoit-il
besoin de *l'autorité* d'un peuple rebelle, pour
se remettre sur son trône, et rentrer dans son
palais ? Non sans doute, et il est visible que s'il
différoit, c'étoit pour mieux assurer les choses
avant que de se remettre entièrement entre les
mains des rebelles. Mais cette raison est trop
naturelle pour notre ministre. *David*, dit-il (*a*),
*aimoit mieux avouer par cette conduite, que les
peuples sont les maîtres de leurs couronnes, et
qu'ils les ôtent et qu'ils les donnent à qui ils
veulent.*

Quoi, même des peuples rebelles ont tant
de pouvoir, et sous un roi légitime ? Et dans
un attentat aussi étrange que celui d'un fils
contre un père, il falloit encore adorer le droit
du peuple ? N'eût-ce pas été flatter la rebellion,
au lieu de l'éteindre, et soulever un peuple qu'il
falloit abattre ?

Le ministre ne rougit pas d'un tel excès. Il
en est averti par ses confrères ; mais, au lieu
de s'en corriger, il y persiste : C'est que le *peuple a
ce droit*, dit-il (*b*), et quoiqu'*il en ait abusé*,
en sorte que ce qu'il a fait soit un attentat ma-

(*a*) Lett. 17 . p. 132.
(*b*) Lett. 21 , p. 167.

nifeste, qui par conséquent le rend punissable, et rend du moins ce qu'il a entrepris de nul effet, il faut respecter cet attentat. Un prince chassé, mais à la fin victorieux, n'osera user de son droit qu'avec le consentement et l'autorité des rebelles ; et au lieu de les punir, il faudra encore qu'il leur demande pardon de sa victoire. Voilà, mes frères, les maximes qu'on vous prêche ; voilà comme on traite l'écriture-sainte. Où en sommes-nous, si on écoute de tels songes ?

Je trouve un quatrième exemple dans la lettre XVIIIe. *La couronne*, dit le ministre (a), *appartenoit à Adonias plutôt qu'à Salomon : il étoit l'aîné ; cependant le peuple la tranſporta d'Adonias à Salomon.* S'il vouloit bien une seule fois considérer les endroits qu'il cite, il nous sauveroit la peine de le réfuter. Encore lui pardonnerois-je, s'il y avoit un seul mot du peuple dans tout le récit de cette affaire ; mais quoique l'histoire sainte la raconte dans tout le détail, on y voit au contraire que Bethsabée dit à David (b) : *O mon Seigneur et mon roi, toute la maiſon d'Iſraël attend que vous déclariez qui doit être aſſis après vous dans votre trône..* On voit donc, loin de décider, que le peuple étoit en attente de la volonté du roi. Le roi en même temps donne ses ordres, et fait sacrer Salomon : *Qu'on le mette*, dit-il (c), *dans mon trône, et qu'on me l'amène, et je lui commanderai de régner.*

____

(a) Lettre 18 , pag. 140.

(b) 3. Reg. 1 , 20.

(c) Ibid. 34.

A l'instant tout le parti d'Adonias fut dissipé, et Abiatar lui vint dire : *Le roi David notre souverain seigneur a établi Salomon roi* (a). Dès qu'on vit qu'Adonias vouloit régner, le prophète Nathan vint dire à David : *Le roi mon Seigneur a-t-il ordonné qu'Adonias régnât après lui* (b) ? Et encore : *Cet ordre est-il venu du roi mon Seigneur ? et que n'a-t-il déclaré sa volonté à son serviteur ?* On ne songeoit pas seulement que le peuple eût à se mêler dans cette affaire, et l'on n'en fait nulle mention.

Le cinquième et dernier exemple est celui des Machabées. *Qui*, dit-on, *a trouvé à redire à ce que firent les juifs après avoir secoué le joug des rois de Syrie ? Pourquoi, au lieu de donner la couronne aux Machabées, ne la rendirent-ils pas à la famille de David* (c) ? La réponse n'est pas difficile. Il y avoit quatre cents ans et plus, non-seulement que le sceptre étoit sorti de la famille de David, mais encore que son trône étoit renversé, et le royaume assujetti à un autre peuple. Les rois d'Assyrie, les rois de Perse, les rois de Syrie, en avoient prescrit la possession contre la famille de David, qui avoit cessé de prétendre à la royauté depuis le temps de Sédécias ; et on n'espéroit plus le rétablissement du royaume dans la maison de David qu'au temps du Messie.

Ainsi le peuple affranchi avec le consente-

(a) 3 Reg. 1 , 24 , 27.
(b) Ibid.
(c) Lett. 17 , p. 132.

ment des rois de Syrie ses derniers maîtres, pouvoit, sans avoir égard au droit prescrit et abandonné de la maison de David, donner l'empire à celle des Asmonéens, qui avoit déja le souverain sacerdoce. Que si on venoit à dire, quoique sans aucune apparence, qu'il n'y a point de prescription contre les familles royales, ni en particulier contre celle de David, à cause des promesses de Dieu, il s'ensuivroit de là que les Romains auroient été des usurpateurs, et que lorsque Jesus-Christ a dit : *Rendez à Céfar ce qui eſt à Céfar*, il auroit jugé pour l'usurpateur contre sa propre famille et contre lui-même, puisqu'il étoit constamment le fils de David.

Concluons donc, qu'à ne regarder que l'empire temporel de la famille de David, la prescription avoit lieu contre elle ; que le trône n'en devoit être éternel que d'une manière spirituelle en la personne du Christ ; et qu'en attendant sa venue, le peuple se pouvoit soumettre aux Asmonéens.

Voyons si votre ministre sera plus heureux à résoudre les objections, qu'à nous proposer ses maximes et ses exemples. On lui objecte ce fameux passage où, pour détourner le peuple du dessein d'avoir un roi, Dieu parle ainsi à Samuel : » Raconte-lui le droit du roi qui rè- » gnera sur eux ; et Samuel leur dit : Tel sera » le droit du roi (*a*). « Tout le monde sait le reste ; c'est en abrégé : » Il enlèvera vos enfans

____

(*a*) I. Reg. 8, 9, 10.

» et vos esclaves; il établira des tribus sur vos
» terres et sur vos troupeaux, sur vos moissons
» et sur vos vendanges, et vous lui serez sujets. «
Voilà ce que Dieu fit dire à son peuple avant
que de consentir à sa volonté : et quand le roi
fut établi : *Samuel prononça au peuple le droit
du royaume, et l'écrivit dans un livre qu'il posa
devant le Seigneur* (a); c'est - à - dire , qu'il le
posa devant l'arche comme une chose sacrée.

M. Jurieu prétend que ces deux endroits
n'ont rien de commun l'un avec l'autre. » Ceux
» qui outrent tout, dit-il (1), et qui ne com-
» prennent rien, veulent que cette description
» de la tyrannie des rois (au chapitre VIII,
» vers. 9. et 11), soit la même chose que le
» droit des rois, dont il est dit dans le chap. X,
» vers. 25 : *Lors Samuel prononça au peuple le
» droit du royaume, et l'écrivit dans un livre
» qu'il posa devant le Seigneur.* « Voilà donc,
selon ce ministre, ce que disent *ceux qui outrent
tout et ne comprennent rien.* Mais lui qui n'outre
rien, et qui comprend tout, prend un autre
parti, et voici pourquoi: » C'est, dit-il, qu'il
» n'y a qu'à voir la différence des termes dont
» Samuel se sert dans ces deux endroits, pour
» connoître la différence des choses. Dans ce
» dernier passage (chapitre X, vers. 25), ce
» que Samuel proposa au peuple est appelé
» le droit du royaume; et dans le huitième
» chapitre, les menaces qu'il énonce sont ap-

(a) 1. Reg. X, 25.
(b) Lett. 17 , p. 174.

» pelées le traitement : *Declare-leur comment le*
» *roi qui régnera fur eux les traitera ; et non pas*
» *comment il aura droit de les traiter.* Et Samuel
» dit aussi : *C'eft ici le traitement que vous fera*
» *le roi qui doit régner fur vous ;* il ne dit pas :
» *C'eft ici le traitement qu'il aura droit de vous*
» *faire.* «

A entendre parler ce miniftre avec une distinction et une résolution si précise , vous di-
riez qu'il a lu dans l'original les passages qu'il
entreprend d'expliquer : mais non ; car, au lieu
qu'il dit décisivement que le Saint - Esprit se
sert de mots différens au huitième et au dixième
chapitre, pour expliquer ce qu'il a traduit, *trai-*
tement et *droit*, il ne falloit que des yeux ouverts,
et seulement savoir lire, pour voir que le Saint-
Esprit emploie par-tout le même terme, *racontes*
leur le droit du roi (ch. VIII, 9.), Mischpath.
Tel fera le droit du roi (Ibid. 11.); encore ,
Mischpath. *Samuel prononça au peuple le droit*
du royaume (chap. X, vers. 25) ; pour la troisième fois, *Mischpath* ; et les Septante ont
aussi dans les trois endroits le même mot , et
par-tout *Mischpath*, qui veut dire *droit, juge-*
ment , ou comme on voudra le traduire, toujours en signifiant quelque chose qui tient lieu
de loi , qui est aussi ce que signifie naturellement le mot hébreu, comme on le pourroit
prouver par cent passages

Il faut donc, par les principes du ministre,
prendre le contrepied de ses sentimens. Le rapport du chapitre 8 et du chapitre 10 est manifeste. Le droit du chapitre 10 n'est pas la
conduite particulière des rois ; ce n'est pas le trai-

tement qu'ils feront au peuple à tort ou à droit, que Dieu fait enregistrer dans un livre public, et consacrer devant ses autels ; c'est un droit royal : donc le droit dont il est parlé an chapitre 8, est un droit royal aussi.

Et il ne faut pas objecter qu'il s'ensuivroit que le droit royal seroit une tyrannie ; car il ne faut pas entendre que Dieu permette aux rois ce qui est porté au chapitre 8, si ce n'est dans le cas de certaines nécessités extrêmes, où le bien particulier doit être sacrifié au bien de l'état, et à la conservation de ceux qui le servent. Dieu veut donc que le peuple entende que c'est au roi à juger ces cas, et que s'il excède son pouvoir, il n'en doit compte qu'à lui ; de sorte que le droit qu'il a, n'est pas le droit de faire licitement ce qui est mauvais ; mais le droit de le faire impunément à l'égard de la justice humaine, à condition d'en répondre à la justice de Dieu, à laquelle il demeure d'autant plus sujet, qu'il est plus indépendant de celle des hommes.

Voilà ce qui s'appelle avec raison le droit royal, également reconnu par les protestans et par les catholiques, et c'est ainsi du moins qu'on régnoit parmi les Hébreux. Mais quand il faudroit prendre ce droit, comme fait M. Jurieu, pour le traitement que les rois feroient aux peuples, le ministre n'en seroit pas plus avancé, puisque toujours il demeureroit pour assuré que Dieu ne donne aucun remède au peuple contre ce traitement de ses rois. Car loin de leur dire, vous y pourvoirez, ou vous aurez droit d'y pourvoir, au contraire il ne leur

dit

dit autre chose, sinon: *Vous crierez à moi à cause de votre roi que vous aurez voulu avoir, et je ne vous écouterai pas* (a); leur montrant qu'il ne leur laissoit aucune ressource contre l'abus de la puissance royale, que celle de réclamer son secours, qu'ils ne méritoient pas après avoir méprisé ses avis.

D'autre veulent que cette loi du royaume, dont il est parlé au 1er. liv. des rois, ch. 10, v. 25, soit celle du Deutéronome (b), où Dieu modère l'ambition des rois et règle leurs devoirs. Mais pourquoi écrire de nouveau cette loi, qui étoit déja si bien écrite dans ce divin livre, et déja entre les mains de tout le peuple? Et d'ailleurs, les objets de ces deux lois sont bien différens. Celle du Deutéronome marquoit au roi ce qu'il devoit faire, et celle du livre des rois marquoit au peuple à quoi il s'étoit soumis en demandant un roi. Mais qu'on le prenne comme on voudra, on n'y gagne pas davantage, puisque enfin cette loi des rois, dans le livre du Deutéronome, ne prescrit aucune peine qu'on puisse leur imposer s'ils manquent à leur devoir; tout au contraire de ce qu'on voit partout ailleurs, où la peine de la transgression suit toujours l'établissement du précepte. Mais lorsque Dieu commande aux rois, il n'ordonne aucune peine contre eux; et encore qu'il n'ait rien omis dans la loi pour bien instruire son peuple, on n'y trouve aucun vestige de ce pouvoir sur les rois, que

-----

(a) 1. Reg. 8, 1, 8.
(b) Deut. 17, 16.

D

notre ministre lui donne comme le seul fondement de sa liberté ; au contraire, tout y tend
visiblement à l'indépendance des rois ; et la
preuve démonstative que tel est l'esprit de la
loi et la condition de régner parmi les Hébreux,
c'est la pratique constante et perpétuelle de ce
peuple, qui jamais ne se permet rien contre ses
rois.

Il y avoit une loi expresse qui condamnoit
les adultères à la mort (a) ; mais nul autre que
Dieu n'entreprit de punir David, qui étoit tombé
dans ce crime. La loi condamnoit encore à
mort (b) celui qui portoit le peuple à l'idolâtrie,
et si une ville entière en étoit coupable, elle
étoit sujette à la même peine. Mais nul n'at-
tenta rien sur Jéroboam, *qui pécha et fit pécher
Ifraël (c)*, comme le répète vingt et trente fois
le texte sacré ; qui érigea les veaux d'or, le
scandale de Samarie, et l'erreur des dix tribus.
Dieu le punit, mais il demeura, à l'égard des
hommes, paisible et inviolable possesseur du
royaume que Dieu lui avoit donné (d). Ainsi
en fut-il d'Ahcab et de Jézabel ; ainsi en fut-
il d'Achas et de Manassès, et de tant d'autres
rois qui idolâtroient et invitoient ou forçoient
le peuple à l'idolâtrie : ils étoient tous condamnés à mort, selon les termes précis de la
loi, et ceux qui joignoient le meurtre à l'ido-

(a) Deut. 22, 22.
(b) Ibid. 13, 9, 12.
(c) 3. Reg. 12, 26 ; 13, 34 ; 14, 16, &c.
(d) Ibid. 11, 35, &c. seq.

lâtrie, comme un Achab et un Manassès (*a*), devoient encore être punis de mort ; et par un autre titre, et par la loi spéciale qui condamnoit l'homicide. Et néammoins, ni les grands, ni les petits, ni tout le peuple, ni les prophètes qui, envoyés de la part de Dieu, dévoient parler plus haut que tous les autres, et qui parloient en effet si puissamment aux rois les plus redoutables, ne leur reprochoient jamais la peine de mort qu'ils avoient encourue selon la loi. Pourquoi, si ce n'est qu'on entendoit qu'il y avoit dans toutes les lois, selon ce qu'elles avoient de pénal, une tacite exception en faveur des rois ; en sorte qu'il démeuroit pour constant qu'ils ne répondroient qu'à Dieu seul.

C'est pourquoi, lorsqu'il vouloit les punir par les voies communes, il créoit un roi à leur place (*b*), ainsi qu'il créa Jéhu, pour punir Joram, roi de Samarie, l'impie Jésabel sa mère, et toute leur postérité. Mais de ce pouvoir prétendu du peuple, et de cette souveraineté qu'on lui veut attribuer naturellement, il n'y en a ni aucun acte, ni aucun vestige, et pas même le moindre soupçon dans toute l'histoire sainte, dans tous les écrits des prophètes, ni dans tous les livres sacrés. On a donc très-bien entendu dans le peuple hébreu, ce droit royal qui réservoit le roi au jugement de Dieu seul ; et non-seulement dans les cas marqués au premier livre des rois, qui étoient les cas les plus ordi-

---

(*a*) Exod. 21, 12. Deuter, 19, 11.

(*b*) 4, Reg. 9, 10.

naires, mais encore dans les plus extraordinaires
et à-là-fois les plus importans, comme l'adultère, le meurtre et l'idolâtrie. Ainsi on ne peut
douter qu'on ne régnât avec ce droit, puisque
l'interprète le plus assuré du droit public, et
en général de toutes les lois, c'est la pratique.

Mais voici un autre interprète du droit royal.
C'est le plus sage de tous les rois qui met ces
paroles dans la bouche de tout le peuple : *J'observe la bouche du roi ; il fait tout ce qui lui plaît,
& sa parole est puissante ; et personne ne lui peut
dire, Pourquoi faites-vous ainsi* (*a*) ? Façon de
parler si propre à signifier l'indépendance, qu'on
n'en a point de meilleure pour exprimer celle de
Dieu. *Personne*, dit Daniel (*b*), *ne résiste à son
pouvoir, ni ne lui dit : Pourquoi le faites vous ?*
Dieu donc est indépendant par lui-même et par
sa nature ; et le roi est indépendant à l'égard des
hommes et sous les ordres de Dieu, qui seul
aussi peut lui demander compte de ce qu'il fait ;
et c'est pourquoi il est appelé le Roi des rois,
et le Seigneur des seigneurs.

M. Jurieu se mêle ici de nous expliquer
Salomon (*c*), en lui faisant dire seulement *qu'il
n'est pas permis de contrôler les rois dans ce qu'ils
font, quand leurs ordres ne vont pas à la ruine
de la société, encore que souvent ils incommo-
dent.* Ce ministre prête ses pensées à Salomon :
mais de quelle autorité, de quel exemple,

(*a*) Ecc. 8. 4.
(*b*) Dan. 4, 32.
(*c*) Lett. 17.

de quel texte de l'écriture a-t-il soutenu la glose
qu'il lui donne ? Auquel de ces rois cruels et
impies, dont le nombre a été si grand, a-t-on
demandé raison de sa conduite, quoiqu'elle allât
visiblement à la subversion de la religion et
de l'état ? On n'en trouve aucune apparence
dans un royaume qui a duré cinq cents ans ; cependant l'état subsistoit, la religion s'est sou-
tenue sans qu'on parlât seulement de ce prétendu
recours au peuple, où l'on veut mettre la ressource des états.

Il ne faut pas s'imaginer que les autres
royaumes d'orient eussent un autre constitution que celui des Israélites. Lorsque ceux-ci
demandèrent un roi, ils ne vouloient pas établir une monarchie d'une forme particulière.
Donnez-nous un roi, disoient-ils, *comme en ont
les autres nations, et nous ferons*, ajoutent-ils,
comme tous les autres peuples. Et dès le temps
de Moyse : *Vous voudrez avoir un roi comme en
ont tous les autres peuples aux environs* (a). Ainsi
les royaumes d'orient, où florissoient les plus
anciennes et les plus célèbres monarchies de
l'univers, avoient la même constitution. On
n'y connoissoit, non plus qu'en Israël, cette
suprême autorité du peuple ; et quand Salomon
disoit, *Le roi parle avec l'empire, et nul ne lui
peut dire, Pourquoi le faites-vous*, il n'expri-
moit pas seulement la forme du gouvernement
les parmi Hébreux, mais encore la constitution
des royaumes connus alors, et, pour ainsi parler,
le droit commun des monarchies.

______

(a) 1. Reg. 8, 5. Ibid. 20. Deut. 17, 14.

Au reste, cette indépendance étoit tellement de l'esprit de la monarchie des Hébreux, qu'elle se remit dans la même forme lorsqu'elle fut renouvelée sous les Machabées (*a*). Car encore qu'on ne donnât pas à Simon le titre de roi, que ses enfans prirent dans la suite, il en avoit toute la puissance sous le titre de souverain pontife et de capitaine, puisqu'il est porté dans l'acte, où les sacrificateurs et tout le peuple lui transportent pour lui et pour sa famille le pouvoir suprême sous ces titres, qu'on lui remet entre les mains les armes, les garnisons, les forteresses, les impôts, les gouverneurs et les magistrats, les assemblées mêmes, sans qu'on en pût tenir aucune que par son ordre; et en un mot, la puissance *de pourvoir au besoin du peuple saint* (*b*); ce qui comprend généralement tous les besoins d'un état, tant dans la paix que dans la guerre, *sans pouvoir être contredit par qui que ce soit, sacrificateur ou autre, à peine d'être déclaré criminel* (*c*). Enfin, on n'oublie rien dans cet acte; et loin de se réserver la puissance souveraine, le peuple ne se laisse rien par où il puisse jamais s'opposer au prince, ni armes, ni assemblées, ni autorité quelconque, ni enfin autre chose que l'obéissance.

Je voudrois bien demander à M. Jurieu, qui est si habile à trouver ce qui lui plaît dans

____

(*a*) 1. Mach. 14, 41 & suiv. 49.
(*b*) Ibid. 44.
(*c*) Ibid. 42, 43.

l'écriture, ce que le peuple juif s'est réservé par cet acte? Quoi, peut-être la législation, à cause qu'il n'en est point parlé? Mais il sait bien que dans le peuple de Dieu, la législation étoit épuisée dans la seule loi de Moyse; à quoi nous ajouterons, s'il lui plaît, les traditions constantes et immémoriales (a), qui venoient de la même source. Que s'il falloit dans l'application des interprétations juridiques, la loi même y avoit pourvu par le ministère sacerdotal, comme Malachie l'avoit si bien expliqué sur le fondement de la doctrine de Moyse, & on n'avoit garde d'en parler dans l'acte qu'on fit en faveur de Simon, puisque ce droit étoit renfermé dans sa qualité de pontife. Tout le reste est spécifié; et si le peuple s'étoit réservé quelque partie du gouvernement, pour petite qu'elle fût, il n'auroit pas renoncé à toute assemblée, puisque s'assembler pour un peuple, est le seul moyen d'exercer une autorité légitime, de sorte que qui y renonce, comme fait ici le peuple juif, renonce en même temps à tout légitime pouvoir.

La seule restriction que je trouve dans l'acte dont nous parlons, c'est que la puissance n'étoit donnée à Simon et à ses enfans, que jusqu'à ce qu'il s'élevât un fidèle prophète (b), soit qu'il faille entendre le Christ ou quelqu'autre fidèle interprète de la volonté de Dieu. Mais cette restriction, si bien exprimée, ne marque pas

____

(a) Malach. 2.
(b) 1. Mach. 14, 41.

D 4

seulement qu'il n'y en avoit aucune autre, puisque cette autre seroit marquée comme celle-là, mais exclut encore positivement celle que M. Jurieu voudroit établir. Car ce qu'il voudroit établir, c'est dans toutes les monarchies, et même dans les plus absolues, la réserve du pouvoir du peuple, pour changer le gouvernement dans le besoin : or, bien loin d'avoir réservé ce pouvoir au peuple, on le lui ôte en termes formels, puisque tout le changement de gouvernement est réservé à Dieu et à un prophète venu de sa part ; et voilà dans la nouvelle souveraineté de Simon et de sa famille, l'indépendance la mieux exprimée, et tout ensemble la plus absolue qu'on puisse voir.

Ce que les nouveaux rabbins ont imaginé de la puissance du grand Sanhédrin, ou du conseil perpétuel de la nation, où ils prétendent qu'on jugeoit les crimes des rois, ni ne paroît dans cet acte, ni ne se trouve en la loi, ni n'est fondé sur aucun exemple, ni dans l'ancienne ni dans la nouvelle monarchie, ni on n'en voit rien dans l'Histoire sainte, ou dans Joseph, ou dans Philon, ou dans aucun ancien auteur : au contraire tout y répugne, et on n'a jamais vu en Israël, de jugement humain contre les rois, si ce n'est peut-être après leur mort, pour leur décerner l'honneur de la sépulture royale, ou les en priver ; coutume qui venoit des Egyptiens, et dont on voit quelque vestige dans le peuple saint, lorsque les rois impies étoient inhumés dans les lieux particuliers, et non pas dans les tombeaux des rois.

Voilà tout le jugement qu'on exerçoit sur les

rois, mais après leur mort, et sous l'autorité de leur successeur; et cela même étoit une marque que leur majesté étoit jugée inviolable pendant leur vie. Voilà donc comme on a régné parmi les Juifs, toujours dans le même esprit d'indépendance absolue, tant sous les rois de la première institution, que dans la monarchie renaissante sous les Machabées.

Qu'ai-je besoin d'écouter ici les frivoles raisonnemens de votre ministre ? Voilà un fait constant qui les détruit tous (a); car que sert d'alléguer en l'air, qu'il n'y a ni possibilité ni vraisemblance qu'un peuple ait pu donner un pouvoir qui lui seroit si nuisible ? Voilà un peuple qui l'a donné, et ce peuple étoit le peuple de Dieu, le seul qui le connût et le servît, le seul par conséquent qui eût la véritable sagesse; mais le seul que Dieu gouvernât, et à qui il eût donné des lois : c'est ce peuple qui ne se réserve aucun pouvoir contre ses souverains (b).

Lorsqu'on allègue cette loi fameuse, que la loi suprême est le salut du peuple, je l'avoue ; mais ce peuple a mis son salut à réunir toute sa puissance dans un seul ; par conséquent à ne rien pouvoir contre ce seul à qui il transportoit tout. Ce n'étoit pas qu'on n'eût vu les inconvéniens de l'indépendance du prince, puisqu'on avoit vu tant de mauvais rois , tant d'insupportables tyrans; mais c'est qu'on voyoit encore

---

(a) Lett. 16 & 17.
(b) Ibid.

moins d'inconvénient à les souffrir, quels qu'ils fussent, qu'à laisser à la multitude le moindre pouvoir.

Que si l'état à la fin étoit péri sous ses rois, qui avoient abandonné Dieu, on n'alloit pas imaginer que ce fût faute d'avoir laissé quelque pouvoir au peuple, puisque toute l'écriture atteste que le peuple n'étoit pas moins insensé que ses rois. *Nous avons péché*, disoit Daniel (a), *nous et nos pères, et nos rois, et nos princes, et nos sacrificateurs, et tout le peuple de la terre.* Esdras et Néhémias en disent autant.

Ce n'étoit donc pas dans le peuple qu'on imaginoit le remède aux déréglemens ou la ressource aux calamités publiques; au contraire, c'étoit au peuple même qu'il falloit opposer une puissance indépendante de lui pour l'arrêter; et si ce remède ne réussissoit, il n'y avoit rien à attendre que de la puissance divine. C'est donc pour cette raison que malgré les expériences de l'ancienne monarchie, on ne laissa pas de fonder sur les mêmes principes la monarchie renaissante. Elle périt par les dissensions qui arrivèrent dans la maison royale. Le peuple qui voyoit le mal, ne songea pas seulement qu'il y pût remédier. Les Romains se rendirent les maîtres et donnèrent le royaume à Hérode, sous qui, sans doute, on ne songeoit pas que la souveraine puissance résidât dans le peuple. Quand les Romains la reprirent sous les Césars, le peuple ne songeoit plus qu'il lui restât le moindre pouvoir pour se gouverner, loin de

______

(a) Dan. 9, 5, 6.

l'avoir sur ses maîtres ; et c'est cet état de sou-
veraineté si indépendante sous les Césars, que
Jésus-Christ autorise, lorsqu'il dit : Rendez à
César ce qui est à César.

Il n'y a donc rien de plus constant que ces
monarchies, où l'on ne peut imaginer que le
peuple ait aucun pouvoir, loin d'avoir le pouvoir suprême sur ses rois. Je ne prétends pas
disputer qu'il n'y en puisse avoir d'une autre
forme, ni examiner si celle-ci est la meilleure
en elle-même ; au contraire, sans me perdre ici
dans de vaines spéculations, je respecte dans
chaque peuple, le gouvernement que l'usage y
a consacré, et que l'expérience a fait trouver
le meilleur. Ainsi, je n'empêche pas que plusieurs peuples n'aient excepté ou pu excepter
contre le droit commun de la royauté, ou, si
l'on veut, imaginer la royauté d'une autre sorte,
et la tempérer plus ou moins, suivant le génie
des nations, et les diverses constitutions des
états.

Quoi qu'il en soit, il est démontré que ces
exceptions ou limitations du pouvoir des rois,
loin d'être le droit commun des monarchies,
ne sont pas seulement connues dans celle du
peuple de Dieu. Mais celle-ci n'ayant rien eu
de particulier, puisqu'au contraire on la voit
établie sur la forme de toutes les autres ou de
la plupart, la démonstration passe plus loin, et
remonte jusqu'aux monarchies les plus anciennes et les plus célèbres de l'univers ; de sorte
qu'on peut conclure que toutes ces monarchies
n'ont pas seulement connu ce prétendu pouvoir
du peuple, et qu'on ne le connoissoit pas dans

les empires que Dieu même et Jésus-Christ ont autorisés.

CHAPITRE III.

Le fondement des empires renversé par ce ministre.

DIEU, qui est le père et le protecteur de la société humaine, qui a ordonné les rois pour la maintenir, qui les a appelés ses christs, qui les a faits ses lieutenans, et qui leur a mis l'épée en main pour exercer sa justice, a bien voulu, à la vérité, que la religion fût indépendante de leur puissance, et s'établît dans leurs états, malgré les efforts qu'ils feroient pour la détruire; mais il a voulu en même temps que bien loin de troubler le repos de leurs empires ou d'affoiblir leur autorité, elle la rendît plus inviolable, et montrât, par la patience qu'elle inspiroit à ses défenseurs, que l'obéissance qu'on leur doit est à toute épreuve.

C'est pourquoi c'est un mauvais caractère et un des effets des plus odieux de la nouvelle réforme, d'avoir armé les sujets contre leurs princes et leur patrie, et d'avoir rempli tout l'univers de guerres civiles; et il est encore plus odieux et plus mauvais de l'avoir fait par principes, et d'établir, comme fait encore M. Jurieu, des maximes séditieuses qui tendent à

la subversion de tous les empires et à la dégra-
dation de toutes les puissances établies de Dieu.
Car il n'y a rien de plus opposé à l'esprit du
christianisme, que la réforme se vantoit de
rétablir, que cet esprit de révolte ; ni rien de
plus beau à l'ancienne église, que d'avoir été
tourmentée et persécutée jusqu'aux dernières
extrémités, durant trois cents ans, et depuis à
diverses reprises, par des princes hérétiques ou
infidèles, et d'avoir toujours conservé dans une
oppression violente, une inaltérable douceur,
une patience invincible, et une inviolable fidélité envers les puissances.

« C'est un miracle visible qu'on ne voie, durant
tous ces temps, ni sédition, ni révolte, ni aigreur, ni murmure parmi les chrétiens ; et ce
qu'il y avoit de plus remarquable dans leur
conduite, c'étoit la déclaration solennelle qu'ils
faisoient de pratiquer cette soumission envers
l'empire persécuteur, non point comme une
chose de perfection et de conseil, mais comme
une chose de précepte et d'obligation indispensable, alléguant non-seulement les exemples,
mais encore les commandemens exprès de
Jésus-Christ et des apôtres : d'où ils concluoient
que l'empire ni les empereurs n'auroient jamais
rien à craindre des chrétiens, en quelque nombre qu'ils fussent, et quelques persécutions
qu'on leur fît souffrir.

Plus il y aura de chrétiens (a), disoient-ils
à leurs persécuteurs, *plus il y aura de gens de
qui jamais vous n'aurez rien à craindre. Il n'y a*

____

(a) Tert. Apol. 37, 43.

donc rien, encore un coup, de plus opposé à l'ancien christianisme, que ce christianisme réformé, puisqu'on a fait, et qu'on fait encore dans celui-ci, un point de religion de la révolte, et que dans l'autre, on en a fait un de l'obéissance et de la fidélité.

Que la réforme ne pense pas s'excuser sur ce qu'elle semble à la fin avoir condamné en France et en Angleterre, par ses plus fameux écrivains, ces guerres civiles de religion, et les maximes dont ont les avoit soutenues ; car les réprouver quelque temps pour y revenir après, c'est bien montrer qu'on a honte de son erreur, mais c'est montrer en même temps qu'on ne veut pas s'en corriger, et c'est enfin augmenter dans un article, si important à la tranquillité publique, les variations dont la réforme est convaincue.

C'est ce que j'entreprends de découvrir dans cet avertissement ; j'entreprends, dis-je, de vous découvrir que votre réforme n'est pas chrétienne, parce qu'elle n'a pas été fidèle à ses princes et à sa patrie. Que la proposition ne vous fâche pas ; il sera temps de se fâcher si ma preuve vous paroît défectueuse, si je vous laisse le moindre doute de ce que j'avance : en attendant, lisez sans aigreur ce que je vous expose pour votre bien.

Maxime de M. Jurieu, qu'on peut faire la guerre à son Prince et à sa patrie pour sa religion ; que cette maxime est née dans l'hérésie. Variations de la réforme.

Ce qui aggrave le crime de la réforme, si souvent rebelle, c'est de voir d'un côté naître l'église avec l'esprit de fidélité et d'obéissance, au milieu de l'oppression la plus violente, et de voir de l'autre, l'esprit contraire, c'est-à-dire, l'esprit de sédition et de révolte, prendre naissance, et se perpétuer dans des hérésies. Les premiers des chrétiens qui ont pris séditieusement les armes avec une ardeur furieuse, sous prétexte de persécution, ont été les donatistes ; c'est une vérité constante. Il n'est pas moins assuré que les premiers qui ont fait des guerres réglées à leurs souverains pour la même cause, ont été les manichéens, les plus insensés et les plus impies de tous les hommes. Pour ce qui regarde les donatistes, il n'y a personne qui ne sache les fureurs de leurs circumcellions, rapportées en tant de lieux de S. Augustin (*q*), qui montre même que les violences de ce parti séditieux ont égalé les ravages que les barbares faisoient alors dans les plus belles provinces de l'empire ; et quant aux manichéens, nous en avons raconté les guerres sanglantes, dans le livre I I des variations, n°s. 13 et 14. Les Albigeois ont suivi ce mauvais exemple ; aussi avons-nous vu qu'ils étoient de dignes rejetons de

---

(*q*) Epist. 111, olim 122, ad Victor.

cette abominable secte. Les wicléfistes n'ont point eu de honte de marcher sur leurs pas; les hussites et les taborites les ont imités; et, puisqu'enfin il en faut venir aux sectes de ces derniers siècles, on sait l'histoire des luthériens et des calvinistes.

C'étoit un terrible préjugé contre la réforme naissante, de n'avoir pu prendre l'esprit de l'ancien christianisme qu'elle se vantoit de rétablir, et d'avoir pris au contraire l'esprit turbulent et séditieux qui avoit été conçu, et qui s'étoit conservé dans l'hérésie; car c'étoit, d'un côté, ne pouvoir prendre l'esprit de Jésus-Christ, et de l'autre, prendre l'esprit opposé, c'est-à-dire l'esprit de sédition, que Jésus-Christ nous fait voir être l'esprit du démon et de son empire (a); d'où suit aussi, selon sa parole, la désolation des royaumes et de toute la société humaine, que Dieu a formée par ses lois, et qu'il a prise en sa protection.

Sur une si pressante accusation, il n'est pas aisé d'exprimer combien la réforme a été déconcertée. Tantôt elle a fait profession d'être soumise et obéissante; tantôt elle a étalé les sanguinaires maximes qui exhortoient à prendre les armes, sans se soucier ni du nom, ni de l'autorité du prince.

Elle a fait d'abord la modeste: il le falloit bien quand elle étoit foible; et d'ailleurs, comment soutenir, sans ce caractère, le nom et le caractère de christianisme réformé? C'est

____

(a) Matth. 12, 25, 26.

pourquoi au commencement, à l'exemple des premiers chrétiens, on ne nous vantoit que douceur, que patience, que fidélité. *Il vaut mieux souffrir*, disoit Mélancton (*a*), *toutes sortes d'extrémités, que de prendre les armes pour les affaires de l'évangile*, (c'est du nouvel évangile qu'il vouloit parler), *et d'exciter des guerres civiles: tout bon chrétien, tout homme de bien*, continuoit-il, *doit empêcher les ligues* qu'on trame secrètement, sous prétexte de religion (*b*).

Luther, tout violent qu'il étoit, défendoit les armes dans cette cause, et fit même un sermon exprès, dont le titre étoit, *que les abus doivent être ôtés, non par la main, mais par la parole* (*c*). La papauté devoit tomber dans peu de temps; mais seulement par le souffle de la prédication de Luther, *pendant qu'il boiroit sa bière, et tiendroit de doux propos au coin de son feu avec son cher Mélancton et avec Amsdorf*.

Les Calvinistes n'étoient pas moins doux en apparence. Il ne faut qu'écouter Calvin écrivant à François premier, en 1536, à la tête de ce fameux livre de l'institution, où il se plaint à ce prince qu'on lui faisoit immoler à la vengeance publique ses plus fidèles sujets, avec de solennelles protestations de l'inébranlable fidélité de lui et des siens.

Il ne faut, trente ans après, et jusqu'à la

(*a*) Lib. 3, Epist. 16. lib. 4, Ep. 35, 110, 11. Var. liv. 5, n. 32, 33.

(*b*) Var. liv. 1.

(*c*) Var. liv. 1, 9.

veille des guerres civiles, qu'écouter Beze (*a*) et sa magnifique comparaison de l'église avec une enclume, qui n'étoit faite que pour recevoir des coups et non pas pour en donner, mais qui aussi, en les recevant, brisoit souvent les marteaux dont elle étoit frappée.

Voilà des colombes et des brebis qui n'ont en partage que d'humbles gémissemens et la patience : c'étoit le plus pur esprit et la parfaite résurrection de l'ancien christianisme ; mais il n'étoit pas possible qu'on soutînt long-temps ce qu'on n'avoit pas dans le cœur.

Au milieu de ces modesties de Luther (*b*), il lui échappoit des paroles de menaces et de violence qu'il ne pouvoit retenir ; témoin celles qu'il écrivit à Léon X (*c*), après la sentence où ce pape le citoit devant lui, qu'il espéroit bientôt y comparoître avec vingt mille hommes de pied et cinq mille chevaux, et qu'alors il se feroit croire (*d*).

Ce n'étoit-là encore que des paroles ; mais on en vint bientôt aux effets. Ces ligues tant détestées par Mélancton, se formèrent à son grand regret, par les conseils de Luther (*e*). Le landgrave et les protestans prirent les armes sur de vains ombrages : Mélancton en rougissoit pour le parti ; mais Luther prit en main la défense des rebelles ; et il osa bien menacer George de Saxe, prince de la maison de ses maîtres,

---

(*a*) Hist. de Beze liv. 6, var. 10, 47.
(*b*) Var. liv. 1, n. 25.
(*c*) Luth. Adv. Ans. Butt. T. 2.
(*d*) Var. liv. 4, 1 & suiv.
(*e*) Var. liv. 2, 44 et suiv.

de faire tourner contre lui les armes des princes pour l'exterminer lui et ses semblables , qui n'approuvoient pas la réforme.

Enfin , il n'oublia rien de ce qui pouvoit animer les siens ; et irrité contre Rome, qui, malgré ses prédications et ses prophéties, avoit bien osé subsister au-delà du terme qu'il lui donnoit, il mit au jour la thèse sanguinaire, où il soutenoit que » le pape étoit un loup enra- » gé, contre lequel il falloit assembler les peuples, » et n'épargner pas les princes qui le soutien- » droient , fût-ce l'empereur lui-même (a). « L'effet suivit les paroles.

L'electeur de Saxe et le landgrave prirent les armes contre Charles V; mais l'électeur, plus conscientieux que ne vouloit la réforme, ne savoit comment concilier avec l'évangile cette guerre contre le chef de l'empire. On trouva l'expédient dans le manifeste, de traiter Charles V (b) , non comme empereur , car c'étoit précisément cette qualité qui troubloit la conscience de l'électeur , mais comme *se portant pour empereur*, comme si c'étoit un usur- pateur , ou qu'il fût au pouvoir des rebelles de le dépouiller de l'empire.

Tout devint permis par cette illusion , et la propre déclaration des princes ligués fut un témoignage éternel , que ceux qui entrepre- noient cette guerre, la tenoient injuste contre un empereur connu de tout le monde.

(a) Disput. 1540 , prop. 39 & seq. t 1. Wit. Sleidan. lib. 16 ; Var. liv. 1 , 25 ; 8 , 1.

(b) Sleid. liv. 17. Var. liv. 8 , 1, 2, 3.

Je n'ai pas besoin de parler de la France ;
on sait assez que la violence du parti réformé,
retenue sous les règnes forts de François I
et de Henri II, ne manqua pas d'éclater
dans la foiblesse de ceux de François II et
de Charles IX ; on sait, dis-je, que le parti
n'eut pas plutôt senti ses forces, qu'on n'y
médita rien de moins que de partager l'autorité, de s'emparer de la personne des rois,
et de faire la loi aux catholiques. On alluma
la guerre dans toutes les villes et dans toutes
les provinces ; on appela les étrangers de toutes
parts au sein de la France comme à un pays de conquête, et on mit ce florissant royaume, l'honneur
de la chrétienté, sur le bord de sa ruine, sans
presque jamais cesser de faire la guerre, jusqu'à ce que le parti, dépouillé de ses places
fortes, fût dans l'impuissance de la soutenir.

Ceux qui n'ont que les dragons à la bouche,
et qui pensent avoir tout dit pour la défense
de leur cause, quand ils les ont seulement
nommés, doivent souffrir à leur tour qu'on leur
représente ce que le royaume a souffert de
leurs violences, et encore presque de nos jours :
ils sont convaincus par actes et par leurs propres
délibérations, qu'on a en original, d'avoir alors
exécuté en effet, par une puissance usurpée,
plus qu'ils ne se plaignent à présent d'avoir
souffert de la puissance légitime. Le fait en a
été posé dans l'histoire des variations (a), et
n'a pas été contredit. On y a dit qu'on avoit

____

(a) Var. liv. 10, n. 51.

en main, en original, les ordres des généraux
et ceux des villes , à la requête *des confiftoires* ,
pour contraindre les *papiftes* à embrasser la réforme *par taxes , par logemens , par démolition
de leurs maifons , et par découverte de leurs toits.*
Ceux qui s'absentoient pour éviter ces violences,
étoient dépouillés de leurs biens. Les registres
des hôtels-de-ville de Nismes, de Mautauban ,
d'Alais , de Montpellier et d'autres villes du
parti, sont pleins de telles ordonnances.

On a été bien plus avant ; une infinité de
prêtres, de religieux , de catholiques de tous
les états , ont été maffacrés dans le Béarn, par
les ordres de la reine Jeanne, sans autre crime,
que celui de leur religion ou de leur ordre.
Il y a encore des actes authentiques des habitans
de la Rochelle, où il est porté que la guerre
fut renouvelée à l'occasion des prêtres qu'ils
précipitèrent dans la mer, jusqu'au nombre de
vingt-six ou vingt-sept ; de sorte que ceux qui
nous vantent leur patience et leurs martyres ,
sont en effet les agresseurs , et le sont de la
manière la plus sanguinaire.

Ces dragons , dont on fait sonner si haut les
violences , ont-ils approché de ces excès ? Et
tout ce qu'on leur reproche d'avoir entrepris
sans ordre, de combien est-il au - dessous des
violences où les protestans se sont emportés
par des ordres bien délibérés et bien signés ?

On a avancé ces faits publiquement: M. Jurieu
ou quelque autre les ont - ils niés, ou ont-ils
dit un seul mot pour les affoiblir ? Rien du
tout, parce qu'ils savent bien qu'ils sont connus
par toute la chrétienté, écrits dans toutes les

histoires, et de plus, prouvés par actes publics. Mais c'étoient, disoient-ils, des temps de guerre, et il n'en faut plus parler ; comme s'ils étoient les seuls qui eussent droit de se plaindre de la violence, et que ce ne fût pas au contraire une preuve contre leur réforme, d'avoir entrepris par maxime de religion, des guerres dont les effets ont été si cruels.

Joignons à toutes ces choses les explications sanguinaires qu'on donnoit à l'Apocalypse (*a*), où la réforme, en prenant pour elle et interprétant contre Rome ce commandement, *sortez de Babylone* (*b*), s'appliquoit aussi à elle-même cet autre commandement du même lieu, *faites-lui comme elle vous a fait* ; d'où nous avons vu qu'elle concluoit qu'il lui étoit commandé non-seulement de sortir de Rome, mais encore de l'exterminer à main armée, avec tous ses sectateurs, partout où on les trouveroit, avec une espérance certaine de la victoire.

Voilà donc la réforme convaincue d'avoir entrepris, et encore d'avoir entrepris par maximes, et comme par un précepte divin, les guerres qu'elle sembloit détester au commencement. Mais si elle rougissoit du dessein de les entreprendre, elle en a encore à rougir après l'avoir exécuté. C'est pourquoi, ne pouvant nier le fait, ni faire oublier au monde ses guerres sanglantes, quand elle a cru que les causes en pouvoient être oubliées par le temps, elle a

____

(*a*) Explic. de l'Apoc.

(*b*) Avert. aux protest. sur l'acc. des proph. n. 1.

employé tout ce qu'elle avoit de plus habiles écrivains pour soutenir (*a*), que ces guerres tant reprochées à la réforme, ne fûrent jamais des guerres de religion ; et non-seulement M. Bayle dans sa critique de M. Maimbourg, et M. Burnet, dans son histoire de la réformation anglicane (*b*), mais encore M. Jurieu, qui s'en dédit aujourd'hui, dans son apologie de la réforme (*c*), ont épuisé toute leur adresse à soutenir ce paradoxe.

Il n'y a rien de plus étrange que la manière dont il défend les réformés de la conjuration d'Amboise (*d*), qui est l'endroit par où ont commencé toutes les guerres : » La tyrannie » des princes de Guise ne pouvoit être abattue » que par une grande effusion de sang ; L'ES-PRIT DU CHRISTIANISME NE SOUFFRE » POINT CELA ; mais si l'on juge de cette » entreprise par les règles de la morale du monde, » elle n'est point du tout criminelle ; « et il conclut qu'elle ne l'est en tout cas que selon les règles de l'évangile ; par où l'on voit clairement, en premier lieu, que toutes ces guerres des prétendus-réformés, selon lui, étoient injustes et contraires à l'esprit du christianisme ; et en second lieu, qu'il se console de ce qu'elles sont contraires à cet esprit *et aux règles de l'évangile*, sur ce qu'en tout cas,

---

(*a*) Var. liv. 10.

(*b*) Hist. de la réf. Ang. part. 2, liv. 3.

(*c*) Var. liv. 10, n. 42 & suiv.

(*d*) Apol. de la réf. part. 1., ch. 15, p. 453, var. liv. 10, n. 49.

à ce qu'il prétend , elles sont conformes *aux règles de la morale du monde* : comme si çe n'étoit pas le comble du mal, de lui chercher des excuses dans le déréglement du genre-humain corrompu , qui ne l'est pourtant pas assez, comme nous l'avons démontré ailleurs (*a*) , pour approuver de tels attentats. C'est ainsi que M. Jurieu (*b*) défend la réforme , et tout cela pour confirmer ce qu'il avoit dit , *que la religion s'est trouvée purement par accident dans ces querelles , et pour servir de prétexte.*

Il n'a pas été mal-aisé de le convaincre ; car, outre que c'étoit à la réforme une action assez honteuse de vouloir bien donner un prétexte à une guerre que ce ministre avouoit alors contraire à l'esprit et aux règles du christianisme , il est plus clair que le jour que la religion étoit le fond de toutes ces guerres. C'est ce qu'on voit dans le livre des variations (*c*) , par la propre histoire de Beze, par les consultations , par les requêtes, par les délibérations , et par les traités qu'il rapporte ; on voit , dis-je , plus clair que le jour, par toutes ces choses , que la guerre fut entreprise par une délibération expresse des ministres et de tout le parti , et par principe de conscience : en sorte qu'il n'est pas possible de s'empêcher de le voir, en lisant le dixième livre des variations, où cette matière est traitée, & qu'en effet M. Jurieu n'a rien eu à y répliquer, si ce n'est ce mot seulement :

____

(*a*) Var. liv. 10, n. 49.

(*b*) Jur. Apol. de la réf. part. 1 , ch. 10.

(*c*) Var. liv. 10, n. 25 , 26 et suiv.

» Ce n'est point, dit-il (a), mon affaire de
» parler de cette matière ; on y répondra si l'on
» veut ; et pour moi, ce que j'en ai dit dans
» ma réponse à l'histoire du Jésuite Maimbourg
» me suffit. « Il est content de lui-même, c'est
assez, et il ne veut pas seulement songer que
tout ce qu'il a dit sur ce sujet est clairement
réfuté, non point par raisonnement, mais par
actes ; et sans ici répéter tout le reste, qui est
produit dans l'histoire des variations (b), par
les décrets très-formels du synode national de
Lyon en 1563, dès le commencement des
guerres :

On y accorde, par décret exprès, la cêne à
un abbé réformé à la nouvelle manière, parce
que fans se défaire de son abbaye, dont le re-
venu l'accommodoit, *il en avoit bruslé les titres,
et n'avoit pas permis, depuis six ans, qu'on y
chantât la messe ; ains s'estoit toujours* PORTÉ
FIDÈLEMENT, *et avoit* PORTÉ LES ARMES
POUR MAINTENIR L'ÉVANGILE (c). Ce n'est
pas ici un prétexte ; ce sont les armes portées
ouvertement pour l'évangile réformé, et cette
action, honorée dans le parti jusqu'à y être ré-
compensée et ratifiée par la réception de la
cêne.

Oser vous dire, après cela, que ce n'est pas
ici une guerre de religion, c'est vous déclarer,

(a) Lettre 9.

(b) Var. liv. 10, n. 36.

(c) Var. ibid.

mes frères, qu'on n'a besoin ni de raison, ni de bonne foi , ni même de vraisemblance , pour vous persuader tout ce que l'on veut.

Mais voici un cas bien plus étrange , et un décret bien plus surprenant du même synode national : *Un miniſtre, qui autrement s'eſtoit bien comporté , c'est-à-dire, qui avoit bien fait son devoir à inspirer la révolte , pour réparer cette faute, avoit écrit à la reine-mère, qu'il n'avoit jamais conſenti au port des armes , jaçoit qu'il y euſt conſenti et contribué ; fut obligé, à un jour de cêne, de faire confeſſion publique de ſa faute devant tout le peuple ; et,* pour pousser l'audace jusqu'au bout, *à faire entendre à la reine ſa pénitence ;* de peur que cette princesse, qui étoit alors régente, ne s'imaginât qu'on fût capable de garder aucune mesure avec elle et avec le roi.

N'est-ce pas-là déclarer la guerre, et la déclarer à la propre personne de la régente, et de la part de tout un synode national, afin qu'on ne doute pas que ce ne soit une guerre de religion, et encore de tout le parti. Mais on n'en demeure pas là. Pour éviter le scandale que ce ministre avoit donné à son église en se repentant de son crime, et marquant ses soumissions à la reine, on permet au synode de sa province de *le changer de lieu ;* en sorte qu'on ne le voie plus dans celui qu'il avoit scandalisé en se montrant bon sujet. Loin de se repentir d'avoir pris les armes, la réforme ne se repent que de s'être repentie de les avoir prises ; et au lieu de rougir de ces excès, M. Jurieu répond hardiment : » M. de Meaux doit savoir que nous

» ne nous faisons pas une honte de ces déci-
» sions de nos Synodes. «

Mais si la réforme n'avoit point de honte
des guerres qu'elle avoit faites pour la religion,
pourquoi donc M. Jurieu ne les osoit-il avouer
il y a quelques années ? et pourquoi écrivoit-il
que la religion *s'y étoit trouvée purement par
accident* (*a*) ? C'étoit une espèce de réparation
de ces attentats, que de tâcher de les pallier
comme il faisoit ; mais maintenant il lève le
masque.

En parlant de ses réformés en l'état où ils
sont en France, il déclare (*b*) » qu'il faut être
» aveugle pour ne voir pas que des gens à qui
» on renfonce la vérité dans le cœur à coups
» de barre, ne se relèveront PAS LE PLUS TÔT
» QU'ILS POURRONT, ET PAR TOUTE SORTE
» DE VOIES. « D'où il conclut que *dans peu
d'années, on verra un grand éclat de ce feu que
l'on renferme sans l'étouffer.* Ce n'est pas seulement prédire, c'est souffler la rebellion, que de
parler de cette sorte.

Il ne dissimule point que les prétendus-réformés n'aient *la fureur et la rage dans le cœur,
et c'est*, dit-il (*c*), *ce qui fortifie la haine qu'ils
avoient pour l'idolâtrie :* dont il rend cette raison,
que les passions humaines, telles que sont la rage
et la fureur, *font de grands secours aux vertus*

(*a*) Accomp. des proph.

(*b*) Avis à tons les chrétiens.

(*c*) Ibid.

chrétienne. Voici un nouveau moyen de fortifier les vertus, et *des vertus chrétiennes,* que les apôtres ne connoissoient pas.

Saint Paul a fondé sur la charité toutes les vertus chrétiennes : mais qu'a-t-il dit de la charité, sinon *qu'elle est douce, qu'elle est patiente ; qu'elle n'est ni envieuse ni ambitieuse ; qu'elle ne s'énorgueillit ni ne s'aigrit point* (a) ? Et notre docteur nous dit qu'elle est furieuse.

Quelle vertu, quelle vérité, quelle religion est celle-là, qui emploie jusqu'à la rage pour se maintenir dans un cœur ? C'est ainsi que sont disposés les réformés, selon M. Jurieu, et c'est ainsi qu'il les veut ; car il n'oublie rien pour nourrir en eux ces sentimens qui les portent à la révolte ; et pour les y exciter, il fait une lettre entière (b), où, sans pallier comme auparavant le crime des guerres civiles, il entreprend ouvertement de les justifier ; lui qui hésitoit auparavant, ou plutôt qui, sans hésiter, décidoit, comme on vient de voir, que ces guerres contre son pays et son prince légitime, *étoient contraires à l'esprit du christianisme et aux règles de l'évangile* ; trop heureux de les pouvoir excuser *par les règles de la morale corrompue du monde.* Il dit maintenant à la face de tout l'univers, et au nom de toute la réforme : *Nous ne nous faisons pas une honte des décisions de nos synodes,* qui ont soutenu qu'on est en droit, pour défendre la religion, de faire la

____

(a) 1. Cor. 13.

(b) Lettre 9.

guerre à son roi et à sa patrie. C'est la femme
prostituée qui ne rougit plus ; qui, après avoir
long-temps déguisé son crime, et cherché de
vaines excuses à ses infidélités, à la fin étant
convaincue, se fait un front d'impudique, comme parle l'écriture - sainte, et dit hardiment :
*Oui, j'ai aimé des étrangers, et je marcherai après
eux* (a).

Il ne faudroit rien davantage que sa honte
d'un côté et sa hardisse de l'autre pour la confondre. Que nous dira donc M. Jurieu, qui,
après avoir condamné ces guerres, aujourd'hui
en entreprend la défense ? et n'est-il pas confondu par ses propres variations ? Mais ne laissons pas d'écouter ses foibles raisonnemens.

*Réponse de M. Jurieu à l'exemple de l'an-
cienne église. Question, si la soumission des premiers chrétiens n'étoit que
de conseil, ou en tout cas un précepte
accommodé à un certain temps.*

Les réponses de ce ministre sont prises d'un
dialogue de Bucanan, qui a pour titre : *Du
droit de régner dans l'Ecosse.* Les sentimens en
sont si excessifs, qu'il a été détesté par les plus
habiles gens de la réforme : mais aujourd'hui
M. Jurieu en prend l'esprit, et aussi ne lui
restoit-il que ce moyen-là de sapper les fondemens et de renverser le droit des monarchies.

Il faut écouter avant toutes choses ce qu'ils

(a) Jer. 2, 25.

répondent à l'exemple des martyrs. Il n'y a personne qui ne soit touché, quand on les voit dans leur passion, entre les mains et sous les coups des persécuteurs, les conjurer *par le salut et la vie de l'empereur* (a), comme par une chose sainte, de contenter le désir qu'ils avoient de souffrir pour Jésus-Christ. » A Dieu ne plaise, » disoient-ils (b), que nous offrions pour les » empereurs le sacrifice que vous nous deman- » dez pour eux ! on nous apprend à leur obéir, » mais non pas à les adorer. «

L'obéissance qu'ils leur rendoient, servoit de preuve à celle qu'ils vouloient rendre à Dieu. » J'ai été, disoit S. Jule (c), sept fois à la » guerre : je n'ai jamais résisté aux puissances, » ni reculé dans les combats, et je m'y suis » mêlé aussi avant qu'aucun de mes compa- » gnons. Mais si j'ai été fidèle dans de tels » combats, croyez-vous que je le sois moins » dans celui-ci, qui est bien d'une autre im- » portance ? « Tout est plein de semblables discours dans les actes des martyrs : la profession qu'ils faisoient parmi les supplices, de demeurer fidèles à leurs princes, en tout ce qui ne seroit point contraire à la loi de Dieu, faisoit la gloire de leur martyre, et ils la scelloient de leur sang comme le reste des vérités qu'ils annonçoient.

Mais écoutons ce que leur répond M. Jurieu (d).

(a) Act. Jul Act. Marc. & Nicand. &c.

(b) Act. phil. Epist. Heracl. &c.

(c) Act. Jul.

(d) Lett. 9, 67. Col. 2' & suiv.

» A Dieu ne plaise, dit-il, que je voulusse
» diminuer le mérite des martyrs, et rien ra-
» battre des louanges qu'on leur donne ! mais
» je voudrois bien qu'on me fît voir qu'ils ont
» été en état de se pourvoir contre les violences
» des empereurs romains. Que pouvoit faire,
» continue-t-il, un si petit nombre de gens
» épars dans toute l'étendue d'un grand empire,
» qui avoit toujours sur pied des armées nom-
» breuses pour la garde de ses vastes frontières ?
» Ce n'étoit donc pas seulement piété, mais
» c'étoit prudence aux premiers chrétiens, de
» souffrir un moindre mal pour en éviter un
» plus grand. «

C'est sa première raison qu'il a tirée de Bucanan, son grand auteur : mais voyons celles
dont il la soutient (a). » Outre cela, on ne sau-
» roit tirer un grand avantage de la conduite
» des premiers, chrétiens au sujet de la prise
» des armes. Il y en avoit plusieurs qui ne
» croyoient pas qu'il fût permis de se servir du
» glaive en aucune manière, ni à la guerre, ni
» en justice, pour la punition des criminels :
» c'étoit une sévérité outrée, et une maxime
» généralement reconnue pour fausse aujour-
» d'hui ; tellement que leur patience ne venoit
» que d'une erreur et d'une morale mal en-
» tendue. « Voilà donc la seconde cause de
la patience des martyrs : la première étoit leur
foiblesse ; la seconde étoit leur erreur. Voilà

____

(a) Ibid. p. 68.

d'abord comme on traite ceux dont on dit qu'on ne voudroit diminuer en rien le mérite.

Mais le ministre sait bien en sa conscience, que le sentiment de l'église n'étoit pas celui de ces esprits outrés, qui condamnoient universellement l'usage des armes. Nous venons d'ouïr un martyr qui fait gloire d'avoir bien servi les empereurs à la guerre : cent autres en ont fait autant, et l'église ne les met pas moins parmi les saints.

Tertullien, dont on auroit le plus à craindre ces maximes outrées, n'hésite point à dire au sénat et aux magistrats de Rome : au nom de tous les chrétiens : » Nous sommes comme tous » les autres citoyens dans les exercices ordinai- » res ; nous labourons, nous navigeons, nous » faisons la guerre avec vous. Nous remplissons » la ville, le palais, le sénat, le marché, le » champ et les armées : il n'y a que les tem- » ples seuls que nous vous laissons (a). « C'est- à-dire que hors la religion, tout le reste leur étoit commun avec leurs concitoyens et les autres sujets de l'empire. Il y avoit même des légions toutes composées de chrétiens. On connoît celle dont les prières furent si favorables à Marc-Aurèle, et celle qui fut immolée à la foi sous la conduite de S. Maurice : on entend bien que je parle de cette fameuse légion thébaine, dont le martyre est si fameux sous l'empire de Dioclétien et de Maximien.

M. Jurieu n'ignoroit pas ces grands exemples;

____

(a) Apol. 37, 40.
(b) Ibid. 45.

et c'est pourquoi il ajoute (*a*) : » Dans le fond ,
» ce n'étoit point cette délicatesse de conscience
» qui a empêché les premiers chrétiens de se
» défendre contre leurs persécuteurs ; car ces
» dévots, dont la morale étoit si sévère, étoient
» en petit nombre en comparaison des autres. «

Il eût donc mieux fait de supprimer cette
raison, qui lui paroît sans force à lui-même.
Mais c'est qu'il est bon d'embrouiller toujours la
matière, en entassant beaucoup d'inutilités, et à la
fin , d'affoiblir un peu l'autorité de l'ancienne
église, dont les exemples l'accablent.

Il poursuit ; et pour montrer que le nombre
de ces faux dévots, qui croyoient les armes défendues aux chrétiens, étoit petit, il nous dit
ceci pour toute preuve (*b*) : » Par les plaintes
» que les pères nous font des maux des chré-
» tiens de leur siècle, il est bien aisé de com-
» prendre que des gens aussi peu réguliers dans
» leur conduite qu'étoient plusieurs chrétiens
» d'alors, ne se l'aissoient pas tuer par conscience,
» mais par foiblesse et par impuissance. « C'est
ce que diroient des impies, s'ils vouloient affoiblir la gloire des martyrs et les témoignages de
la religion. Au reste, il est évident que tout
cela ne servoit de rien à M. Jurieu. Il avoit ,
comme on vient de voir, assez de moyens pour
justifier les chrétiens des premiers siècles, sans
en alléguer les mauvaises mœurs : mais il n'a pu
se refuser à lui-même ce trait de chagrin contre

____

(*a*) Ibid. 45.
(*b*) Ibid.

l'église primitive, dont on lui objecte trop souvent l'autorité.

» Enfin, conclut-il, quand les premiers chrétiens, par tendresse de conscience, n'auroient pas pris le parti de se défendre, en cela sans doute ils n'auroient pas mal fait : il est toujours permis de se relâcher de son droit ; car on fait de son bien ce qu'on veut, mais on ne pèche pourtant pas en se servant de ses droits. Il y a, continue-t-il, de la différence entre le mieux et le bien. Celui qui marie sa fille fait bien, et celui qui ne la marie pas fait mieux. Supposé que les chrétiens aient mieux fait en ne prenant pas les armes pour se garantir de la persécution (car c'est de quoi le ministre doute), il ne s'ensuit pas que ceux qui font autrement ne fassent pas bien, et que peut-être ils ne fassent mieux en certaines circonstances. « Il ne restoit plus au ministre que de proposer un moyen de mettre la réforme armée, et non-seulement menaçante, mais encore ouvertement rebelle à ses rois, au-dessus de l'église ancienne, humble et souffrante, qui ne connoissoit d'autres armes que celles de la patience.

Telles sont les réponses de M. Jurieu. Pour commencer par la dernière, qu'il fonde sur la distinction de perfection et de conseil, et du bien de nécessité et d'obligation, le ministre nous allègue le mot de saint Paul : *Celui qui marie sa fille fait bien, mais celui qui ne la marie pas fait mieux.*

Mais pour appliquer ce passage à la matière dont il s'agit, il faudroit qu'il fût écrit quelque part, ou qu'on pût attribuer aux apôtres et aux

premiers chrétiens cette doctrine : C'est bien fait
à des sujets persécutés de prendre les armes
contre leurs princes, mais c'est encore mieux fait
de ne les pas prendre.

M. Jurieu oseroit-il bien attribuer cette doctrine aux apôtres? Mais en quel endroit de leurs
écrits en trouvera-t-il le moindre vestige? Quand
les premiers chrétiens nous ont fait voir qu'ils
étoient fidèles à leur patrie quoiqu'ingrate, et
aux empereurs quoiqu'impies et persécuteurs,
ont-ils laissé échapper la moindre parole pour
faire entendre qu'il leur eût été permis d'agir
autrement, et que la chose étoit libre?

Au contraire, lorsqu'ils entreprennent de
prouver qu'ils sont fidèles à tous leurs devoirs,
ils commencent par déclarer qu'ils ne manquent
à rien, *ni envers Dieu, ni envers l'empereur et sa
famille* (a) ; *qu'ils paient fidèlement les charges
publiques selon le commandement de Jésus-Christ,
rendez à César ce qui est à César* (b) ; qu'ils font
des vœux continuels pour la prospérité de l'empire, des empereurs, de leurs officiers, du sénat
dont ils étoient les chefs, de leurs armées; et
enfin, leur disoient ces bons citoyens, fidèles à
Dieu et aux hommes, *à la réserve de la religion,
dans laquelle notre conscience ne nous permet pas
de nous unir avec vous, nous vous servons avec
joie dans tout le reste, priant Dieu de vous donner, avec la souveraine puissance, de saintes intentions.*

(a) Athenag. legat. pro Christ. Just. Apol 2.

(b) Just. ibid. Tert. Apol. 5, 39.

C'est ainsi qu'ils n'oublient rien pour signaler leur fidélité envers leurs princes; et afin qu'on ne doutât pas qu'ils ne la crussent d'obligation indispensable, ils en parlent comme d'un devoir de religion (a). Ils l'appellent la piété, la foi, la religion envers la seconde majesté, envers l'empereur que Dieu a établi, et qui en exerce la puissance sur la terre. C'est pourquoi, lorsqu'on les accuse de manquer de fidélité envers le prince, ils s'en défendent non-seulement comme d'un crime, mais encore comme d'un sacrilège, où la majesté de Dieu est violée en la personne de son lieutenant, et ils allèguent non-seulement les apôtres, mais encore Jésus-Christ même, qui leur dit, *Rendez à César ce qui est à César, & à Dieu ce qui est à Dieu* (b); par où ils mettent, pour ainsi parler, dans la même ligne, ce qu'on doit au prince avec ce qu'on doit à Dieu même, afin qu'on reconnoisse dans l'un et dans l'autre, une obligation également inviolable; ce qui aussi étoit suivi par le prince des apôtres (c), lorsqu'il avoit dit : *Craignez Dieu, honorez le roi*, où l'on voit qu'à l'exemple de son maître, il fait marcher ces deux choses d'un pas égal, comme unies et inséparables.

Que, s'ils poussoient cette obligation jusqu'à être toujours soumis, malgré les persécutions les plus violentes, c'est que Jésus-Christ, qui assurément n'ignoroit pas que ses disciples ne dussent

---

(a) Tert. Apol. 32, 34, 35, 36.
(b) Matth. 22, 21.
(c) 1. Petr. 2, 17.

être persécutés par les princes, puisque même il l'avoit prédit si souvent, n'en rabattoit rien pour cela de l'étroite obéissance qu'il leur prescrivoit : au contraire, en leur prédisant qu'ils seroient traînés devant les présidens et devant les rois (a), et haïs de tout le monde pour son nom, il leur déclare en même temps, qu'il les envoie comme des brebis au milieu des loups (b), sans armes et sans résistance, ne leur permettant que la fuite d'une ville à l'autre, et ne leur donnant d'autre moyen de posséder leurs ames, c'est-à-dire, d'assurer leur vie et leur liberté, en un mot, de jouir d'eux-mêmes, que la patience. Ce sera, dit-il (c), par votre patience que vous posséderez vos ames.

Telles sont les instructions, tels sont les ordres que Jésus-Christ donne à ses soldats. L'effet suivit les paroles. Les apôtres ne prévoyoient pas seulement les persécutions, mais ils les voyoient commencer, puisque S. Paul disoit déja (d) : *Tous les jours on nous fait mourir pour l'amour de vous, et on nous regarde comme des brebis destinées à la boucherie.* Mais les chrétiens ne sortirent pas pour cela du caractère de brebis que Jésus-Christ leur avoit donné ; et déchirés, selon sa parole, par les loups, ils ne leur opposèrent que la patience qu'il leur avoit laissée en partage.

____

(a) Matt. 10, 18, 22.
(b) Luc. 21, 12, 19.
(c) Ibid. 19.
(d) Rom. 8, 36.

C'est aussi ce que les apôtres leur avoient enseigné, lorsqu'ils virent que les empereurs et tout l'empire romain entroient en furieux, dans le dessein de ruiner le christianisme : bien instruits par le saint-esprit de ce qui alloit arriver, de peur que la soumission des chrétiens ne fût ébranlée par une oppression si longue et si violente, ils leur recommandèrent avec plus de soin et de force que jamais, l'obéissance envers les rois et les magistrats. » Il est » temps, disoit S. Pierre (a), que le jugement » commence par la maison de Dieu. Que nul » de vous ne souffre comme homicide ou comme » voleur ; mais si c'est comme chrétien, qu'il » n'en rougisse pas, et qu'il glorifie Dieu en » ce nom(b) ; « ce qu'il répète trois ou quatre fois en mêmes paroles, de peur que l'oppression où l'église étoit déja (c), et où elle alloit être jetée de plus en plus, ne les surprît : mais il ne répète pas avec moins de soin, *qu'on soit soumis au roi et aux magistrats ;* et afin de ne rien omettre, *à ses maîtres, même fâcheux et inexorables ;* tant il craignoit qu'on ne manquât à aucun devoir, dans un temps où la patience, et avec elle la fidélité, alloit être poussée à bout de toutes parts.

On ne peut donc plus douter que ces préceptes de soumission et de patience ne regardent précisément l'état de persécution. C'étoit en cette conjoncture et en cet état que S. Paul (e), déja

___

(a) 1. Pet. 6, 15, 16, 17.

(b) Ibid. 2, 19, 20, 3. 14, 17, 5, 9, &c.

(c) Tit. 3, 1.— 1. Tim. 2, 1, 2.

dans les liens, et presque sous les coups des persécuteurs, ordonnoit qu'on leur fût fidèle et obéissant, et qu'on priât pour eux avec instance.

Bucanan a bien osé éluder la force de ce commandement apostolique, en disant qu'on prioit bien pour les voleurs, afin que Dieu les convertît : impie et blasphémateur contre les puissances ordonnées de Dieu, qui n'a point voulu ouvrir les yeux, ni entendre qu'on ne prie pas Dieu pour l'état et la condition des voleurs, et qu'on ne s'y soumet pas; mais qu'on prie Dieu pour l'état et la condition des princes, quoiqu'impies et persécuteurs, comme pour un état ordonné de Dieu, auquel on se soumet pour son amour.

On demande à Dieu dans cet esprit, qu'il donne *à tous les empereurs* (*a*), à TOUS, remarquez, bons ou mauvais, amis ou persécuteurs, *une longue vie, un empire heureux; une famille tranquille, de courageuses armées, un sénat fidèle, un peuple juste et obéissant, et que le monde soit en repos sous son autorité.* Mais peut-on demander cette sureté du monde et des empereurs, même dans les règnes fâcheux, si on se croit en droit de la troubler?

Enfin, S. Jean avoit vu et souffert lui-même la persécution, et il en voyoit les suites sanglantes dans sa révélation; mais il n'y voit de couronne, ni de gloire, que pour ceux qui ont vécu dans la patience. *C'est ici*, dit-il (*b*),

---

(*a*) Tert. Apol. 32.
(*b*) Apoc. 13, 10, 14, 12.

la foi et la patience des saints (*a*) : marque indubitable que les témoins et les martyrs qu'il voyoit, n'étoient pas ces témoins guerriers de la réforme, toujours prêts à prendre les armes quand ils se croiroient assez forts ; mais des témoins qui n'avoient pour armes que la croix de Jésus-Christ, et pour règle que ses préceptes et ses exemples ; martyrs, comme dit S. Paul (*b*), *qui résistent jusqu'au sang*, jusqu'à prodiguer le leur, et non pas jusqu'à verser celui des autres, et à armer des sujets contre la puissance publique, contre laquelle nul particulier n'a de force ni d'action.

C'est-là le grand fondement de l'obéissance, que, comme la persécution n'ôte pas aux saints persécutés la qualité de sujets, elle ne leur laisse aussi, selon la doctrine de Jésus-Christ et des apôtres, que l'obéissance en partage. C'est ce que les premiers chrétiens avoient dans le cœur ; c'est l'exemple que Jésus-Christ leur avoit donné, lorsque, soumis à César et à ses ministres, comme il l'avoit enseigné, il reconnoît dans Pilate, ministre de l'empereur (*c*), *une puissance que le ciel lui avoit donné sur lui-même*. C'est pourquoi il lui répond lorsqu'il l'interroge juridiquement, comme il avoit fait au pontife, se souvenant du personnage humble et soumis qu'il étoit venu faire sur la terre, et ne daigna dire un seul mot à Hérode, qui n'avoit point de pouvoir dans le lieu où il étoit. C'est donc

____

(*a*) Apoc. 11.
(*b*) Hebr. 12, 4.
(*c*) Joan. 19, 11.

ainsi qu'il accomplit toute justice comme il avoit toujours fait ; et il apprit à ses apôtres ce qu'ils devoient à la puissance publique, lors même qu'elle abusoit de son autorité, et qu'elle les opprimoit.

Aussi est-il bien visible que les apôtres ne nous donnent pas la soumission aux puissances comme une chose de simple conseil ou de perfection seulement, et, en un mot, comme un mieux, ainsi que M. Jurieu se l'est imaginé ; mais comme le bien nécessaire, qui obligeoit, dit S. Paul, *en conscience* ; ou, comme disoit S. Pierre, lorsqu'après avoir écrit ces mots, *Soyez soumis au roi et au magistrat pour l'amour de Dieu* (a), il ajoute, *Parce que c'est la volonté de Dieu*, qui veut que, par ce moyen, vous fermiez la bouche à ceux qui vous calomnient comme ennemis de l'empire.

Les chrétiens avoient reçu ces instructions comme des commandemens exprès de Jésus-Christ et des apôtres ; et c'est pourquoi ils disoient aux persécuteurs, par la bouche de Tertulien (b), dans la plus sainte et la plus docte apologie qu'ils leurs aient jamais présentée, non pas, On ne nous a pas conseillé de nous soulever, mais, Cela nous est défendu, *vetamur* (c) ; ni, C'est une chose de perfection ; mais, C'est une chose de précepte, *præceptum est nobis* ; ni, que c'est bien fait de servir l'empereur,

---

(a) 1. Pet. 2, 13, 14, 15.
(b) Tertul. Apol. 36.
(c) Ibid. 32.

mais, que c'est une chose due, *debita impe-*
ratoribus (*a*) ; et due encore, comme on a vu,
à titre de religion et de piété, *pietas et religio*
imperatoribus debita (*b*) ; ni qu'il est bon d'aimer
le prince, mais que c'est une obligation, et
qu'on ne peut s'en empêcher, à moins de
cesser en même-temps d'aimer Dieu qui l'a
établi, *necesse est ut diligam* (*b*). C'est pourquoi on n'a rien fait et on na rien dit, durant
trois cents ans, qui fit craindre la moindre chose,
ou à l'empire et à la personne des empereurs,
ou à leur famille ; et Tertulien disoit, comme
on a vu, non-seulement que l'état n'avoit rien
à craindre des chrétiens, mais que par la constitution du christianisme, il ne pouvoit arriver
de ce côté-là aucun sujet de crainte, *A quibus*
nihil timere possitis (*c*) ; parce qu'ils sont d'une
religion qui ne leur permet pas de se venger
des particuliers, et à plus forte raison de se
soulever contre la puissance publique.

Voilà ce qu'on enseigne au dedans, ce qu'on
déclaroit au dehors, ce qu'on pratiquoit dans
l'église, comme une chose ordonnée de Dieu
aux chrétiens. On le prêchoit, on le pratiquoit
de cette sorte par rapport à l'état où l'on étoit,
c'est-à-dire, dans l'état de la persécution la plus
violente et la plus injuste.

C'étoit donc par rapport à cet état qu'on éta-
blissoit l'obligation de demeurer parfaitement

(*a*) Ibid. 36.
(*b*) Tert. ad scap.
(*c*) Apol. 36, 43.

soumis, sans jamais rien remuer contre l'empire.
Et on ne peut pas ici nous alléguer, comme M. Jurieu fera bientôt, le caractère excessif de Tertulien, ni ces maximes outrées qui défendoient
de prendre les armes pour quelque cause que
ce fût; car l'église ne se fondoit pas sur ces
maximes, qu'on a vu qu'elle réprouvoit, et n'auroit jamais souffert qu'on eût avancé une doctrine étrangère ou particulière dans les apologies
qu'on présentoit en son nom. D'où il faut conclure nécessairement, que les chrétiens étoient
retenus dans l'obéissance, non par des opinions
particulières que l'église n'approuvoit pas, mais
par les principes communs du christianisme.

Il n'y a donc plus moyen de dire que tout
cela n'étoit qu'un conseil et un mieux ; et non-
seulement les propres paroles de Jésus-Christ
et des apôtres, mais encore leur pratique même
et celle des premiers siècles, résistent à cette
glose. Ainsi il ne reste plus à M. Jurieu que
celle qu'il a aussi proposée d'abord, que la
patience des chrétiens étoit fondée sur leur
impuissance, parce que dans leur petit nombre,
ils ne pouvoient rien contre la puissance romaine.

C'est aussi la glose de Bucanan, qui soutient
que les préceptes de Jésus-Christ et des apôtres, qui ordonnoient aux chrétiens de tout
souffrir, étoient préceptes accommodés au temps
d'alors, où l'église, foible encore et impuis-
sante, ne pouvoit rien contre les princes ses
persécuteurs ; ensorte que la patience tant vantée
des martyrs est un effet de leur crainte plutôt
que de leur vertu.

. Mais cette glose n'est pas moins impie ni moins absurde que l'autre; et pour en entendre l'absurdité, il ne faut qu'ajouter à l'apologie des chrétiens qui se glorifioient de leur inviolable fidélité, ce que Bucanan et M. Jurieu veulent qu'ils aient eu dans le cœur. Il est vrai, sacrés empereurs, vous n'avez rien à craindre de nous, tant que nous serons dans l'impuissance; mais si nos forces augmentent assez pour vous résister par les armes, ne croyez pas que nous nous laissions ainsi égorger. Nous voulons bien ressembler à des brebis, nous contenter de bêler comme elles, et nous couvrir de leur peau pendant que nous serons foibles; mais quand les dents et les ongles nous seront venus comme à de jeunes lions, et que nous aurons appris à faire des veuves et à désoler les campagnes, nous saurons bien nous faire sentir, et on ne nous attaquera pas impunément.

Avoir de tels sentimens, n'est-ce pas, sous un beau semblant d'obéissance et de modestie, couver la rebellion et la violence dans le sein? Mais que seroit-ce s'il falloit trouver cette hypocrisie, non plus dans les discours des chrétiens, mais dans les préceptes des apôtres, et dans ceux de Jésus-Christ même? Oui, mes frères, dira un S. Pierre ou un S. Paul, dites bien qu'il faut obéir aux puissances établies de Dieu, et que leur autorité est inviolable; mais c'est tant qu'on sera en petit nombre : à cette condition et dans cet état, vantez votre obéissance à toute épreuve : croissez cependant, et quand vous serez plus forts, alors vous commencerez à interpréter nos préceptes, en disant que nous les ayons accom-

modés aux temps ; comme si obéir et se soumettre, c'étoit seulement attendre de nouvelles
forces et une conjoncture plus favorable, ou que
la soumission ne fût qu'une politique.

Enfin, il faudra encore faire dire à Jésus-
Christ, selon ces principes : Vous Juifs, qui
souffrez avec tant de peine le joug des Romains,
rendez à César ce qui lui est dû ; c'est-à-dire,
gardez-vous bien de le fâcher, jusqu'à ce que
vous vous sentiez en état de vous bien défendre.
Que si cette glose fait horreur dans les préceptes de Jésus-Christ et des apôtres, avouons
donc que les chrétiens qui les alléguoient pour
prouver qu'il n'y avoit rien à craindre d'eux, en
quelque nombre qu'ils fussent, et quelle que fût
leur puissance, ne vouloient pas qu'on les crût
soumis par l'effet d'une prudence charnelle, qui,
comme dit M. Jurieu, *préfère un moindre mal à
un plus grand* ; mais par un principe de la fidélité et de la religion envers les puissances ordonnées de Dieu, que les tourmens, quelque
grands qu'ils fussent, n'étoient pas capables
d'ébranler.

Laissons donc ces gloses impies de M. Jurieu
et de Bucanan, qui aussi bien ne peuvent cadrer
avec l'écriture ; car S. Paul nous fait bien entendre que ce n'est pas seulement par la prudence de la chair, et pour éviter un plus grand
mal, qu'il faut être soumis aux puissances, lorsqu'il dit (a) : *Soyez soumis par nécessité, non-
seulement à cause de la colère, mais encore à*

(a) Rom, 13, 6.

cause de la conscience, où il semble qu'il ait eû en vue ces deux gloses des protestans, pour les condamner en deux mots.

Si l'on entreprend de nous faire accroire que les chrétiens demeuroient soumis, mais seulement par conseil, S. Paul détruit cette glose en disant : *Soyez soumis par nécessité.* Que si l'on revient à nous dire qu'on doit à la vérité être soumis par la nécessité, mais par celle de la crainte, de peur de se voir bientôt accabler par une plus grande puissance, S. Paul tombe sur cette glose encore avec plus de force, en enseignant clairement que cette nécessité n'est pas celle de la crainte, pour laquelle on n'a pas besoin des instructions d'un apôtre, mais celle de la conscience.

En effet, ce ne pouvoit être une autre nécessité que S. Paul voulût établir dans ce passage. Celle d'être mis à mort n'est pas la nécessité que les apôtres veulent faire craindre aux chrétiens ; au contraire, ils vouloient munir les chrétiens contre une telle nécessité, à l'exemple de Jésus-Christ, qui leur avoit dit : *Ne craignez pas ceux qui ne peuvent faire mourir que le corps, & n'ont point de pouvoir sur l'ame* (a). Ainsi la nécessité dont parle S. Paul, visiblement ne peut être que celle de la conscience : nécessité supérieure à tout, et qui nous tient soumis aux puissances, non-seulement lorsqu'elles peuvent nous accabler, mais encore lorsque nous sommes le plus en état de n'en rien craindre.

______

(a) Luc. 12, 5.

Car enfin, s'il étoit vrai que les chrétiens eussent eu d'autres sentimens ; si, comme dit M. Jurieu, la foiblesse ou la prudence les eût retenus plutôt que la religion et la conscience, on auroit vu leur audace croître avec leur nombre ; mais on a vu le contraire. M. Jurieu traite Tertullien de déclamateur et d'esprit outré, lorsqu'il dit (a), *que les chrétiens remplissoient les villes, les citadelles, les armées, le palais, les places publiques, & tout enfin, excepté les temples* où l'on servoit les idoles (b).

Mais pourquoi ne vouloir pas croire la prompte et prodigieuse multiplication du christianisme, qui étoit l'accomplissement des anciennes prophéties, et de celles de Jésus-Christ même ? A peine l'évangile avoit-il paru, et les juifs, quoique ce fût le peuple réprouvé, entroient dans l'église par milliers. *Voyez, mon frère*, disoit S. Jacques à S. Paul (c), *combien de milliers de juifs ont cru.* Combien plus se multiplioient les fidèles parmi les Gentils, qui étoient le peuple appellé, et dans l'empire romain, qui dans l'ordre des desseins de Dieu en devoit être le siége principal ?

S. Paul n'outroit point les choses, et n'étoit pas un déclamateur, lorsqu'il disoit aux Romains (d) : *Votre foi est annoncée par tout l'univers ;* et aux Colossiens (e) : *Que l'évangile qu'ils*

______

(a) Lettre. 9, p. 68.

(b) Tert. Apol. 37.

(c) Act. 21, 20.

(d) Rom. 1, 8.

(e) Col. 1 6.

ont reçu, est & fructifie, & s'accroît par tout le monde comme au milieu d'eux.

Que si l'église, si étendue du temps des apôtres, ne cessoit de s'augmenter tous les jours sous le fer et dans le feu, comme il avoit été prédit, ce n'étoit donc pas un excès à Tertullien de dire, deux cents ans après la prédication apostolique, que tout étoit plein de chrétiens ; c'étoit un fait qu'on posoit à la face de tout l'univers. Ce qu'on disoit aux Gentils dans l'apologie qu'on leur présentoit pour les fidèles, afin de les obliger à épargner un si grand nombre d'hommes, on le disoit aux Juifs pour leur faire voir l'accomplissement des anciennes prophéties.

Tertullien (*a*), après S. Justin (*b*), mettoit en fait que les chrétiens remplissoient tout l'univers, et même les peuples les plus barbares que l'empire Romain, qui maîtrisoit tout, n'avoit pu dompter. C'étoit donc ici un fait connu qu'on alléguoit également aux Gentils et aux Juifs. Les Gentils eux-mêmes en convenoient.

C'étoient eux, dit Tertullien (*c*), qui se plaignoient qu'on trouvoit par-tout des chrétiens ; que *la campagne, les îles, les châteaux, la ville même, en étoient obsédés.* Quèlqu'outré qu'on s'imagine Tertullien, l'église pour qui il parloit, lui auroit-elle permis ces prodigieuses exagérations, afin qu'on la pût convaincre de faux, et qu'on

____

(*a*) Tert. adv. Jud.

(*b*) Just. Adv. Tryph.

(*c*) Apol. c. 1.

se mocquât de ses vanteries ? Quand donc Tertullien dit aux Gentils (*a*), que les chrétiens
pouvoient se faire craindre à l'empire autant du
moins que les Parthes et les Marcomans, si leur
religion leur permettoit de se faire craindre à
leurs souverains et à leur patrie ; si c'étoit une
expression forte et vigoureuse, ce n'étoit pas
une vaine ostentation ; car qui eût empêché les
chrétiens d'obtenir la liberté de conscience par
les armes ? Etoit-ce leur petit nombre ? On
vient de voir que tout l'univers en étoit plein.
Nous faisons, disoit Tertullien (*b*), *presque la
plus grande partie de toutes les villes.*

Nos protestans approchoient-ils de ce nombre,
quand ils ont arraché par force tant d'édits à nos
rois ? Est-ce qu'ils n'étoient pas unis, eux qui,
dès l'origine du christianisme, n'étoient qu'un
cœur et qu'une ame ? Est-ce qu'ils manquoient
de courage, eux à qui la mort et les plus affreux
supplices n'étoient qu'un jeu, et l'étoient non-
seulement aux hommes, mais encore aux femmes et aux enfans, ensorte qu'on les appeloit
les hommes d'airain, qui ne sentoient pas les
tourmens ?

Peut-être n'étoient-ils pas assez poussés à bout,
eux qui ne trouvoient de repos ni nuit ni jour,
ni dans leurs maisons, ni dans les déserts, ni
même dans les tombeaux et dans l'asyle de la
sépulture ? Que n'y auroit-il pas à craindre, dit
Tertullien (*c*), de gens si unis, si courageux, ou

____

(*a*) Apol. 37.
(*b*) Ad Scap. 2.
(*c*) Apol. 37.

G

plutôt si intrépides, et en même temps si mal-traités ? Mais peut-être ne savoient-ils pas ma-nier les armes, eux qui remplissoient les armées et y composoient des légions entières ; ou qu'ils manquoient de chefs ? comme si la nécessité, et même le désespoir, n'en faisoit pas lorsqu'on est capable de s'y abandonner. N'auroient-ils pas pu du moins se prévaloir de tant de guerres civiles et étrangères, dont l'empire romain étoit agité, pour obtenir un traitement plus favorable ? Mais non ; on les a vus durant trois cents ans, également tranquilles en quelque état que l'em-pire se soit trouvé ; non-seulement ils n'y ont formé aucun parti, mais on ne les a jamais trouvés dans aucun de ceux qui se formoient tous les jours. Non-seulement, dit Tertullien (a), il ne s'est point trouvé parmi nous de Niger, d'Albin ni de Cassius, mais il ne s'y est point trouvé de Nigriens, ni de Cassiens, ni d'Albi-niens.

Les usurpateurs de l'empire ne trouvoient point de partisans parmi les chrétiens, et ils ser-voient toujours fidèlement ceux que Rome et le sénat avoient reconnus. C'est ce qu'ils mettent en fait avec tout le reste, à la face de tout l'uni-vers, sans crainte d'être démentis. Ils ont donc raison de ne vouloir pas qu'on leur impute leur soumission à foiblesse.

Si Tertullien est outré lorsqu'il raconte la multitude des fidèles, S. Cyprien ne l'est pas moins, puisqu'il écrit à Démétrien, un des plus

____

(a) Apol. 35 , ad Scap. 2.

grands ennemis des chrétiens : » Admirez notre
» patience, de ce qu'un peuple si prodigieux ne
» songe pas seulement à se venger de votre in-
» juste violence (a). « S'ils parloient avec cette
force du temps de Sévère et de Dèce, qu'eus-
sent-ils dit cinquante ans après sous Dioclétien,
lorsque le nombre des chrétiens étoit tellement
accru, que les tyrans étoient obligés, *par une
feinte pitié (b), à modérer la perfécution, pour
flatter le peuple romain*, dont les chrétiens faisoient dès-lors une partie si considérable.

Les conversions étoient si fréquentes et si
nombreuses, qu'il sembloit que tout alloit devenir chrétien. On entendoit en plein théâtre
ces cris du peuple étonné ou de la constance
ou des miracles des martyrs : le Dieu des chrétiens est grand (c)! On marque des villes entières, dont tout le peuple et les magistrats
étoient dévoués à Jésus-Christ, et lui furent tous
consacrés en un seul jour et par un seul sacrifice, pêle-mêle, riches et pauvres, femmes et
enfans. On sait aussi le martyre de cette sainte
légion thébaine, où tant de braves soldats que
l'ennemi avoit vu toujours intrépides dans les
combats, à l'exemple de S. Maurice qui les commandoit, tendirent le cou comme des moutons
à l'épée du persécuteur. » O! empereur, di-
» soient-ils (d), nous sommes vos soldats, mais

(a) Cypr. ad Demetr.
(b) Euseb. lib. 8, 14.
(c) Ibid. cap. 11. Lact. lib. 5, 11.
(d) Serm. 5. Euch. pass Agam. Mart. Act. Mart. p. 290.

» nous sommes serviteurs de Dieu : nous vous
» devons le service militaire ; mais nous lui de-
» vons l'innocence : nous sommes prêts à vous
» obéir comme nous avons toujours fait, lors-
» que vous ne nous contraindrez pas de l'offenser.
» Pouvez-vous croire que nous puissions vous
» garder la foi, si nous en manquons à Dieu ?
» Notre premier serment a été prêté à Jésus-
» Christ, et le second à vous : croirez-vous au
» second, si nous violons le premier ? «

Tels furent les derniers ordres qu'ils donnèrent aux députés de leur corps, pour porter leurs
sentimens à Maximien. On y voit les saintes
maximes des chrétiens fidèles à Dieu et au
prince, non par foiblesse, mais par devoir. Si
Genève, qui les avoit vu mourir dans son voisinage et à la tête de son lac, s'étoit souvenue de
leurs leçons, elle n'auroit pas inspiré comme
elle a fait, par la bouche de Calvin, de Beze
et de ses autres ministres, la rebellion à toute la
France, sous prétexte de persécution.

Qu'on ne dise point qu'une légion ne pouvoit pas résister à toute l'armée : car les maximes
qu'ils posent de fidélité et d'obéissance envers
l'empereur, font voir que leur religion ne leur
eût non plus permis de lui résister, quand ils
auroient été les plus forts ; et enfin, si les chrétiens avoient pu se mettre dans l'esprit que la
défense contre le prince fût légitime, sans conjurer de dessein formé la ruine de l'empire,
ils auroient pu songer à ménager à l'église quelque traitement plus doux, en montrant que les
chrétiens savoient vendre cher leur vie, et ne
devoient pas être poussés à l'extrémité. Mais

c'est à quoi on ne songeoit pas ; et si on obtenoit,
comme il arrivoit souvent, des édits plus avantageux, ce n'étoit pas en se faisant craindre,
mais en lassant les tyrans par sa patience. A la
fin on eut la paix, mais sans force, et seulement,
dit saint Augustin, à cause que les chrétiens
firent honte, pour ainsi dire, aux lois qui les
condamnoient, et contraignirent les persécuteurs
à les changer.

Imputer à de telles gens qu'ils sont soumis
par foiblesse, ou modestes par crainte, ce n'est
pas vouloir seulement deshonorer le christianisme, mais encore vouloir obscurcir la vérité
même plus claire que le soleil. Car au contraire,
on voit manifestement que plus l'église se for-
tifioit, plus elle faisoit éclater sa soumission et sa
modestie.

C'est ce qui parut plus que jamais sous Julien
l'Apostat, où le nombre des chrétiens étoit si
accru, & l'église si puissante, que toute la multitude, qu'on a vu si grande dans les règnes pré-
cédens, en comparaison de celle qu'on vit sous
cet empereur, parut petite ; ce qui fait dire à
saint Grégoire de Nazianze (a) : » Julien ne
» songea pas que les persécutions précédentes
» ne pouvoient pas exciter de grands troubles,
» parce que notre doctrine n'avoit pas encore
» toute son étendue, et que peu de gens con-
» noissoient la vérité ; « ce qu'il faut toujours
entendre en comparaison du prodigieux accrois-
sement arrivé durant la paix, sous Constantin et
sous Constance. « Mais maintenant, poursuit ce

____

(a) Orat. 3 in Jul.

» saint docteur, que la doctrine salutaire s'étoit
» étendue de tous côtés, et qu'elle dominoit
» principalement parmi nous. vouloir changer
» la religion chrétienne, ce n'étoit rien moins
» entreprendre que d'ébranler l'empire romain,
» et mettre tout en hasard. «

L'église n'étoit pas foible, puisqu'elle étoit
dominante, et en état de faire trembler l'empereur : l'église étoit attaquée d'une manière si
formidable, que tout le monde demeure d'accord que jamais elle n'avoit été en plus grand
péril : l'église cependant fut aussi soumise en
cet état de puissance, qu'elle avoit été sous
Néron et sous Domitien, lorsqu'elle ne faisoit
que de naître.

Concluons donc que la soumission des chrétiens étoit un effet des maximes de leur religion,
sans quoi ils auroient pu obliger les Sévères, les
Valériens et les Dioclétiens à les ménager, et
Julien jusqu'à les craindre comme des ennemis
plus redoutables que les Perses ; de sorte que
toutes les bouches qui attribuent la soumission
de l'église à la foiblesse ou à la prudence de la
chair plutôt qu'à la religion, sont fermées par
cet exemple.

Et il ne faut pas s'imaginer que la religion ne
fût dominante que parmi le peuple, ou qu'elle
fût plus foible dans l'armée ; car il paroît au
contraire qu'après la mort de Julien, les soldats
ayant déféré l'empire à Jovien, qui le refusoit
parce qu'il ne vouloit commander qu'à des chrétiens, toute l'armée s'écria (a) : » Nous sommes

____

(a) Soc. 3, 22. Soz. 6, 3. Theodor. 3, 1.

» tous chrétiens , et élevés dans la foi sous
» Constantin et Constance. « Et encore six mois
après , cet empereur étant mort, l'armée élut en
sa place Valentinien, non-seulement chrétien,
mais encore confesseur de la foi, pour laquelle
il avoit quitté généreusement les marques du
commandement militaire sous Julien.

On voit aussi combien les soldats étoient
affectionnés à Jésus-Christ, par le repentir qu'ils
témoignèrent d'avoir brûlé de l'encens devant
la statue de Julien et aux idoles , plutôt par surprise que de dessein. Car alors, comme le raconte saint Grégoire de Nazianze (a) , ils ré-
portèrent à cet apostat le don qu'ils venoient
d'en recevoir pour prix de ce culte ambigu, en
s'écriant : » Nous sommes, nous sommes chré-
» tiens, et le don que nous avons reçu de vous
» n'est pas un don , mais la mort. «

Des soldats si fideles à Jésus-Christ furent en
même temps très-obéissans à leur empereur.
» Quand Julien leur disoit , *Offrez de l'encens*
» *aux idoles*, ils se refusoient : quand il leur
» disoit , *Marchez , combattez* , ils obéissoient
» sans hésiter , comme dit saint Augustin (b) :
» ils distinguoient le roi éternel du roi temporel,
» et demeuroient assujettis au roi temporel pour
» l'amour du roi éternel , parce que , dit le
» même père, lorsque les impies deviennent
» rois, c'est Dieu qui le fait ainsi pour exercer
» son peuple ; de sorte qu'on ne peut pas ne

―――――――――――――

(a) Orat. 3.
(b) In ps. 124.

» pas rendre à cette puissance l'honneur qui lui
» est dû : « ce qui détruit en un mot toutes les
gloses de M. Jurieu, puisque dire qu'on ne peut
pas faire autrement, ce n'est pas seulement exclure la notion d'un simple conseil, mais c'est
encore introduire un précepte dont l'obligation
est constante et perpétuelle.

Il ne faut pas non plus répondre ici, que Julien
n'étoit pas persécuteur, puis qu'outre qu'il au-
torisoit et animoit secrètement la fureur des
villes qui déchiroient les chrétiens, et que lui-
même, pour ne point parler de ses artifices,
plus dangereux que ses violences, il eût répandu beaucoup de sang chrétien sous de faux
prétextes, on savoit qu'il avoit voué à ses dieux
le sang des fidèles, après qu'il auroit vaincu
les Perses ; et cependant ces fidèles, destinés
à être la victime de ses dieux, ne laissoient
pas de combattre sous ses étendards, et de pro-
mouvoir de toute leur force la victoire dont
leur mort devoit être le fruit. Lui-même n'entra
jamais en aucune défiance de ses soldats qu'il
persécutoit, parce que, bien instruit qu'il étoit
des commandemens de Jésus-Christ et de l'esprit
de l'église, il savoit que la fidélité des chrétiens pour les puissances suprêmes étoit à toute
épreuve ; et, comme nous disoit S. Augustin (a),
*qu'il ne se pouvoit pas faire qu'on ne rendît à cette
puissance l'honneur qui lui étoit dû.*

C'est aussi ce que ce tyran expérimenta,
lorsque, faisant tourmenter jusqu'à la mort deux

(a) In ps. 124.

hommes de guerre d'une grande distinction
parmi les troupes, nommés Juventin et Maxi-
min, ils moururent en lui reprochant ses idolâtries,
et lui disant en même temps, *qu'il n'y avoit que
cela qui leur déplût dans son empire* (a); montrant
bien qu'ils distinguoient ce que Dieu avoit mis
dans l'empereur, de ce que l'empereur faisoit
contre Dieu, et qu'ils étoient toujours prêts à lui
obéir en toute autre chose.

Ainsi, soit que l'on considère les préceptes
de l'écriture, ou la manière dont on les a en-
tendus et pratiqués dans l'église, la maxime qui
prescrit une obéissance à toute épreuve envers
les rois, ni ne peut être un simple conseil, ni
un précepte accommodé aux temps de foiblesse,
puisqu'on les voit établis sur des principes qui
sont également de tous les temps, tels que
sont l'ordre de Dieu et le respect qui est dû
pour l'amour de lui et pour le repos du genre-
humain, aux puissances souveraines; principes
qui, étant tirés des préceptes de Jésus-Christ,
devoient durer autant que son règne, c'est-à-
dire, selon l'expression du psalmiste, autant
que le soleil et la lune, et autant que l'univers.

Ce qui a paru dans l'église sous les princes
infidèles, ne s'est pas moins soutenu sous les
princes hérétiques. Il est aisé de montrer, et
nous-mêmes nous l'avons fait dans le premier
avertissement, que le nombre des catholiques
a toujours été sans comparaison plus grand que
celui des ariens. L'empereur Constance se mit
à la tête de ce malheureux parti, persécuta si

____

(a) Theodor. 3, 15.

cruellement les catholiques, par confiscation de
biens, par bannissemens, par emprisonnemens,
par de sanglantes exécutions, et même par des
meurtres, tels qué furent ceux qu'un Syrien et
ses autres officiers firent sous ses ordres et de
son aveu, que cette persécution étoit regardée
comme plus cruelle que celle des Dèces et
dés Maximiens (*a*), et en un mot, comme
un prélude de celle de l'ante-christ.

Et toutefois, dans le même temps qu'on
lui reprochoit à lui-même ses persécutions sans
aucun ménagement, il n'en passoit pas moins
pour constant, qu'il n'etoit pas permis de rien
entreprendre contre lui (*b*), *parce que le règne
et l'autorité de régner vient de Dieu, & qu'il faut
rendre à César ce qui appartient à César.* C'est
ce qu'enseignoit S. Hilaire, c'est ce qu'enseignoit Hosius, non pas dans le temps de sa foiblesse,
mais dans la force de sa glorieuse confession,
lorsqu'il écrivoit à l'empereur au nom de tous
les évêques (*c*) : » Dieu vous a commis l'empire,
» et à nous l'église ; et comme celui qui affoi-
» blit votre empire par des discours pleins de
» haine et de malignité, s'oppose à l'ordre de
» Dieu, ainsi vous devez prendre garde, que
» tâchant de vous attirer ce qui appartient à
» l'église, vous ne vous rendiez coupable d'un
» grand crime. Rendez à César ce qui est à
» César, et à Dieu ce qui est à Dieu. Ainsi ni

(*a*) Hil. lib. const. Const. Athan. apol.

(*b*) Hil. fragm.

(*c*) Apud Athan. Apol. ad Const.

» l'empire ne nous appartient, ni l'encensoir et
» les choses sacrées ne sont à vous. « Peut-on
établir plus clairement comme un principe
certain par l'évangile, la nécessité d'obéir à un
prince, même hérétique et persécuteur (*a*) ?

S. Athanase n'avoit point d'autre sentiment,
l'orsqu'il protestoit au même empereur de lui
être toujours obéissant, et lui déclaroit que lui
et les catholiques, dans toutes leurs assemblées,
lui souhaitoient une longue vie et un règne
heureux. Tous les évêques lui faisoient de
pareilles déclarations, et même dans les conciles (*b*).

Ce courageux confesseur de Jésus - Christ,
S. Lucifer de Cagliari, adressa à cet empereur
un livre dont le titre étoit, *Qu'il ne faut point
épargner ceux qui offensent Dieu en reniant son
fils*; et toutefois il y établit comme un principe
constant, *qu'on demeure toujours débiteur envers
les puiffances souveraines, selon le précepte de
l'apôtre*; de sorte qu'il n'y a rien à faire contre
l'empereur, que *de mépriser les ordres impies qu'il
donne contre Jéfus-Chriſt, & tout au plus lui dé-
noncer librement qu'il eſt anathême.*

On peut ajouter ici, avec les anciens historiens ecclésiastiques (*c*), qu'au commencement
de la persécution de Constance, pendant qu'il
persécutoit S. Athanase et les autres évêques
orthodoxes, jusqu'à les bannir et leur faire

(*a*) Apol. ad Conſt. &c.
(*b*) Athan. lib. de Syn.
(*c*) Soc. 6, 22. Soz. 3, 2. Theodor. 2, 1, 2.

craindre la mort , le parti catholique étoit si
fort , qu'il avoit pour lui deux empereurs, qui
étoient Constantin et Constant, les deux frères
de Constance, dont le premier le menaça de
lui faire la guerre, s'il ne rétablissoit S. Athanase ; et cependant les catholiques qui vivoient
sous l'empire de Constance, ne songèrent pas
seulement à remuer (*a*) ; et S. Athanase accusé
d'avoir aigri contre Constance l'esprit de ses
frères, s'en défend comme d'un crime, en faisant voir à Constance, dont il étoit sujet, qu'il
ne lui avoit jamais manqué de fidélité.

Valens empereur d'Orient , Arien comme
Constance, fut encore un plus violent persécuteur, et c'est de lui qu'on écrit qu'il *parut
un peu s'adoucir lorsqu'il changea en banniſſement
la peine de mort* (*b*) ; et néanmoins les catholiques, quoique les plus forts, même dans son
empire, ne lui donnèrent jamais le moindre
sujet de craindre, ni ne songèrent à se prévaloir des longues et fâcheuses guerres, où à la
fin il périt misérablement. Au contraire , les
saints évêques ne prêchoient et ne pratiquoient
que l'obéissance (*c*).

S. Basile rendit à Modeste, que l'empereur
lui envoyoit, toute sorte de devoirs. Ce saint
évêque Eusebe de Samosate, craignant quelque
émotion populaire contre celui qui lui portoit
l'ordre de se retirer, l'avertit de prendre garde

(*a*) Apol. ad const.
(*b*) Greg. Naz. Orat. 20. Soc. lib. 4 , 32.
(*c*) Greg. Naz. ibid.

à lui, et de se retirer sans bruit, appaisant le peuple qui accourut à son pasteur, et lui *récitant ce précepte apostolique, qu'il falloit obéir aux rois & aux magistrats* (a). Je ne finirois jamais, si je voulois raconter tous les exemples semblables.

Saint Ambroise étoit le plus fort dans Milan (b), lorsque l'impératrice Justine, Arienne, y voulut faire tant de violences en faveur des hérétiques : mais il n'en fut pas moins soumis, ni n'en retint pas moins tout le peuple dans le respect, disant toujours : « Je ne puis pas obéir à des ordres » impies, mais je ne dois point combattre : toute » ma force est dans mes prières ; toute ma force » est dans ma foiblesse et ma patience ; toute la » puissance que j'ai, c'est d'offrir ma vie et de » répandre mon sang. « Le peuple si bien instruit par son saint évêque, s'écria : » O César, » nous ne combattons pas, nous vous prions : » nous ne craignons rien, mais nous vous » prions ; « et saint Ambroise disoit : » Voilà » parler, voilà agir comme il convient à des » chrétiens. «

M. Jurieu auroit bien fait d'autres sermons, et leur auroit enseigné que la modestie n'est d'obligation que lorsqu'on est le plus foible ; mais saint Ambroise et tout le peuple parlèrent ainsi, depuis même que les soldats de l'empereur, tous catholiques, se furent rangés dans l'église avec leur évêque, et dans une conjonc-

---

(a) Theodor. lib. 4, 14.

(b) Orat. de Basil. trad. lib. 5 ; post. Ep. 32. Ep, 33 , ad Marcell. novæ edit. 14.

ture où l'empereur menacé du tyran Maxime,
avoit plus besoin du saint évêque, que le saint
évêque de lui, comme la suite des affaires le fit
bientôt paroître.

C'en est assez; et de tous les exemples qui se
présentent en foule à ma mémoire, je ne veux
plus rapporter que ceux des catholiques afri-
cains, sous l'impitoyable persécution des Gen-
serics et des Hunerics, Ariens. Ils résistèrent,
dit saint Gélase (a), mais ce fut en endurant
avec patience les dernières extrémités. Les chrétiens ne connoissoient point d'autre résistance;
et pour montrer que ce sentiment leur venoit,
non de leur foiblesse, mais de la foi même et
de la religion, saint Fulgence, l'honneur de
l'Afrique comme de toute l'église d'alors, écrivoit à un de ces rois hérétiques (b) : » Quand
» nous vous parlons librement de notre foi,
» nous ne devons pas pour cela vous être sus-
» pects, ou de rebellion ou d'irrévérence, puis-
» que nous nous souvenons toujours de la di-
» gnité royale et des préceptes des apôtres, qui
» nous ordonnent d'obéir aux rois. «

Cette doctrine se trouve établie par-tout où
le christianisme s'étoit répandu. Au quatrième
siècle, Sapor (c), roi de Perse, fit un effroyable
carnage des chrétiens, puisqu'on en compte de
martyrisés jusqu'à seize mille, dont on sait les
noms, sans parler des autres qu'on ne peut pas
même nombrer. On objecta d'abord à leur ar-

(a) Epist. 13.
(b) Ad Thras. lib. 1, t. 2.
(c) Soz. 2, 8 & seq.

chevêque d'avoir intelligence avec les Romains
ennemis de l'empire des Perses. Mais les chrétiens s'en défendoient comme d'un crime, et
soutenoient que c'étoit - là une calomnie. On
ne poussa point une accusation si mal fondée;
et pour achever de la détruire, un chrétien
trouva moyen d'obtenir de Sapor, qu'en le
traînant au supplice (*a*), on publieroit auparavant
par un cri public, qu'il n'étoit pas infidèle au
prince, ni accusé d'autre chose que d'être chrétien.

Les chrétiens, quoiqu'en si grand nombre, et
constamment les plus forts dans une province
des plus importantes et des plus voisines des
Romains, se laissoient traîner au supplice comme
des brebis à la boucherie, sans se prévaloir de
ce voisinage, ni des guerres continuelles qui
étoient entre les Romains et les Perses. Contens
de trouver un refuge assuré dans l'empire romain, ils ne le remplissoient pas de leurs cris
pour animer tous les peuples et les empereurs
contre leur patrie; ils ne leur offroient point leur
main contre elle, et on ne les vit point à la
guerre contre leur prince.

Les Goths, zélés chrétiens, si cruellement
persécutés par leur roi Athanaric, se conten-
tèrent aussi de se réfugier chez les Romains (*b*);
mais ils ne songèrent pas à en faire des ennemis
à leur roi; l'amour de la patrie et la soumission
pour leur prince régna toujours dans leur cœur;
la maxime demeuroit ferme, que la soumission

____

(*a*) Ibid.

(*b*) Paul. Oros. de liv. 17, 51.

doit être à toute épreuve ; la tradition en étoit constante en tous lieux comme en tout temps , parmi les barbares , comme parmi les Romains, et tout le nom chrétien la conservoit.

Il n'est pas ici question de chercher de mauvais exemples depuis que la vigueur de la discipline chrétienne s'est relâchée : l'église ne les a jamais approuvés , et la foi des premiers siècles est demeurée ferme. Quand l'église (ce qu'à Dieu ne plaise) auroit dégénéré de ces anciennes maximes , sur lesquelles la religion a été fondée , c'étoit à des chrétiens qui se disoient réformés à purger le christianisme de ces erreurs ; mais au fond , l'église catholique ne s'est jamais démentie de l'ancienne tradition. S'il y a eu de mauvais exemples dans les derniers temps, s'il y en a eu de mêlés, l'église n'a jamais autorisé le mal ; et en un mot, la révolte, sous prétexte de persécution, n'a pu trouver d'approbation dans ses décrets.

Les protestans sont les seuls qui en ont donné en faveur de la rebellion , que leurs synodes nationaux ont passé en dogmes, jusqu'à déclarer eux--mêmes , pour ainsi parler, la guerre aux rois. Nous condamnons hautement tous les attentats semblables, en quelque lieu et en quelque temps qu'on les ait vus, et tout le monde sait les décrets de nos conciles œcuméniques en faveur de l'inviolable majesté des rois. Mais la réforme défend encore aujourd'hui les décrets de ses synodes, puisque M. Jurieu ose dire qu'elle n'en a point de honte : ce ne sont pas des foiblesses dont elle rougisse ; ce sont des attentats qu'elle soutient.

Ainsi

Ainsi l'opposition entre les premiers chrétiens
et nos chrétiens réformés est infinie. Les premiers chrétiens n'avoient rien que de doux et
de soumis; mais on ne voit rien que de violent
et d'impétueux dans ces chrétiens qui se sont
dit réformés. Leurs propres auteurs nous ont
raconté que, dès le commencement, ils étoient
pleins *de vengeance, et se servoient dans leurs
entreprises, de gens aiguillonnés de leurs passions;*
et leur ministre nous les représente (*a*) encore à
présent, comme gens en qui *la rage & la fureur*
fortifie l'attachement qu'ils ont à leur religion.
Mais les premiers chrétiens n'avoient rien d'amer
ni d'emporté dans leur zèle. Aussi disoient-ils
hautement, sans même que les infidèles osassent
le nier, qu'ils n'excitoient point de trouble,
ni n'attroupoient le peuple par des discours
séditieux (*b*). Au contraire les premières prédications de nos réformés furent suivies par-tout
de sédition et de pilleries. Les infidèles avouoient
eux-mêmes que les premiers chrétiens *ne blaf-
phémoient point leurs faux-dieux* (*c*), encore qu'ils
en découvrissent la honte avec une extrême
liberté ; parce qu'ils parloient sans aigreur, et
ne disoient que la vérité, sans y mêler de ca-
lomnies. Au contraire tout a été aigre et calom-
nieux dans nos chrétiens réformés, qui n'ont cessé
de défigurer notre doctrine, et ont rempli l'u-
nivers de satires envenimées pour exciter la
haine publique contre nous. Les premiers chré-

___

(*a*) Var. liv. 10 , n., 32 , 39.

(*b*) Act. 19 , 24, 12.

(*c*) Ibid. 19 , 37.

tiens n'ont jamais été ni orgueilleux, ni mena-
çans : nos chrétiens réformés, non contens de
violentes menaces, en sont venus aux effets
dès le commencement de leur réforme. Il est
vrai que nos chrétiens réformés ont eu à souffrir
en quelques endroits, et la réforme a tâché
d'avoir le caractère des martyrs. Mais, comme
nous avons vu, les martyrs souffroient avec
humilité ; et les autres, de leur aveu propre,
avec dépit ; les uns soutenus par leur seule foi,
et les autres par leur passion : c'est pourquoi de
si différens principes ont produit des effets bien
contraires. Trois cents ans de continuelle et im-
placable persécution, n'ont pu altérer la douceur
des premiers chrétiens : la patience a d'abord
échappé aux autres, et la violence les a emportés aux derniers excès. A peine nomme-t-on
en Allemagne trois ou quatre hommes punis pour
le luthéranisme ; cependant toute l'Allemagne
vit bientôt les ligues, et sentit les armes de
nos réformés : ceux de France furent patiens
durant environ trente ans à différentes reprises,
sous les règnes de François I et de Henri II.
Ils ne furent pas à l'épreuve d'une plus longue
souffrance, et ils n'eurent pas plutôt trouvé de
la foiblesse dans le gouvernement, qu'ils en vinrent aux derniers efforts contre l'état.

CHAPITRE IV.

Exemple de M. Jurieu en faveur des guerres civiles de religion.

Premier exemple, tiré de Jésus-Christ.

PRÊTEZ maintenant l'oreille, mes frères, aux exemples dont on se sert parmi vous, pour permettre aux chrétiens opprimés de défendre leur religion à main armée, contre les puissances souveraines. Etrange illusion ! M. Jurieu a osé produire l'exemple de Jésus-Christ même, et encore dans le temps de sa passion, lorsqu'il ne fit autre chose, comme dit S. Pierre, (a), que de se livrer à un juge inique, comme un agneau foible et muet, sans ouvrir seulement la bouche pour se défendre. Mais voyons comme le ministre argumente » L'évangile, dit-il (b), n'a » ôté à personne le droit de se défendre contre » de violens agresseurs ; et c'est sans doute » ce que le Seigneur a voulu signifier, quand, » allant au jardin où il savoit que les juifs de-» voient le venir enlever avec violence, et » comme on lui eut dit, voici deux épées, il » répondit, c'est assez. «

Sur quoi le ministre fonde ce raisonnement ;

______

(a) 1. Pct. 1, 23. Js. 53.
(b) Lett. 19, p. 69.

H 2

» Ce n'étoit pas assez pour repousser la violence;
» car deux hommes armés ne pouvoient pas
» résister à la troupe qui accompagnoit Judas:
» mais c'étoit assez pour son but, qui étoit
» de faire voir que ses disciples, dans une telle
» occasion, ont le droit de se servir des armes:
» car autrement, quel sens cela auroit-il, Prenez
» vos épées ? « Il ne falloit rien changer aux
paroles du fils de Dieu, qui n'a point parlé
en ces termes. Mais pour en venir au sens et
à l'esprit, le ministre songe-t-il bien à ce qu'il
dit, lorsqu'il tient un tel discours ? Songe-t-il
bien, dis-je, que ceux qui venoient prendre
Jésus-Christ, étoient les ministres de la justice,
et que *le conseil* ou le sénat de Jérusalem qui
les envoyoit, avoit en main une partie de la
puissance publique (*a*) ? Car il pouvoit faire
arrêter qui il vouloit ; il avoit la garde du
temple, et d'autres gens armés en sa puissance
pour exécuter ses décrets. C'est pourquoi on
voit si souvent dans les actes, que les *apôtres*
sont arrêtés par les pontifes et les magistrats
du temple, et mis dans la prison publique pour
comparoître devant le conseil (*b*), où en effet
ils répondent juridiquement sans en contester
le pouvoir. Aussi lorsqu'ils prirent le Sauveur,
sans les accuser d'usurper un droit qui ne leur
appartenoit pas, il se contente de leur dire:
» Vous venez me prendre à main armée comme
» un voleur : j'étois tous les jours au milieu de
» vous, enseignant dans le temple, et vous

(*a*) Matt. 26, 47
(*b*) Act. 4, 4. c. 5, 8.

» ne m'avez pas arrêté (*a*) ; « reconnoissant clairement qu'ils en avoient le pouvoir ; et dans la
suite reprenant S. Pierre qui avoit frappé un
des soldats, dont aussi il guérit la plaie par
un miracle (*b*).

Au lieu donc qu'il faudroit conclure de ce
lieu, comme fait aussi S. Chrysostôme, qu'il
faut souffrir les persécutions avec patience et
avec douceur, et que c'est-là ce que le Sauveur
nous a voulu montrer par cette action (*c*),
M. Jurieu conclut au contraire, qu'il a voulu
montrer qu'en cette occasion on a droit de se
servir des armes. Mais qui lui donne la liberté
de tourner ainsi l'écriture à contre-sens, et de
porter son venin jusque sur les actions de
Jésus-Chrit même ? » Quel sens, dit-il, (*d*)
» auroit cela, Prenez vos épées ; et de quel
» usage seroient-elles, si on ne pouvoit s'en
» servir ? « Et il ne veut pas seulement entendre
cette parole de Jésus-Christ, lorsqu'il ordonne
à ses apôtres d'avoir une épée : » Car je vous
» dis qu'il faut encore que ce qui est écrit de
» moi soit accompli : Il a été compté parmi
» les scélérats (*e*) » Tel étoit donc le but de Jésus-
Christ, non, comme dit M. Jurieu, d'instruire
les chrétiens à prendre les armes contre la
puissance publique lorsqu'ils en seroient mal-

(*a*) Matt. 16, 55.
(*b*) Joan. 18.
(*c*) Hom. 83, in Joan.
(*d*) Lett. 19.
(*e*) Luc. 22 , 37.

traités, mais d'accomplir la prophétie où il étoit
dit qu'on le mettroit au rang des scélérats. En
quoi, si ce n'est que comme un voleur, il se
faisoit accompagner de gens violens pour s'empêcher d'être pris, et qu'il employoit les armes
contre les ministres de la justice, pour ne point
tomber entre ses mains? Jésus-Christ regardoit
donc cette résistance qu'il prévoyoit qu'on feroit
en sa faveur, non pas, à la manière de M. Jurieu,
comme une défense légitime, mais comme une
violence et un attentat manifeste, qui aussi le
feroit mettre par le peuple au nombre des scélérats. C'est pourquoi il reprend S. Pierre de
s'être servi de son épée, et dit à lui et aux autres
qui se mettoient en état de l'imiter : *Demeurez-
en là; qui prend l'épée périt de l'épée* (a); non
pour défendre de s'en servir légitimement, mais
pour défendre de s'en servir dans de semblables
occasions, et sur-tout contre la puissance publique (b).

M. Jurieu ose dire que Jésus - Christ ne reprit
S. Pierre de s'être servi de l'épée, qu'à cause
du temps où il le fit, qui étoit celui où, selon
l'ordre de son père, il falloit qu'il mourût;
comme si dans une autre occasion Jésus-Christ
eût voulu permettre à ses disciples d'opposer
la force aux puissances légitimes. Voilà ce que
M. Jurieu ose attribuer à Jésus - Christ. Socrate (c), un païen, aura bien connu qu'on est obligé

(a) Luc. 49, 50. Matt. 26, 52. Joan. 18, 2.
(b) Lett. 19.
(c) Plat. Crit.

(119)

d'obéir aux lois et aux magistrats de son pays,
quand même ils vous condamnent injustement ;
autrement, dit-il, il n'y auroit plus ni peuple,
ni jugement, ni loi, ni état : par ces solides
maximes, ce philosophe aura consenti à périr
plutôt que d'anéantir les jugemens publics par
sa résistance, et n'aura pas voulu s'échapper
de la prison contre l'autorité de ces lois, de
peur de tomber, après cette vie, entre les mains
des lois éternelles, lorsqu'elles prendront la défense des lois civiles leurs sœurs (car c'est
ainsi qu'il parloit) ; et Jésus-Christ, qui rejette
ceux dont la justice n'est pas au-dessus de celle
des païens (a), aura été moins juste et moins pa-
tient qu'un philosophe, et aura voulu montrer
à ses disciples que la défense contre le pouvoir
public est légitime ! Qui vit jamais un semblable
attentat ? et n'est-ce pas faire prêcher la révolte
à Jésus-Christ même ? Mais qui ne voit manifestement que ce qu'il blâme en cette occasion,
n'est pas seulement une résistance dans le temps où
son père vouloit qu'il mourût, ce qui n'eût regar-
dé que ses disciples, à qui il avoit appris ce secret
de Dieu ; mais en général une résistance qui le
faisoit mettre *au rang des méchans et des scélérats ;*
en un mot une résistance contre la puissance
publique, contre laquelle un particulier, un
sujet, qui étoit le personnage que Jésus-Christ
vouloit faire alors sur la terre, n'a point de
défense ? C'est pourquoi il répond juridiquement
au conseil de Jérusalem, comme nous l'avons

______

(a) Matt. 5, 20.

H 4

déja dit, et il demeure d'accord que la puissance de vie et de mort dont Pilate le menaçoit *lui venoit d'en-haut*, comme étant légitime et *ordonnée de Dieu* (a), ainsi que son apôtre le dit après lui (b) ; et ajoute que *son royaume n'est pas de ce monde* (c), non plus que les ministres dont la force le pourroit défendre contre l'injustice des hommes ; afin que ses disciples entendent qu'il veut bien en tout et par-tout, se laisser traiter comme un sujet, et leur enseigner en même-temps ce qu'ils doivent aux magistrats, mêmes injustes et persécuteurs.

M. Jurieu ne rougit pas de nous alléguer cet exemple, et de mettre la défense de sa religion dans un attentat manifeste, dans un attentat déclaré tel par les prophètes qui l'ont prédit, que Jésus-Christ qui l'a vu a réprouvé, et qu'il a même réparé par un miracle, de peur qu'on ne pût jamais le lui imputer. Un tel exemple, qu'est-ce autre chose qu'une parfaite démonstration de la doctrine opposée à celle que le ministre vouloit soutenir, et le tour qu'y donne M. Jurieu, une manifeste profanation des paroles de Jésus-Christ ?

Second exemple ; des Machabées.

Mais ce ministre se promet une victoire plus assurée de l'exemple des Machabées ou des As-

(a) Joan. 19, 10, 11.
(b) Rom. 13.
(c) Jud. 8, 29.

monéens, puisqu'il est certain qu'ils secouèrent le joug des rois de Syrie qui les persécutoient pour leur religion. Il n'en faut pas davantage à notre ministre pour égaler la réforme et la nouvelle république des pays-bas, au nouveau royaume de Judée, érigé par les Asmonéens (*a*). Mais pour se désabuser de cette comparaison, il ne faut que lire l'histoire, et bien comprendre l'état du peuple de Dieu (*b*).

Premièrement, il est constant qu'Antióchus et les autres rois de Syrie, ne se proposoient rien de moins que d'exterminer les Juifs, en faire passer toute la jeunesse au fil de l'épée, vendre tout le reste aux étrangers en même-temps donner à ces étrangers la terre que Dieu avoit promise aux patriarches pour toute leur postérité, détruire la nation avec la religion qu'elle professoit, et en éteindre la mémoire, profaner le temple, y effacer le nom de Dieu, et y établir l'idole de Jupiter Olympien. Voilà ce qu'on avoit entrepris, et ce qu'on exécutoit contre les Juifs, avec une violence qui n'avoit point de bornes.

Secondement, il n'est pas moins assuré que la religion et toute l'ancienne alliance étoit attachée au sang d'Abraham, à ses enfans selon la chair, à la terre de Chanaan, que Dieu leur avoit donnée pour y habiter, au lieu choisi de Dieu pour y établir son temple, au ministère lévitique, et au sacerdoce attaché au sang de

---

(*a*) Lett. 9, p. 67.
(*b*) 1. Mach. 2, 3.—2. Mach. 5, 6, 8.

Lévi et d'Aaron, comme toute l'alliance en général l'étoit à celui d'Abraham ; ensorte que
sans tout cela, il n'y avoit ni sacrifice, ni fête,
ni aucun exercice de la religion. C'est pourquoi le peuple hébreu, selon les anciennes prophéties, ne devoit être tiré de cette terre que
deux fois ; l'une sous Nabuchodonosor et dans
la captivité de Babylone, par un ordre exprès
de Dieu, que le prophète Jérémie leur porta (a),
et avec promesse d'y être rappelés bientôt après
pour n'en être jamais chassés, selon que le
même Jérémie et les autres prophètes le leur
promettoient. Telle est la première transporta-
tion du peuple de Dieu hors de sa terre.
La seconde et la dernière est celle qui leur
devoit arriver selon l'oracle de Daniel (b), après
avoir mis à mort l'oint de Dieu et le saint des
saints, qui devoit être perpétuelle, et empor-
toit aussi avec elle l'entière réprobation de l'alliance et de la religion judaïque.

Trosièmement, il étoit constant par-là, que tant
que l'ancienne alliance subsistoit, il n'étoit non
plus permis aux Juifs de se laisser transporter
hors de leur terre, que de renoncer à tout le
culte extérieur de leur religion ; et que consentir à la perte totale de la famille d'Abraham
où celle d'Aaron étoit compromise, c'étoit consentir en même-temps à l'extinction de la religion, de l'alliance et du sacerdoce ; d'où il
s'ensuit manifestement,

(a) Jer. 21. 25, 28, 29, 31, &c.
(b) Dan. 9.

En quatrième lieu , que lorsque Dieu ne leur donnoit aucun ordre d'abandonner la terre promise , où il avoit établi le siége de la religion et de l'alliance, ni ne leur montroit aucun moyen de conserver la race d'Abraham que celui d'une résistance ouverte, comme il leur arriva manifestement dans cette cruelle persécution des rois de Syrie , c'étoit une nécessité absolue et une suite indispensable de leur religion, de se défendre.

Et néanmoins, en cinquième lieu , ils n'en sont venus à ce dernier et fatal remède qu'une seule fois , et après une déclaration manifeste de la volonté de Dieu. Car auparavant, en quelque oppression qu'on les tînt dans le superbe et cruel empire de Babylone, ils y demeuroient *paisibles et soumis*, offrant à Dieu des vœux continuels pour cet empire et pour ses rois , selon l'ordre qu'ils en avoient reçu de Dieu, par la bouche de Jérémie et de Baruc (*a*).

Quand ils virent paroître Cyrus , qui devoit être leur libérateur, encore qu'il leur eût été non-seulement prédit , mais encore expressément nommé par leurs prophètes, ils ne se remuèrent pas en sa faveur , et attendirent en patience sa victoire d'où dépendoit leur délivrance ; et quand Assuérus, un de ses successeurs, séduit par les artifices d'Aman , entreprit de détruire toute la nation, et de fermer par toute la terre la bouche de ceux qui louoient Dieu (*b*) , ils ne firent aucun effort pour lui résister ; parce que

____

(*a*) Jer. 29, 7. Bar. 1, 11, 12.
(*b*) Esth. 3, 4, 13, 17.

Mardochée, un prophète et un homme manifestement inspiré de Dieu, leur faisoit avoir une espérance assurée de protection en la personne de la reine Esther; ensorte qu'il ne leur restoit qu'à prier Dieu dans le sac et dans la cendre, qu'il conduisît les desseins de cette Reine (a).

Que si dans la suite ils prirent les armes pour punir l'injustice de leurs ennemis, ce fut par un édit exprès du roi, et Dieu le permit ainsi pour montrer que ses fidèles naturellement ne troubloient point les états, et n'y entreprenoient rien qu'avec l'ordre de la puissance souveraine. Ils seroient donc demeurés aussi humbles et aussi soumis sous Antiochus, si Dieu leur avoit donné une semblable espérance, et un moyen aussi naturel de fléchir le roi. Mais le temps étoit arrivé où il avoit résolu de les sauver par d'autres voies, ainsi qu'il étoit marqué dans Daniel et dans Zacharie (b).

Alors donc il inspira Matathias, qui, poussé du même esprit que son ancêtre Phinées, c'est-à-dire, manifestement de l'esprit de Dieu; du même esprit dont Moyse avoit été poussé à tuer l'égyptien qui maltraitoit les enfans d'Israël, selon qu'il est expliqué dans les actes; du même esprit qui avoit incité Aod à enfoncer un couteau dans le sein d'Eglon, roi de Moab (c).

____

(a) Esth. 5, 7, 8, 16.

(b) Dan. 7, 8 10, 11, 12. Zach. 11, 7 & seq. 1 Mach. 2, 24 & seq. Exod. , 12. Act. 7, 24, 25. Jud. 3. Jud. 4, 17, 21.—5, 24. Judit. 8, &c.

(c) 1. Mach. 2, 23.

(125)

et Jahel, femme d'Heber, à attirer Sisara dans
sa maison pour lui percer les temples avec un
clou ; du même esprit dont Judith étoit animée
lorsqu'elle coupa la tête d'Holopherne (*a*) : Matathias donc, poussé de cet esprit, perça d'un
coup de poignard, un Juif qui se présentoit
pour sacrifier aux idoles, et l'immola sur l'autel
où il alloit sacrifier au dieu étranger. Il enfonça
le même poignard au sein de celui qui, par
l'ordre d'Antiochus, contraignoit le peuple à
ces sacrifices impies, et il leva l'étendard de la
liberté, en disant: *Quiconque a le zèle de la loi,
qu'il me suive.*

C'est donc ici manifestement une inspiration
extraordinaire, telles que celles qu'on voit paroître si souvent dans l'écriture et ailleurs. Il
n'y a que les impies qui puissent nier de semblables inspirations extraordinaires ; et si les
hypocrites ou les fanatiques s'en vantent à tort,
il ne s'ensuit pas que les vrais prophètes et les
hommes vraiment poussés par l'esprit de Dieu,
se les attribuent vainement. Matathias fut du
nombre de ces hommes vraiment inspirés (*b*);
il en soutint le caractère jusqu'à la mort, et il
distribua entre ses enfans les fonctions auxquelles Dieu les destinoit, avec une prédiction
manifeste des grands succès qui leur étoient
préparés. La suite des évènemens justifia clairement que Matathias étoit inspiré (*c*) ; car outre

---

(*a*) 1. Mach. 27, & sep.

(*b*) 2. Mac. 2, 49, 64 & sep.

(*c*) Ibid. 10, 27, 30.

qu'il parut des signes et des illuminations sur-
prenantes et miraculeuses dans le ciel, on vit
paroître dans les combats, des anges qui soutenoient le peuple de Dieu, et en foudroyant les
ennemis, jetoient le désordre et la confusion
dans leur armée. Le prophète Jérémie apparut
à Judas le Machabée (a), dans un songe digne
de toute croyance, et lui mit en main l'épée
par laquelle il devoit défaire les ennemis de son
peuple, en lui disant : » Recevez cette sainte
» épée et ce présent de Dieu, par lequel vous
» renverserez les ennemis de mon peuple d'Is-
» raël. »

Tant de victoires miraculeuses qui suivirent
cette céleste vision, firent bien voir qu'elle
n'étoit pas vaine, et la vengeance divine fut si
éclatante sur Antiochus (b), que lui-même la
reconnut, et fut contraint d'adorer, mais trop
tard, la main de Dieu dans son supplice. (c).

Que si nos réformés ne veulent pas reconnoître ces signes divins, à cause qu'ils sont tirés
des livres des Machabées, qu'ils ne reçoivent
pas pour canoniques, sans leur opposer ici l'autorité de l'église qui les a mis dans son canon il
y a tant de siècles, je me contente de l'aveu de
leurs auteurs qui respectent ces livres, comme
contenant une histoire véritable et digne de
tout respect, où Dieu a étalé magnifiquement
la puissance de son bras et les conseils de sa

(a) 2. Mach. 15, 11, 15.
(b) 1. Mac. 6.
(c) 2. Mac. 9, 12.

providence, pour la conservation de son peuple élu.

Que si M. Jurieu ou quelque autre aussi emporté que lui, refusoient à des livres si anciens la vénération qui leur est due, il n'y auroit qu'à leur demander d'où ils ont donc pris l'histoire des Machabées qu'ils nous opposent. Que s'ils sont contraints d'avouer que les livres que nous leur citons, sont les véritables originaux d'où Joseph et tous les Juifs ont tiré cette admirable histoire, il faut ou la rejeter comme fabuleuse, ou la recevoir avec toutes les merveilleuses circonstances dont elle est revêtue. Et il ne faut point s'étonner que Joseph en ait supprimé une partie, puisqu'on sait qu'il dissimuloit ou qu'il déguisoit les miracles les plus certains, de peur d'épouvanter les Gentils pour qui il écrivoit. Si les protestans se veulent ranger parmi les infidèles, et refuser leur croyance aux miracles dont Dieu se servoit pour déclarer sa volonté à son peuple, nous ne voulons pas les imiter, et nous soutenons, avec l'histoire originale de la guerre des Machabées, qu'elle ne fut entreprise qu'avec une manifeste inspiration de Dieu.

Enfin, en sixième lieu, Dieu qui avoit résolu d'accumuler tous les droits pour établir le nouveau royaume qu'il érigea en Judée, sous les Machabées (a), fit concourir à ce dessein les rois de Syrie, qui accordèrent à Jonathas et à Simon, avec l'entier affranchissement de leur

____

(a) 1. Mac. 11, 12 & seq.

peuple, non-seulement toutes les marques, mais encore tous les effets de la souveraineté; ce qui fut aussi accepté et confirmé par le commun consentement de tous les Juifs.

Je veux bien accorder à M. Jurieu et aux Provinces-unies, si elles veulent, qu'elles ont eu en quelque chose un succès pareil à ce nouveau royaume de Judée; puisqu'à la fin les rois d'Espagne leurs souverains, ont consenti à leur affranchissement. Bien plus, afin que les choses soient plus semblables, puisqu'en regardant ces provinces comme imitatrices du nouveau royaume de Judée, il faut aussi regarder les princes d'Orange comme les nouveaux Machabées qui ont érigé cet état; je n'empêche pas qu'on ne dise qu'à l'exemple des Asmonéens, ces princes se sont faits les souverains du peuple qu'ils ont affranchi, et qu'ils peuvent s'en dire les vrais rois, comme il y ont déja, de gré ou de force, l'autorité absolue. Si les Provinces-unies donnent à la fin leur consentement à cette souveraineté, il sera vrai que la fin des princes d'Orange sera à-peu-près semblable de ce côté-là, à celle des Machabées; mais il y aura toujours une différence infinie dans les commencemens des uns et des autres.

Car, quelque dévoué qu'on soit à la maison d'Orange, on ne dira jamais sérieusement, ni que le prince d'Orange Guillaume I ait été un homme manifestement inspiré, un Phinées, un Matathias, un Judas le Machabée, qui ne respiroit que la piété; ni que la Hollande dont il conduisoit les troupes, fût le seul peuple où, par une alliance particulière, Dieu eût établi la
religion

religion et ses sacremens; ni que la religion qu'il soutenoit fût la seule cause qui lui fît prendre les armes, puisque sans parler de ses desseins ambitieux, si bien marqués dans toutes les histoires, il cacha si long-temps lui-même sa religion, et donna tout autre prétexte à ses entreprises; ni que lui et ses successeurs n'aient jamais rien attenté pour subjuguer ceux qui leur avoient confié la défense de leur liberté.

Il faudroit donc laisser là l'exemple des Machabées; et pour ne parler plus ici de la vaine flatterie que le ministre Jurieu fait aux Provinces-unies, je soutiens que l'action des Machabées et des Juifs qui les ont suivis, étant extraordinaire, et venant d'un ordre spécial de Dieu, dans un cas et un état particulier, ne peut être tirée à conséquence pour d'autres cas et d'autres états. En un mot, il n'y a rien de semblable entre les Juifs d'alors et nos réformés, ni dans l'état de la religion, ni dans l'état des personnes. Car, dans la religion chrétienne, il n'y a aucun lieu ni aucune race qu'on soit obligé de conserver, à peine de laisser périr la religion et l'alliance. Au lieu de dire comme pouvoient faire les Juifs, Il faut sauver notre vie pour sauver la religion, il faudroit dire au contraire, selon les maximes de Jésus-Christ, Il faut mourir pour l'étendre : c'est par la mort et la corruption que ce grain se multiplie, et ce n'est pas le sang transmis à une longue postérité qui fait fructifier l'évangile, mais c'est plutôt le sang répandu pour le confesser; ainsi la religion ne peut jamais être parmi nous, en l'état et dans la nécessité où elle étoit sous les Machabées.

I

L'état des personnes est encore plus dissemblable que celui de la religion. Les Machabées voyoient toute leur nation attaquée ensemble, et prête à périr tout entière, comme par un seul coup : mais nos réformés, loin de combattre pour toute la nation dont ils étoient, n'en faisoient que la plus petite partie, qui avoit entrepris d'accabler l'autre et de lui faire la loi. Les Machabées et les Juifs qui les suivoient, loin de vouloir forcer leurs compatriotes à corriger la religion dans laquelle ils étoient nés, ne demandoient que de vivre dans le même culte où leurs pères les avoient élevés : mais nos rebelles condamnoient les siècles passés, et ne cherchoient qu'à détruire la religion où leurs pères étoient morts, quoiqu'eux-mêmes ils l'eussent sucée avec le lait.

Les Machabées combattoient afin qu'on leur laissât la possession du saint temple où leurs pères servoient Dieu : nos rebelles renonçoient aux temples et aux autels de leurs pères, quoique ce fût le vrai Dieu qu'ils y adorassent ; ou s'ils les vouloient avoir, c'étoit en les enlevant à leurs anciens et légitimes possesseurs, et encore en y changeant tout le culte pour lequel la structure même de ces édifices sacrés faisoit voir qu'ils étoient bâtis ; en quoi il étoient semblables, non point aux Machabées défenseurs du temple, mais aux Gentils qui en étoient les profanateurs, puisque si ceux-ci profanoient le temple en y mettant leurs idoles, nos réformés, pour avoir occasion de profaner aussi les temples de leurs pères, faisoient semblant d'oublier qu'ils étoient dédiés au Dieu vivant ; et autant qu'il

(153)

étoit en eux, ils en faisoient des temples d'idoles, en appelant de ce nom les images érigées
par nos pères, pour honorer la mémoire des
mystères de Jésus-Christ et celle de ses Saints.
Bien loin qu'on puisse dire que le ministère
de la religion fût corrompu et interrompu par
les Machabées, ils étoient eux-mêmes revêtus
de l'ancien sacerdoce de la nation où ils étoient
élevés par la succession naturelle, et selon les
lois établies : nos rebelles disoient au contraire,
que sans égard à la succession, ni à ceux qu'elle
mettoit en possession du ministère sacré, il en
falloit dresser un autre, ce qui étoit renoncer à
la ligne du sacerdoce et à la suite de la religion,
ou plutôt à la religion dans son fond, puisque la
religion ne peut subsister sans cette suite.

On voit bien, selon ces principes, qu'il y a
pu avoir dans les Machabées qui venoient dans
la succession légitime et dans l'ordre établi de
Dieu, un instinct particulier de son S. Esprit
pour entreprendre quelque chose d'extraordinaire ; mais, au contraire, l'esprit dont étoient
agités ceux qui menoient nos réformés au combat et en commandoient les armées, étant entièrement détaché de l'ordre établi de Dieu et
de la succession du sacerdoce, ne pouvoit être
qu'un esprit de rebellion et de schisme. Aussi
l'esprit de Dieu paroît-il si peu dans les capitaines de la réforme, que loin d'oser dire qu'ils
fussent des hommes pleins de Dieu, comme
étoient un Matathias et ses enfans, M. Jurieu
n'a osé dire que ce fussent de vrais gens de bien
selon les règles de l'évangile, ni autre chose tout
au plus, selon lui-même, que des héros à la ma-

nière du monde : de sorte que ce seroit se jouer manifestement de la foi publique, de reconnoître ici la moindre apparence d'un instinct divin et prophétique. Aussi n'y en avoit-il ni marque ni nécessité, ni, en un mot, rien de semblable entre les Machabées et les protestans, que le simple extérieur d'avoir pris les armes.

C'est pourquoi nous ne voyons pas que l'église persécutée par les princes infidèles ou hérétiques, se soit jamais avisée de l'exemple des Machabées pour s'animer à la résistance. Il étoit trop clair que cet exemple étoit extraordinaire, dans un cas et dans un état tout particulier, manifestement divin dans ses effets et dans ses causes, ensorte que pour s'en servir, il falloit pouvoir dire et justifier qu'on étoit manifestement et particulièrement inspiré de Dieu.

Mais pour connoître la vraie tradition de l'ancien peuple qui devoit servir de fondement à celle du nouveau, il ne falloit que considérer sa pratique continuelle dès son origine : car, à commencer par le temps de sa servitude en Egypte, il est certain qu'il n'employa pour s'en délivrer que ses gémissemens et ses prières. Que si Dieu employa des voies plus fortes, ce furent tout autant de coups de sa main toute-puissante et de son bras étendu, comme parle l'écriture, sans que ni le peuple, ni Moyse qui le conduisoit (*a*), songeassent jamais ni à se défendre par la force, ni à s'échapper de l'Egypte d'eux-mêmes à main armée, ensorte que Dieu les laissa

____

(*a*) Exod. 5 & seq.

dans l'obéissance des rois qui les avoient reçus
dans leur royaume, se réservant de les délivrer
par un coup de sa souveraine puissance.

Nous aurons lieu dans la suite d'examiner leur
conduite sous leurs rois, et les droits de la monarchie que Dieu avoit établie parmi eux. Mais
on peut voir en attendant, quelle obéissance eux
et leurs prophètes crurent toujours devoir à ces
rois ; puisque sous des rois impies, tels qu'étoient
un Achab, un Achaz, un Manassès, quoiqu'ils
fissent mourir les prophètes et qu'ils contrai-
gnissent le peuple à un culte impie, ensorte que les fidèles étoient contraints de se ca-
cher, pendant que toutes les villes, et Jérusalem elle-même, regorgeoit de sang innocent,
comme il arriva sous Manassès ; un Elie, un
Elysée, un Isaïe, un Osée, et les autres saints
prophètes qui crioient si haut contre les égaremens de ses princes, ne songeoient pas seulement
à leur contester l'obéissance qui leur étoit due.

Le peuple saint fut aussi paisible sous le joug
de fer de Babylone, comme nous avons déja vu ;
et pour ne point répéter ce que j'ai dit, ni prévenir ce que j'ai à dire dans la suite sur ce sujet,
on voit régner dans ce peuple les mêmes maximes que le peuple chrétien en a aussi retenues, de
rendre à ses rois, quels qu'ils fussent, un fidèle et
inviolable service. C'est par toute cette conduite
du peuple de Dieu, qu'il falloit juger du droit
que Dieu même avoit établi parmi eux. S'il a
voulu une fois s'en dispenser sous les Machabées,
avec les restrictions et dans les conjonctures particulières qu'on vient de voir, il a marqué clairement que ce n'étoit pas le droit établi, mais l'ex-

ception de ce droit faite par sa main souveraine ;
et c'est pourquoi, sans se fonder sur ce cas extraordinaire, l'église chrétienne s'est fait une
règle de la pratique constante de tout le reste
des temps : de sorte qu'on peut assurer comme
une vérité incontestable, que la doctrine qui nous
oblige à pousser la fidélité envers les rois jusqu'aux dernières épreuves, est également établie
dans l'ancien et dans le nouveau peuple.

Troisième exemple, celui de David.

IL reste à examiner le troisième exemple de
M. Jurieu, qui est celui de David, que ce ministre propose pour prouver qu'on peut défendre sa vie à main armée contre son prince ; et
il répète souvent que si on peut prendre les
armes contre son roi pour la vie, on le peut à
plus forte raison pour la religion et pour la vie
tout ensemble. D'abord et sans hésiter, j'accorde
la conséquence ; mais voyons comme il établit
le fait d'où il la tire. » Pourquoi, dit-il (a) ;
» David avoit-il assemblé autour de lui quatre
» ou cinq cents hommes, tous gens braves et
» bien armés? N'étoit-ce pas pour se défendre,
» pour résister à la violence par la force, et pour
» résister à son roi, qui le vouloit tuer? Si Saül
» fût venu l'attaquer avec pareil nombre de gens,
» s'en seroit-il fui ? N'auroit-il pas combattu
» pour sa vie, quand même ç'auroit été avec
» quelque péril de la vie de Saül lui-même, parce
» que dans le combat on ne sait pas où les coups

____

(a) Lett. 17, p. 134.

» portent ? David savoit son devoir , il avoit la
» conscience délicate , il respecte l'onction de
» Dieu dans les rois , mais il ne croit pas qu'il
» soit toujours illégitime de leur résister, et même
» David étoit dans un cas où nous ne voudrions
» pas permettre de résister par les armes à un
» souverain : dans le fond il étoit seul, et n'étoit
» qu'un particulier ; nous n'étendons pas le pou-
» voir de résister à un souverain jusque-là : mais
» celui qui a cru qu'un particulier pouvoit re-
» pousser la violence par la force, a cru à plus
» forte raison que tout un peuple le pouvoit. «

J'ai rapporté exprès tout au long le discours
de M. Jurieu , afin qu'on voie que ce ministre
détruit lui-même son propre raisonnement ; car
en effet il sent bien qu'il prouve plus qu'il ne veut.
Il veut prouver que tout un peuple , c'est-à-dire ,
non-seulement tout un royaume , mais encore
une partie considérable d'un royaume , telle
qu'étoit tout le peuple chrétien dans l'empire
romain , ou en France tous les protestans , ont
pu prendre les armes contre leur prince. Voilà
ce qu'il vouloit prouver ; mais sa preuve porte
plus loin qu'il ne veut, puisqu'elle démontreroit,
si elle étoit bonne , non-seulement que tout un
grand peuple , mais encore tout particulier, peut
s'armer contre son prince lorsqu'il lui fait violence ; ce que le ministre rejette non-seulement
ici, comme il paroît par les paroles qu'on vient de
produire , mais encore en d'autres endroits. C'est
néanmoins ce qu'il prouve (*a*), et par conséquent

(*a*) Lett. 18 , p. 138.

selon lui-même, sa preuve est mauvaise, n'y ayant rien de plus assuré que cette règle de dialectique : qui prouve trop ne prouve rien.

Cela paroît encore plus évidemment, en ce qu'il attribue à David d'avoir cru *qu'un particulier pouvoit repousser à main armée la violence*, même celle de son roi, car c'est de quoi il s'agit : ce qui est lui attribuer une erreur grossière et insupportable, et par conséquent condamner toute l'action qu'on fondé sur une maxime si visiblement erronée ; en quoi non-seulement M. Jurieu blâme en David ce que l'écriture n'y blâme pas, mais encore il se confond lui-même en nous alléguant un auteur qui, selon lui, est dans l'erreur, et nous donnant pour modèle un exemple qui est mauvais selon ses principes.

Je n'aurois donc qu'à lui dire, si je voulois lui fermer la bouche par son propre aveu, que David, qui agissoit sur de faux principes, ne doit pas être suivi dans cette action. Mais la vérité ne me permet pas de profiter ou de l'ignorance ou de l'inconsidération de mon adversaire. Toute l'écriture me fait voir que dans cette conjoncture, David agit toujours par l'esprit de Dieu (*a*); que dans toutes ses entreprises, il attendoit la déclaration de sa volonté ; qu'il consultoit ses oracles ; qu'il étoit averti par ses prophètes ; qu'il étoit prophète lui-même, et que l'esprit prophétique qui étoit en lui ne l'abandonne jamais : témoin les pseaumes qu'il fit dans cet état, et même chez le roi Achis, et au milieu

____

(*a*) 1, Reg. 22, 3, 5. — 23, 2, 4.

du pays étranger où il s'étoit réfugié ; pseaumes que nous chantons tous les jours comme des cantiques inspirés de Dieu.

J'avoue donc qu'il n'y a rien à blâmer dans la conduite de David ; et ce qui a trompé M. Jurieu, qui abuse de son exemple, c'est qu'il n'a pas voulu considérer ce que David étoit alors. Car s'il avoit seulement songé que ce David, qui n'est, selon lui, *qu'un particulier* (a), en effet étoit un roi sacré par l'ordre de Dieu, il auroit vu le dénouement manifeste de toute la difficulté ; mais en même-temps, il auroit fallu renoncer à toute sa preuve ; car on n'auroit pu nier que ce ne fût un cas tout particulier, puisque celui qu'on verroit armé pour se défendre du roi Saül, est roi lui-même. Et sans vouloir examiner si on ne pourroit pas soutenir qu'en effet il étoit roi de droit, et que Saül ne régnoit que par tolérance, ou en tout cas d'une manière précaire et comme simple usufruitier, pour honorer en sa personne le titre de roi qu'il avoit eu ; quand il ne faudroit regarder dans le sacre de David qu'une simple destination à la couronne, toujours faudroit-il dire, puisque cette destination venoit de Dieu, que Dieu, qui lui avoit donné ce droit, étoit censé lui avoir donné en même temps tout le pouvoir nécessaire pour le conserver. Car, au reste, le droit de David étoit si certain, qu'il étoit connu de Jonathas, fils de Saül, et de Saül même (b): delà vient que

---

(a) 1. Reg. 16, 12, 13.

(b) 1. Reg. 23, 17. — 25, 21.

Jonathas demandoit pour toute grace à David d'être le second après lui (a). Le peuple aussi étoit bien instruit du droit de David, comme il paroît par le discours d'Abigaïl. Ainsi personne ne pouvoit douter que sa défense ne fût légitime, et Saül lui-même le reconnoissoit, puisqu'au lieu de le traiter de rebelle et de traître, il lui disoit (b): *Vous êtes plus juste que moi*, et il traitoit avec lui comme d'égal à égal, en le priant de conserver sa postérité.

Il ne faut pourtant pas s'imaginer que Dieu ait voulu se servir de David pour diviser les forces de son peuple, ni que ses armes, toujours fatales aux Philistins, se dussent jamais tourner contre sa patrie et contre son prince; car premièrement, lorsqu'il assembla ces quatre cents hommes, son intention n'étoit pas de demeurer dans le royaume d'Israël, mais avec le roi de Moab, avec qui il étoit d'accord pour sa sûreté. S'il campoit et se tenoit sur ses gardes, cette précaution étoit nécessaire contre des gens sans aveu qui auroient pu l'attaquer (c); et au surplus, il tenoit son père et sa mère entre les mains du roi de Moab, *jusqu'à ce que la volonté du Seigneur se fût déclarée.*

Loin donc de vouloir combattre contre son pays, il alloit chercher la sûreté de sa personne sacrée dans une terre étrangère; que s'il en sortit enfin pour se retirer dans les terres de la tribu de Juda, qui lui étoit plus favorable à cause

---

(a) 1. Reg. 25, 30.
(b) Ibid. 24, 18. — 26, 25.
(c) Ibid. 22, 3.

que c'étoit la sienne, ce fut un ordre exprès de Dieu porté par le prophète Gad qui l'y obligea (a). Lorsqu'il fut dans le royaume de Saül, il y fit si peu de mal à ses citoyens, qu'au contraire, sur le mont Carmel, l'endroit le plus riche de tout le royaume, et au milieu des biens de Nabal, le plus puissant homme du pays, il ne toucha ni à ses biens, ni à ses troupeaux: *On ne trouva jamais à dire une seule de ses brebis (b)* ; et au contraire les gens de Nabal rendoient témoignage aux troupes de David, *que loin de les vexer, elles leurs estoient un rempart et une défense assurée.*

Pendant qu'on le poursuivoit à toute outrance, il fuyoit de désert en désert pour éviter la rencontre des gens de Saül, et pour assurer sa personne dont il devoit la conservation à l'état, sans jamais avoir répandu le sang d'aucun de ses citoyens, ni profité contre eux ni contre Saül d'aucun avantage: mais au contraire, il étoit toujours attentif au bien de son pays ; et contre l'avis de tous les siens, il sauva la ville de Ceilan des Philistins qui l'alloient surprendre, et qui déjà en avoient pillé tous les environs (c) : ainsi, dans une si grande oppression, il ne songeoit qu'à servir son prince et son pays.

Lorsqu'enfin il fut obligé de traiter avec les ennemis, ce fut seulement pour la sureté de sa personne. Il ne fit jamais de pillage que sur les Amalécites et les autres ennemis de sa

____

(a) 1. Reg. 22, 4.

(b) Ibid. 21, 8, 14

(c) Ibid. 23, 1 & seq.

patrie (*a*). De cette sorte, la nécessité où il se voyoit réduit ne lui fit jamais rien entreprendre qui fût indigne d'un Israélite ni d'un fidèle sujet : le traité qu'il fit avec l'étranger, servit à la fin à sa patrie ; et il incorpora au peuple de Dieu la ville de Siceleg, que les Philistins lui avoient donnée pour retraite.

Si M. Jurieu savoit ce que c'est que d'expliquer l'écriture, il auroit pesé toutes ces circonstances, et il se seroit bien gardé de dire, ni que David fut un simple particulier, ni qu'il ait jamais rien entrepris contre la puissance publique. Au lieu de peser en théologien et en interprète exact ces circonstances importantes, il se met à raisonner en l'air, et il nous demande pourquoi David étoit armé, *si ce n'étoit pour se défendre contre son roi* : comme s'il n'eût pas eu à craindre cent particuliers qui, pour faire plaisir à Saül, pouvoient l'attaquer ; ou que, sans aucun dessein d'en venir avec Saül aux extrémités, il n'eût pas pu avoir en vue de faire envisager à ce prince ce que la nécessité et le désespoir pouvoit inspirer contre le devoir à de braves gens poussés à bout.

Mais M. Jurieu passe plus avant, et il ne veut pas qu'on croie que David *avec des forces égales, s'en seroit fui* devant Saül. Pourquoi non, plutôt que d'être forcé à combattre contre son roi ? Mais le vaillant Jurieu ne peut comprendre qu'on fuie. Qu'il permette du moins à David de faire devant l'ennemi une belle et glorieuse

____

(*a*) Ibid. 27, 9, 10.

retraite. Non, dit-il, il faut donner; et David
auroit combattu au hasard, dit notre ministre (*a*),
de mettre en péril la vie du roi son beau-père;
car ces titres de roi et de beau-père ne lui sont
rien. Comment n'a-t-il pas frémi en écrivant
ces paroles ? David rencontrant Saül à son avantage , après lui avoir sauvé la vie malgré les
instances de tous les siens (*b*), se sentit saisi de
frayeur pour lui avoir seulement coupé le bord
de sa robe, et avoir mis la main, quoique d'une
manière si innocente, sur sa personne sacrée;
et celui qu'on voit si frappé d'une ombre d'irrévérence envers son roi, ne fuiroit pas un
combat où l'on auroit pu attenter sur sa vie !
Voilà comme les ministres enseignent à ménager
le sang des rois.

Cependant M. Jurieu, comme nous verrons,
fait semblant d'avoir en horreur les attentats sur
les souverains; et ici, contraire à lui-même, il
veut qu'un particulier ait droit de donner combat à son roi présent, au hasard de le tuer dans
la mêlée. Mais David étoit bien éloigné de ce
sentiment impie, lorsqu'il disoit (*c*): » Dieu me
» garde de mettre la main sur mon maître
» l'oint du Seigneur. « Et il crioit à Saül (*d*):
» Ne croyez pas les calomniateurs, qui vous
» disent que David veut attenter sur vous. Vous
» le voyez de vos yeux, que Dieu vous a mis
» entre mes mains dans la caverne. Mais j'ai dit

(*a*) Lett. 17.
(*b*) 1. Reg. 24, 6.
(*c*) 1. Reg. 23 . 7.
(*d*) Ibid. 10.

» en mon cœur : A Dieu ne plaise que j'étende
» la main sur l'oint du Seigneur. Que le Sei-
» gneur juge entre vous et moi, et qu'il me
» venge de vous comme il lui plaira, mais que
» ma main ne soit pas sur vous. «

Il ne reconnoissoit donc d'autre puissance que
celle de Dieu qui pût lui faire justice de Saül ;
ce qu'il explique encore plus clairement, lorsque, devenu une seconde fois maître de la vie de
ce prince, il dit à Abisaï qui l'accompagnoit (a) :
» Gardez-vous bien de mettre la main sur Saül ;
» car qui pourra étendre sa main sur l'oint du
» Seigneur et demeurer innocent ? Vive le Sei-
» gneur, si le Seigneur ne le frappe, ou que le
» jour de sa mort n'arrive, ou que venant à une
» bataille il n'y meure « (comme Saül mourut
» en effet dans une bataille contre les Philistins)
» il n'a rien à craindre, et ma main ne sera ja-
» mais sur lui ; Dieu m'en garde, et ainsi me
» soit-il propice. » C'est en cette sorte que David a recours à Dieu comme à son unique vengeur. Encore lorsqu'il parloit de cette vengeance, c'étoit pour montrer à Saül ce que ce
prince avoit à craindre, et non pas pour lui déclarer ce que David lui souhaitoit (b), puisque,
loin de souhaiter la mort à Saül, il la pleura si
amèrement, et en fit un châtiment si prompt
lorsqu'elle lui fut annoncée.

Un homme qui parle et agit ainsi, est bien
éloigné de vouloir lui-même combattre contre
son roi, ni attenter sur sa vie en quelque ma-

(a) Ibid. 26, 9.
(b) 25. Reg. 1, 18.

mière que ce soit. Et en effet, s'il eût cru l'attaque légitime, ou qu'il pût avoir d'autre droit
que celui de s'empêcher d'être pris, comme il
faisoit en se cachant, il auroit pu aussi-bien
attenter contre son roi dans une surprise que dans
un combat. Le même droit de la guerre permet
également l'un et l'autre; et s'il vouloit épargner le
sang de Saül, il pouvoit du moins s'assurer de sa
personne. Mais il savoit trop qu'un sujet n'a ni
droit ni force contre la personne de son prince;
et le ministre le met en droit de le faire périr
dans un combat! Il a oublié toute l'écriture,
mais il a oublié tous les devoirs d'un sujet. Il ne
songe plus à ce qui est dû à la majesté ni à la
personne sacrée des rois, ni à la sainte onction
qui est sur eux. Je ne m'en étonne pas, il ne se
souvient même plus qu'il est François; et il
nous parle avec dédain de la loi salique véritable, dit-il (a), ou prétendue, comme feroit un
homme venu des Indes ou du Malabar; tant est
sorti de son cœur ce qui est le plus avant imprimé de tout temps et dès l'origine de la nation,
dans le cœur de tous les Français.

Mais pour revenir à notre sujet, concluons
qu'il n'y a rien de plus mal allégué que l'exemple de David, puisque, bien loin qu'il fût permis
de le regarder comme un simple particulier,
Dieu, qui l'avoit sacré roi, vouloit qu'on le re-
gardât comme un personnage public, dont la
conservation étoit nécessaire à l'état, et qu'après
tout il n'a fait que pourvoir à sa sureté; comme

____

(a) Lett. 18, p. 139.

il y étoit obligé, non-seulement sans rien atten•
ter contre son roi ni contre son pays, mais en•
core sans jamais cesser de le• servir au milieu
d'une si cruelle oppression.

Voilà ce qui est constant dans le fait. Aussi
M. Jurieu, qui n'a pu trouver aucun attentat dans
les actions de David, n'a de refuge qu'à des
questions en l'air, et il est réduit à rechercher,
non ce qu'il a fait, car il est déja bien constant
qu'il n'a rien fait de mal contre son prince; mais
ce qu'il auroit fait en tels et tels cas qui ne sont
point arrivés.

Que s'il faut enfin lui répondre sur ces ima-
ginations, nous lui dirons en un mot, que ces
grands hommes abandonnés aux mouvemens de
leur foi et à la divine providence, apprenoient
d'elle à chaque moment ce qu'ils avoient à
faire, et y trouvoient des ressources pour se
dégager des inconvéniens où ils paroissoient
inévitablement enveloppés, comme on le voit
en particulier dans toute l'histoire de David :
de sorte que s'inquiéter de ce qu'auroient fait
ces grands personnages, dans les cas que Dieu
détournoit par sa providence, c'est oser demander à Dieu ce qu'il leur auroit inspiré, et craindre
que sa sagesse ne fût épuisée.

Enfin donc, nous avons ôté toute espérance
au ministre, et il ne lui reste pour soutenir la
prise d'armes de ses pères, ni autorité ni
exemple. Au contraire, tous les exemples le condamnent, et tous les martyrs combattent contre
lui (2).

____

(2) Voyez la note seconde à la fin du volume.

Raisonnemens de M. Jurieu, en faveur des guerres civiles de religion.

Nous n'aurions pas un moindre avantage, si nous voulions attaquer les vaines maximes que le ministre appelle à son secours, et les frivoles raisonnemens dont il les appuie. « Le droit, » dit-il (a), de la propre conservation, est un » droit inaliénable. « S'il est ainsi, tout particulier injustement attaqué dans sa vie, par la puissance publique, a droit de prendre les armes, et personne ne lui peut ravir ce droit. Il ne sert de rien de répondre qu'il parle d'un peuple ; car, sans ici raisonner sur cette chimère qu'il propose, savoir ce qu'on pourroit faire contre un tyran qui voudroit tuer tout son peuple, et demeurer roi des arbres et des maisons, sans habitans, il met expressément dans le même droit une grande partie du peuple qui verroit sa vie injustement attaquée ; et c'est pourquoi il soutient que les chrétiens eussent pu armer contre leurs princes, s'ils en eussent eu les moyens ; et par la même raison, que les protestans ont pu le faire, quoique les uns et les autres, loin d'être tout le peuple, n'en fussent que la plus petite partie.

Que deviendront les états, si on établit de telles maximes ? Que deviendront-ils, encore un coup, si ce n'est une boucherie et un théâtre perpétuel et toujours sanglant de guerres civiles ? Car, comme l'opinion fait le même effet

____

(a) Lett. 9, p. 67.

K

dans l'esprit des hommes que la vérité, toutes les fois qu'une partie du peuple s'imaginera qu'elle a raison contre la puissance publique, et que la punir de sa rebellion, c'est s'attaquer injustement à sa vie, elle se croira en droit de prendre les armes, et soutiendra que le droit de se conserver ne lui peut être ravi.

Qu'on nous montre que les chrétiens persécutés aient jamais songé à ce prétendu droit? et pour ne pas seulement parler du temps des persécutions, et de la cause de la religion, Antioche, la troisième ville du monde, qu'on appeloit l'œil de l'Orient, et par excellence Antioche la peuplée, se vit en péril d'être ruinée par Théodose le Grand, dont on avoit renversé les statues. On pouvoit dire qu'il n'étoit pas juste de punir toute une ville, de l'attentat de quelques particuliers, qui même étoient étrangers, ni de mêler l'innocent avec le coupable ; et en effet, saint Chrysostome (a) met cette raison dans la bouche de Flavien, patriarche d'Antioche, qui alloit demander pardon à l'empereur pour tout le peuple. Mais cependant on ne disoit point ; que dis-je, on ne disoit point ? il ne venoit pas seulement dans la pensée, qu'il fût permis de défendre sa vie contre le prince (b) : au contraire, on ne parloit à ce peuple que de l'obligation de révérer le magistrat (c) ; on lui disoit qu'il avoit à craindre

____

(a) Hom. 3, ad pop. Ant.

(b) Ibid.

(c) Ibid.

(147)

la plus grande puissance qui fût sur la terre, et
qu'il n'avoit à invoquer que celle de Dieu, qui
seule étoit au-dessus.

C'est ce que saint Chrysostome inculquoit
sans cesse; et ce Démosthène chrétien fit sur ce
sujet des Homélies, dignes par leur éloquence,
de l'ancienne Grèce, et dignes, par leur piété,
des temps apostoliques.

Mais pourquoi alléguer les chrétiens instruits
par la révélation céleste? Les païens, par leur
simple raison naturelle, ont bien vu qu'il falloit
souffrir les violences des mauvais princes; en
souhaiter de meilleurs; les supporter quels qu'ils
fussent; espérer un temps plus serein pendant
l'orage, et comprendre que la providence, qui
ne veut pas la ruine du genre-humain ni de la
nature, ne tient pas éternellement le peuple
opprimé par un mauvais gouvernement, comme
elle ne bat pas l'univers d'une continuelle tem-
pête.

Les beaux jours pourront donc refaire ce que
les mauvais auront gâté; et c'est vouloir trop de
mal aux choses humaines, que de joindre aux
maux d'un mauvais gouvernement, un remède
plus mortel que le mal même, qui est la division
intestine.

Par ces raisons, les païens ne permettoient
pas à tout le peuple, ce que M. Jurieu ose permettre à la plus petite partie contre la plus
grande; que dis-je? ce qu'il ose permettre à
chaque particulier. » Un tel homme (a), (celui

____

(a) Lett. 18, p. 139, 2.

» qui diroit qu'un souverain a droit de faire
» violence à la vie d'une partie de son peuple,
» et que des sujets n'ont pas celui de se dé-
» fendre, et d'opposer la force à la violence)
» sera réfuté par tous les hommes : car il n'y en
» a point qui ne croie être en droit de se con-
» server *par toute voie*, quand il est attaqué par
» une injuste violence. « Voilà donc, non-seulement tout le peuple ou une partie du peuple,
mais encore tout particulier légitimement armé
contre la puissance publique, et en droit de se
défendre contre elle *par toute voie*, sans rien
excepter, ni même ce qui fait le plus d'horreur à
penser.

M. Jurieu nous parle ici des flatteurs des
princes, et il ne songe pas aux flatteurs des
peuples. Tout flatteur, quel qu'il soit, est toujours un animal traître et odieux : mais s'il falloit
comparer les flatteurs des rois avec ceux qui
vont flatter dans le cœur des peuples ce secret
principe d'indocilité, et cette liberté farouche
qui est la cause des révoltes, je ne sais lequel
seroit le plus honteux.

M. Jurieu a pris le dernier parti ; et on ne
peut pas plus bassement ni plus indignement
flatter la populace, que de prodiguer, je ne
dis pas à tout le peuple, mais encore à une
partie, et jusqu'aux particuliers, le droit d'armer contre le prince. Mais cela suit nécessairement du principe qu'il pose : » C'est en vain,
» dit-il (*a*) , qu'on raisonne sur les droits

____

(*a*) Lettre 9, p. 76.

» des souverains ; c'est une question où nous
» ne voulons point entrer ; mais il faut savoir
» seulement que les droits de Dieu, les droits
» du peuple et les droits du roi, sont insépa-
» rables ; le bon sens le démontre, et par con-
» séquent un prince qui anéantit le droit de Dieu
» ou celui des peuples, par cela même anéantit
» ses propres droits. « De cette sorte il n'est
donc plus roi ; on ne lui doit plus de sujétion :
» Car, poursuit le séditieux ministre, on ne
» doit rien à celui qui ne rend rien à personne,
» ni à Dieu ni aux hommes.

On ne peut pas pousser plus loin la témérité,
et c'est, à la face de tout l'univers, renouveler
la doctrine tant détestée de Jean Wiclef et de
Jean Hus, qui disent qu'on n'a plus de sujets
dès qu'on cesse d'être soi-même sujet à Dieu.
Voilà comme le ministre ne veut pas entrer
dans cette question *du droit des rois*, pendant
qu'il décide si hardiment contre ces droits sacrés.
Un reste de conscience le retenoit, et il n'osoit
entrer dans une matière où il se sentoit des opinions si outrées ; mais à la fin il est entraîné
par l'esprit qui le possède, et il décide contre
les rois tout ce qu'on peut avancer de plus ou-
tragant : car il conclut hardiment de son principe, que les chrétiens sujets de l'empire romain
pouvoient résister par les armes à Dioclétien :
» Puisque, dit-il, si leurs empereurs, POUR
» TOUTE AUTRE CAUSE que pour celle de
» religion, les eussent opprimés de la même
» manière, ils eussent été en droit de se défendre. «

Pesez ces mots, *pour toute autre cause* : ce
n'est pas seulement la cause de la religion et

de la conscience qui arme les sujets contre les princes; c'est encore *toute autre cause*, et qu'est-ce qui n'est pas compris dans des expressions si générales? Voilà l'esprit du ministre; et bien que, rougissant de ses excès, il ait tâché d'apporter ailleurs de foibles tempéramens à ses séditieuses maximes, son principe subsiste toujours: mais, par malheur pour sa cause, ces chrétiens si opprimés sous Dioclétien, loin de songer à cette défense qu'on leur veut rendre légitime, ont démenti toutes les raisons dont on l'autorise, non-seulement par leurs discours, mais encore par leur patience; et on peut dire qu'ils n'ont pas moins scellé de leur sang les droits sacrés de l'autorité légitime sur lesquels Dieu a établi le repos du genre humain, que la foi et l'évangile.

Et il ne faut pas s'imaginer que le ministre en veuille seulement aux rois. Car son principe n'attaque pas moins toute autre puissance publique, souveraine ou subordonnée, quelque nom qu'elle ait, et en quelque forme qu'elle s'exerce; puisque ce qui est permis contre les rois, le sera par conséquent contre un sénat, contre tout le corps des magistrats, contre des états, contre un parlement, lorsqu'on y fera des lois qui seront ou qu'on croira être contraires à la religion et à la sûreté des sujets. Si on ne peut réunir tout le peuple contre cette assemblée ou contre ce corps, ce sera assez de soulever une ville ou une province qui soutiendra, non plus que le roi, mais que les juges, les magistrats, les pairs si l'on veut, et même ses députés, supposé qu'elle en ait eu dans cette assemblée, en consentant à des lois iniques, ont excédé le pouvoir que le peuple leur avoit donné; ou en tout cas, qu'ils en sont déchus lorsqu'ils ont manqué de rendre à Dieu et au peuple ce qu'ils lui devoient.

Voilà jusqu'où M. Jurieu pousse les choses par ses séditieux raisonnemens. Il renverse toutes les puissances, et autant celles qu'il défend que celles qu'il attaque. Ce principe de rebellion qui est caché dans le cœur des peuples, ne peut être déraciné qu'en ôtant jusque dans le fond, du moins aux particuliers en quelque nombre qu'ils soient, toute opinion qu'il puisse leur rester de la force; ni autre chose que les prières et la patience contre la puissance publique.

Au reste, notre ministre se tourmente en vain à prouver que le prince n'a pas le droit d'opprimer les peuples ni la religion. Car qui jamais a imaginé qu'un tel droit pût se trouver parmi les hommes, ni qu'il y eût un droit de renverser le droit même, c'est-à-dire, une raison pour agir contre la raison, puisque le droit n'est autre chose que la raison même, et la raison la plus certaine; puisque c'est la raison reconnue par le consentement des hommes. Ainsi, quand le ministre veut prouver qu'on n'a pas le droit de mal faire, parce que le peuple d'où vient tout le droit, n'a pas celui-là, et ne peut donner ce qu'il n'a pas; il parleroit plus juste et plus à fond, s'il disoit qu'il ne peut donner ce qui n'est pas.

L'état donc de la question est de savoir, non pas si le prince a droit de faire mal, ce que personne n'a jamais rêvé; mais en cas qu'il le fit et qu'il s'éloignât de la raison , si la raison permet aux particuliers de prendre les armes contre lui ; et s'il n'est pas plus utile au genre-humain qu'il ne reste aux particuliers aucun droit contre la puissance publique. Le ministre, qui soutient le contraire, a beau alléguer, pour toute autorité, un endroit de Grotius, où il permet, dans un état, à la partie affligée de se défendre contre le prince et contre le tout ; et n'excepte, je ne sais pourquoi, de cette défense, que la cause de la religion. » *Je n'ose presque,* » dit cet auteur (il parle en tremblant, et n'est » pas ferme en cet endroit comme dans les » autres), *je n'ose,* dit-il *(a)* , *presque condamner* » *les particuliers ou la plus petite partie du peuple,* » *qui aura usé de cette défense dans une extrême* » *nécessité, sans perdre les égards qu'on doit avoir* » *pour le public.* «

M. Jurieu a pris de lui les exemples de David et des Machabées, dont nous lui avons démontré l'inutilité. Après qu'on lui a ôté les preuves que Grotius lui avoit fournies, on lui laisse à examiner lui-même si le nom de cet auteur lui suffit pour appuyer son sentiment, pendant que l'autorité et les exemples de l'église primitive ne lui suffisent pas. Pour moi, je soutiens sans hésiter, que c'est une contradiction et une illusion manifeste, que d'armer avec Grotius les particuliers contre le public, et de leur imposer en même-temps la condition d'y avoir égard ; car c'est brouiller toutes les idées, et vouloir

---

(a) De jure belli et pacis, lib. 1 , 64 , n. 7.

allier les deux contraires : le vrai égard pour le public, c'est que tout particulier lui doit sacrifier sa propre vie.

Ainsi, sans nous arrêter au sentiment ni à la timidité d'un auteur, habile d'ailleurs et bien intentionné, mais qui n'ose en cette occasion suivre ses propres principes (3), nous conclurons que le seul principe qui puisse fonder la stabilité des états, c'est que tout particulier, au hasard de sa propre vie, doit respecter l'exercice de la puissance légitime et la forme des jugemens publics ; ou, pour parler plus clairement, qu'aucun particulier ou aucun sujet, ni par conséquent quelque partie du peuple que ce soit, puisque cette partie du peuple ne peut être à l'égard du prince et de l'autorité souveraine qu'un amas de particuliers et de sujets, n'a droit de défense contre la puissance légitime ; et que poser un autre principe, c'est, avec M. Jurieu, ébranler le fondement des états, et se déclarer ennemi de la tranquillité publique.

____

(3) Voyez la note à la fin du volume.

Fin des Principes de M. Bossuet.

PRINCIPES

DE FEU M. FRANÇOIS DE SALIGNAC

DE LA MOTHE-FÉNELON,

ARCHEVÊQUE - DUC DE CAMBRAI,

SUR LA SOUVERAINETÉ,

Tirés d'un Essai sur le Gouvernement civil,
par M. DE RAMSAY.

PRÉFACE.

Quand on examine l'histoire des empires et des républiques, on trouve que toutes les révolutions qui leur sont arrivées viennent de deux causes principales, l'amour de l'autorité sans bornes dans les princes, et celui de l'indépendance dans le peuple. Les souverains, jaloux de leur pouvoir, veulent toujours l'étendre ; les sujets, passionnés pour leur liberté, veulent toujours l'augmenter.

Voilà ce qui a rendu et ce qui rendra à jamais le monde entier comme une mer agitée, dont les vagues orageuses se détruisent successivement. L'anarchie produit le despotisme ; le despotisme se perd dans l'anarchie. Le grand corps politique, comme le corps humain, sera toujours sujet aux maladies inévitables, et aux vicissitudes perpétuelles. Mais comme la révolte continuelle des passions contre la raison, n'empêche point qu'il n'y ait une règle de morale sûre que chaque particulier doit suivre, de même l'impossibilité de prévenir les révolutions, n'empêche point qu'il n'y ait des règles de politique fixes, que tous les états doivent respecter.

Il ne s'agit point ici de former un plan de gouvernement exempt de tout inconvénient; cela est impossible. Les passions des hommes l'emportent tôt ou tard sur les lois. Tant que ceux qui gouvernent seront imparfaits, tout gouvernement sera imparfait.

Mais quoiqu'on ne puisse pas prévenir toutes sortes d'abus, on doit éviter cependant le plus d'inconvéniens qu'il est possible. La médecine est une science très-utile, quoique la mort soit inévitable. Cherchons à remédier aux maux du grand corps politique, sans vouloir lui donner l'immortalité. Tâchons d'établir des maximes qui tendent à rendre les hommes tout ensemble bons citoyens et bons sujets, amateurs de leur patrie et de leurs princes, soumis à l'ordre sans être esclaves.

Le dessein de cet essai est de développer les principes philosophiques du gouvernement civil, et nullement d'approfondir les strata-

gêmes politiques par où les princes peuvent
s'agrandir. Voilà ce qui fait qu'on cherche
les lois de la nature et les fondemens du
droit civil, non dans les faits historiques
ni dans les coutumes des nations, mais dans
les idées de la perfection divine et de la foiblesse humaine. C'est l'une qui est la règle
de la loi naturelle, et c'est l'autre qui est la
cause des lois civiles.

C'est cette philosophie divine, qui est
l'unique fondement sûr et immuable de tous
les devoirs. C'est cette philosophie, indépendamment de toute révélation, qui nous
fait regarder l'Être suprême comme le père
commun de toute la société humaine ; et
tous les hommes comme les enfans, les
frères et les membres d'une même famille.
C'est cette philosophie qui fait qu'on ne se
regarde plus comme un être indépendant
créé pour soi, mais comme une petite partie
d'un tout qui compose le genre-humain, dont
il faut préférer le bien en général à son intérêt particulier. Voilà la source des sentimens nobles et de toutes les vertus héroïques.

Détruisez au contraire cette philosophie,

divine , il n'y a plus de principe d'union stable parmi les hommes. Si l'intérêt les pousse , et si la crainte ne les retient point , qui est-ce qui pourra les empêcher de violer les plus sacrés droits de l'humanité ? Sans le respect de la divinité, toutes les idées de justice , de vérité et de vertu , qui rendent la société aimable , ne subsistent plus.

Si la religion étoit fausse , il faudroit la souhaiter vraie pour poser les fondemens solides de la politique. C'est pour cela que les législateurs païens appuyoient toujours leurs lois sur le culte de quelque divinité.

Cet ouvrage , au reste , n'est que le développement des conversations qu'eut M. de Fénelon avec le prétendant à la couronne d'Angleterre , pendant le séjour qu'il fit à Cambrai , dans le cours de la guerre de la succession. Nous les rappelons ici telles qu'elles se trouvent dans la vie de M. de Fénelon, par M. de Ramsay , p. 228.

Toutes les nations de la terre ne sont que les différentes familles d'une même république, dont Dieu est le père commun. La loi naturelle

relle et universelle , selon laquelle il veut
que chaque famille soit gouvernée , c'est de
préférer le bien public à l'intérêt particulier.

Si les hommes suivoient cette loi naturelle,
chacun feroit par raison et par amitié , ce
qu'il ne fait à présent que par *intérêt* ou
par *crainte* ; mais les passions nous aveuglent,
nous corrompent, nous empêchent de connoître et d'aimer cette *grande loi*. Il a fallu
l'expliquer et la faire exécuter par des *lois
civiles* , et par conséquent établir une autorité suprême qui juge en dernier ressort , et
à qui tous peuvent avoir recours comme à la
source de l'unité politique et de l'ordre civil ;
autrement, il y auroit autant de gouvernemens arbitraires que de têtes.

L'amour du peuple, le bien public , l'intérêt général de la société, est donc la loi immuable et universelle des souverains.... Elle
est fondée sur la nature même ; elle est la
source et la règle de toutes les autres lois.
Celui qui gouverne doit être le plus obéissant
à cette loi primitive, et peut tout sur les peuples ; mais cette loi doit pouvoir tout sur lui.
Le père commun de la grande famille ne lui

a confié ses enfans que pour les rendre heureux. Il veut qu'un seul homme serve par sa sagesse à la félicité de tant d'hommes, et non que tant d'hommes servent par leur misere à flatter l'orgueil d'un seul. Ce n'est pas pour lui-même que Dieu l'a fait roi; il ne l'est que pour être l'homme des peuples, et il n'est digne de la royauté qu'autant qu'il l'oublie pour le bien public.

Le despotisme tyrannique des souverains est un attentat sur les droits de la fraternité humaine; c'est renverser la grande loi de la nature, dont ils ne sont que les conservateurs. Le despotisme de la multitude est une puissance folle et aveugle, qui se forcène contre elle-même. Un peuple gâté par une liberté excessive, est le plus insupportable de tous les tyrans. La sagesse de tout gouvernement consiste à trouver le milieu entre ces deux extrémités affreuses, dans une liberté modérée par la seule autorité des lois; mais les hommes aveugles et ennemis d'eux-mêmes ne sauroient se borner à ce juste milieu.

Triste état de la nature humaine! les souverains jaloux de leur autorité veulent pres-

que toujours l'étendre ; les peuples passion‑
nés pour leur liberté, veulent toujours l'aug‑
menter. Il vaut mieux cependant souffrir,
pour l'amour de l'ordre, les maux inévitables
dans les états même les plus réglés, que de
secouer le joug de toute autorité, en se li‑
vrant sans cesse aux fureurs de la multitude,
qui agit sans règles et sans loi.

Quand l'autorité suprême est donc une
fois fixée par les lois fondamentales *dans un
seul ou plusieurs*, (et depuis combien de
siècles ne l'est-elle pas en France *dans un
seul ?*) il faut en supporter les abus, si l'on
ne peut y remédier par des voies compatibles
avec l'ordre.

Toutes sortes de gouvernemens sont né‑
cessairement imparfaits, puisqu'on ne peut
confier l'autorité suprême qu'à des hommes;
et toutes sortes de gouvernemens sont bons,
quand ceux qui gouvernent suivent *la grande
loi du bien public.*

Dans la théorie, certaines formes paroissent
meilleures que d'autres ; mais dans la pra‑
tique, la foiblesse ou la corruption des hommes

sujets aux mêmes passions, exposent tous les états à des inconvéniens à-peu-près égaux. Deux ou trois hommes entraînent presque toujours le monarque ou le sénat. On ne trouvera donc pas le bonheur de la société humaine, en changeant, en bouleversant les formes déja établies, mais en inspirant aux souverains, que la sureté de leur empire dépend du bonheur de leurs sujets ; et aux peuples, que leur solide bonheur demande la subordination. La liberté sans ordre, est un libertinage qui attire le despotisme. L'ordre sans la liberté, est un esclavage qui se perd dans l'anarchie.

D'un côté, on doit apprendre aux princes que le pouvoir sans bornes est une frénésie qui ruine leur propre autorité. Quand les souverains s'accoutument à ne connoître d'autres lois que leurs volontés absolues, ils sappent le fondement de leur puissance. Il viendra une révolution soudaine et violente, qui, loin de modérer leur autorité excessive, l'abattra sans ressource.

D'un autre côté, on doit enseigner aux peuples, que les souverains étant exposés

aux haines , aux jalousies , aux bévues involontaires, qui ont des conséquences affreuses
mais imprévues, il faut plaindre les rois et
les excuser. Les hommes sont malheureux
d'avoir à être gouvernés par un roi, qui n'est
qu'un homme semblable à eux ; car il faudroit
des dieux pour redresser les hommes. Mais
les rois ne sont pas moins infortunés, n'étant
qu'hommes, c'est-à-dire foibles et imparfaits,
d'avoir à gouverner cette multitude innombrable d'hommes corrompus et trompeurs.

C'est par ces maximes, qui conviennent
également à tous les états , que le sage Fénelon cherchoit le bonheur de sa patrie. En
conservant la subordination des rangs , il
concilioit la liberté du peuple avec l'obéissance aux souverains, et rendoit les hommes
tout ensemble bons citoyens et fidèles sujets,
soumis sans être esclaves , libres sans être
effrénés.

Le pur amour de l'ordre étoit la source de
ses vertus *politiques* aussi bien que de toutes
ses vertus *divines* : la même unité de principes régnoit dans tous ses sentimens.

Le prince goûta ces maximes, et il manda

depuis à un seigneur étranger, qui lui avoit envoyé la nouvelle édition de Télémaque : *Toute ma gloire seroit de régner selon les préceptes de Mentor.*

PRINCIPES

DE M. DE FÉNELON,

SUR LA SOUVERAINETÉ.

CHAPITRE PREMIER.

Des differens systêmes de politique.

CEUX qui ont traité de la politique, ont voulu établir deux sortes de principes tout-à-fait contradictoires.

Les uns rapportent à l'amour-propre et à l'intérêt particulier, ce qu'on appelle la *loi naturelle*, et toutes les vertus morales et politiques.

Selon eux, nous naissons tous indépendans et égaux.

Selon eux, les nations et les républiques n'ont été formées que par l'accord libre des hommes, qui ne se sont assujettis aux lois de la société, que pour leur commodité particulière.

Selon eux enfin, les dépositaires de l'autorité souveraine, sont toujours responsables en dernier ressort, au peuple qui peut les juger, les déposer et les changer, quand ils violent le contrat originaire de leurs ancêtres.

D'autres soutiennent au contraire, que l'amour

de l'ordre et du bien en général, est la source de tous les devoirs de la loi naturelle ; qu'antécédamment à tout contrat libre, nous naissons tous plus ou moins dépendans, inégaux, et membres de quelque société à qui nous nous devons ; que la forme du gouvernement étant une fois établie, il n'est plus permis aux particuliers de la troubler, mais qu'ils doivent souffrir avec patience, quand ils ne peuvent pas empêcher, par des voies légitimes, les abus de l'autorité souveraine.

Pour juger de ces différens principes, il faut entrer dans la discussion des questions les plus subtiles et les plus délicates de la politique. Commençons d'abord par examiner ce que c'est que la loi naturelle, et les devoirs auxquels elle nous oblige ; car delà dépend la solution de toutes les difficultés sur cette matière.

CHAPITRE II.

De la loi naturelle.

LA loi en général, n'est autre chose que la règle que chaque être doit suivre, pour agir selon sa nature. C'est ainsi que dans la physique, on entend par les lois du mouvement, les règles selon lesquelles chaque corps est transporté nécessairement d'un lieu dans un autre ; et dans la morale, la loi naturelle signifie la règle que chaque intelligence doit suivre librement pour être raisonnable.

La règle la plus parfaite des volontés finies, est sans doute celle de la volonté infinie. Dieu s'aime souverainement et absolument, parce qu'il est souverainement et absolument parfait : il aime toutes ses créatures inégalement, selon qu'elles participent plus ou moins à ses perfections.

Cette règle des volontés divines, est aussi la loi naturelle et *universelle* de toutes les intelligences ; car Dieu ne peut point donner à ses créatures une volonté contraire à la sienne, pour tendre où la sienne ne tend pas (*a*). *Elle est éternelle* : Dieu ne l'a point faite ; elle est aussi ancienne que la divinité. C'est sa loi à lui-même, et dont il ne sauroit dispenser ses créatures sans se contredire. *Elle est immuable.* Dieu n'agit point ici en législateur, qui, par son domaine absolu sur l'homme, l'assujettit à certaines lois arbitraires, et l'oblige à les observer par les menaces et les récompenses. Comme cette loi résulte immédiatement des rapports immuables qu'il y a entre les différentes essences, elle ne peut jamais changer ; au lieu que les lois positives et arbitraires n'étant fondées que sur les différentes circonstances variables où les créatures se trouvent, peuvent être changées selon que ces circonstances varient. C'est pour cela que Socrate distingue toujours deux sortes

---

(*a*) Je ne parle point ici du motif de l'amour, qui peut être le plaisir ou la sensation agréable que l'objet aimé excite en nous ; je ne parle que de la *règle* de l'amour, qui doit être la *perfection* des objets.

de lois, l'une qu'il appelle *la loi qui est* (a),
l'autre *la loi qui a été faite* (b).

*Aimer chaque chose selon la dignité de sa na-
ture*, est donc la loi *universelle*, *éternelle et immuable* de toutes les intelligences ; et c'est de
cette loi que découlent toutes les autres lois et
toutes les vertus, soit divines, soit humaines,
soit civiles, soit morales. Voyons-en l'étendue et
les suites nécessaires.

1. Il faut respecter l'Etre suprême, et l'aimer
d'un amour souverain, seul digne de sa nature.
La religion est le fondement de toute bonne
politique. La différence des cérémonies et du
culte extérieur, par lesquels on exprime son
adoration intérieure, seroit arbitraire, et pourroit varier selon les différens génies des peuples.
Chaque homme naîtroit dans une liberté parfaite là-dessus, si Dieu ne nous avoit pas ôté
cette liberté naturelle par une révélation expresse. Mais l'amour et le respect de la divinité,
est une partie essentielle de la loi naturelle, et
un devoir fondé sur les rapports immuables qu'il
y a entre le fini et l'infini, indépendamment
même de toute révélation.

2. Il faut respecter et vouloir du bien à toutes
les espèces particulières d'êtres produits par cet
Etre suprême, à chacun selon la dignité de sa
nature : de là vient le respect pour les êtres invisibles supérieurs à nous, et la compassion pour
les bêtes qui sont au-dessous de nous.

3. Il faut aimer et respecter cette espèce par-

(a) Τὸν ὦν.   (b) Τὸ γόνομῶνον.

ticulière d'êtres dont nous sommes les individus,
et avec qui nous avons un rapport immédiat :
de là viennent l'humanité , *la philanthropie* , et
toutes les autres vertus morales qui rendent
l'homme aimable , et chaque pays la patrie
commune du genre-humain.

4. Il faut aimer et respecter cette espèce particulière d'hommes avec qui nous vivons , et
dans la société desquels la nature nous a fait
naître : de là viennent l'amour de la patrie , et
toutes les autres vertus civiles et politiques.

5. Il faut aimer et respecter ceux qui ont été
les instrumens de notre existence , et avec qui
nous sommes liés par la naissance et le sang ;
voilà l'amour de la famille , et le respect paternel, que les romains appeloient *pietas parentum*.

6. Il faut nous aimer nous-mêmes , comme
étant une petite parcelle de ce grand tout qui
compose l'univers. L'amour - propre bien réglé
et légitime , ne doit tenir que le dernier lieu.
Ce seroit une chose monstrueuse de se préférer
à toute sa famille , sa famille à toute sa patrie ,
sa patrie à tout le genre - humain ; car l'amour
raisonnable se réglant toujours sur le degré de
perfection et d'excellence de chaque objet ,
commence par l'universel , et descend par gra-
dation au particulier. Au contraire , le soin qu'il
faut avoir de faire remplir à chacun les devoirs
de cette loi éternelle , doit commencer par le
particulier et remonter au général. La raison est
que la capacité d'aimer étant infinie , l'homme
ne doit jamais la borner à rien de particulier ;
mais sa capacité d'entendre étant très-finie , il
ne peut pas s'appliquer également aux besoins
de tout le genre humain.

On renverse ce bel ordre, en confondant toujours deux choses tout-à-fait distinctes : le soin
que chaque être particulier doit avoir de se per-
fectionner et de se conserver, avec cet amour
d'estime et de préférence qu'il faut toujours
régler selon la perfection des objets. La conservation propre est le premier de tous les soins,
parce que nous ne pouvons pas songer à tout,
et que nous sommes plus immédiatement chargés de nous-mêmes, que de tout le reste du
genre-humain. L'amour-propre est le dernier de
tous les amours, parce que notre être borné
n'étant qu'une petite parcelle de ce grand univers avec lequel nous faisons un tout, il ne faut
pas rapporter la totalité de perfection à la partie,
mais la partie au tout. Nous devons songer plus
immédiatement à notre propre conservation,
qu'à celle d'aucun autre homme particulier
comme nous. Nous devons plus à notre famille
propre, qu'à une autre famille étrangère. Nous
devons plus à notre patrie, dans le sein de laquelle nous avons été instruits, élevés, et protégés pendant notre enfance, qu'à une autre
société particulière d'hommes, que nous n'avons
jamais vu. Toutes choses égales, nous devons
plus au particulier dont nous sommes immédiatement chargés par la nature ou la providence,
qu'au particulier auquel nous n'avons aucun
rapport. Mais quand il s'agit du bien particulier
comparé avec le bien général, il faut toujours
préférer le second au premier. Il n'est pas permis
de se conserver en ruinant sa famille, ni d'a-
grandir sa famille en perdant sa patrie, ni de
chercher la gloire de sa patrie en violant les

droits de l'humanité. C'est sur ce principe qu'est fondé ce qu'on appelle le *droit des gens* et *la loi des nations*. Comme les sujets de chaque état doivent être soumis aux lois de leur patrie, quoique ces lois soient quelquefois contraires à leur intérêt particulier ; de même chaque nation séparée, doit respecter les lois de la patrie commune, qui sont celles de la *nature* et des *nations*, au préjudice même de son intérêt propre et de son agrandissement. Sans cela, il n'y auroit point de différence entre les guerres justes et injustes ; les conquérans les plus ambitieux pourroient usurper le domaine de leurs voisins, et les états qui auroient le plus de force, seroient en droit de faire ce qu'ils font souvent contre toute loi et toute justice. Quelle différence entre ces idées et celles qui nous enseignent que l'univers n'est qu'une même république, gouvernée par un père commun ; que les rois de la terre sont soumis à la même loi générale, que les particuliers de chaque état ; que cette loi éternelle, immuable, universelle, est de préférer toujours le bien général au bien particulier !

Les libertins et les amateurs de l'indépendance, diront que ce n'est pas raisonner que d'introduire ainsi dans la politique les maximes de la religion. Mais je ne parle point de la religion révélée ; je ne parle que de ce respect de la divinité, qui est fondé sur la raison. Je n'admets ici aucuns principes que ceux qui se tirent de la lumière naturelle. Je ne dis que ce qu'ont dit avant moi tous les grands législateurs et philosophes, soit grecs, soit romains, savoir, qu'il est impossible de fixer les vrais principes de la

politique sans poser ceux de la religion. » Il y
» a eu des philosophes, dit Cicéron (a), qui
» nioient que les dieux s'intéressassent aux cho-
» ses humaines. Si leur opinion est vraie, où est
» la piété, où est la sainteté, où est la religion ?...
» et si l'on anéantit ces choses, tout tombe dans
» la confusion et le trouble ; car en détruisant
» le respect de la divinité, on détruit toute foi
» parmi les hommes, toute société et toute in-
» justice, la plus admirable de toutes les vertus. «

On objectera peut-être que tout ce qu'on a
dit de la loi naturelle, éternelle, immuable et
commune à toutes les intelligences, sont des
idées romanesques et chimériques ; que rien n'est
plus contradictoire que les sentimens et les coutumes des différens législateurs et des différens
peuples sur la loi naturelle ; que Platon vouloit
établir la communauté des femmes ; que Lycurgue sembloit approuver la prostitution ; que
Solon permettoit aux Athéniens de tuer leurs
propres enfans ; que les Perses épousoient leurs
mères et leurs filles ; les Scythes mangeoient de
la chair humaine ; les Gétuliens et les Bactriens
par politesse, permettoient à leurs femmes d'a-
voir commerce avec les étrangers : de sorte qu'il

(a) *De Nat. Deor. lib.* 1. Sunt enim philosophi et fuerunt
qui omninò nullam habere censerunt humanarum rerum
procurationem Deos. Quorum si vera sententia est, quæ
potest esse pietas? quæ sanctitas? quæ religio ?... quibus
sublatis perturbatio vitæ sequitur, et magna confusio. Atque quidem haud scio an pietate adversùs Deus sublata
fides etiam et societas humani generis, et una excellen-
tissima virtus justitia tollatur.

n'y a point de loi fixe et immuable de laquelle tout le monde convienne ; au contraire, dans chaque état, ce que l'un juge honnête, l'autre le condamne comme malhonnête.

Mais est-ce raisonner que de parler ainsi. Tous les hommes ne sont pas raisonnables, donc la raison n'est qu'une chimère ; tous n'aperçoivent pas, faute d'attention et de science, les rapports et les propriétés des lignes ; donc il n'y a point de démonstration géométrique ? L'homme, à la vérité, n'est pas toujours attentif à cette loi naturelle, il ne la suit pas même quand il la découvre ; mais la désobéissance et le défaut d'attention n'anéantissent point la force et la justice de cette loi. Elle n'est point fondée sur l'accord des nations et sur le consentement libre des législateurs, mais sur les rapports immuables de notre être à tout ce qui l'environne. Nous examinons ce que les hommes feroient s'ils étoient raisonnables, et non pas ce qu'ils font quand ils suivent leurs passions.

D'ailleurs, la plupart de ces abus ne sont que de fausses conséquences que les païens tiroient de cette grande loi que nous venons d'établir. Platon et Lycurgue ne prétendoient point favoriser les passions honteuses et brutales, mais ils permettoient le mélange libre des deux sexes, fait avec modestie dans un certain temps de l'année, afin que les enfans ne reconnussent point d'autre famille que la patrie, ni d'autres pères que les conservateurs des lois : maxime contraire à la sainteté de nos mariages, maxime cependant fondée, à ce que croyoient les législateurs, sur l'amour de la patrie. Ils se trom-

poient sans doute dans ces conséquences; mais
en se trompant, ils tendoient à cette loi éternelle,
et immuable que tous doivent suivre. Cicéron nous assûre que c'étoit le sentiment des
Platoniciens, des Stoïciens et de tous les sages
de l'antiquité, que » la loi n'a point été une in-
» vention de l'esprit humain, ni un règlement
» établi par les différens peuples, mais quelque
» chose d'éternel. Que cette loi a non-seulement
» précédé l'origine des peuples et des sociétés,
» mais qu'elle est aussi ancienne que la divinité
» même. Qu'elle n'a pas commencé d'être une
» loi quand elle a été écrite, mais qu'elle l'a été
» dès sa première origine; que son origine est la
» même que celle de l'esprit divin, parce que la
» vraie et souveraine loi n'est autre que la su-
» prême raison du grand Jupiter (a). «

____

(a) *Cic. lib. 1. et 2 de leg. et 4. de fin.* Hanc igitur video
sapientissimorum fuisse sententiam, legem neque hominum
ingeniis excogitatam, neque scitum aliquod esse populorum,
sed æternum quiddam quod universum mundum regeret
imperandi prohibendi que sapientia. Ita principem legem
illam et ultimam mentem esse dicebant. Omnia ratione
aut cogentis aut vetantis Dei. Ex quâ illa lex quam Dii
humano generi dederunt rectè est laudata....quæ vis (sive
lex) non modo senior est quam ætas populorum et civitatum
sed æqualis, illius cœlum atque terras tuentis et regentis
Dei...quæ non tum denique incipit lex esse cum scripta est,
sed tum cum orta est, orta autem simul est cum mente divinâ.
Quamobrem lex vera atque princeps apta ad jubendum et
vetandum ratio est recta summi Jovis.

CHAPITRE

CHAPITRE III.

L'homme naît sociable.

Je n'entends point ici par être sociable, vivre
ensemble, et se voir dans certains lieux et en
certains temps : les bêtes les plus féroces le sont
de cette sorte. On peut se voir chaque jour sans
être en commerce de société ; on peut vivre
séparé de tous les hommes, et être sociable. Par
société, j'entends *un commerce mutuel d'amitié.*
Or, tous les êtres raisonnables sont obligés, par
la loi immuable de leur nature, de vivre ainsi
ensemble.

    » Ceux qui ont une même loi commune,
» doivent être regardés, dit Cicéron (*a*), comme
» citoyens d'une même ville. L'univers, conti-
» nue-t-il, est une grande république, dont les
» dieux inférieurs et les hommes sont les ci-
» toyens, et le grand Dieu tout-puissant le
» prince et le père commun. «

    » Si la raison est commune à tous, la loi nous
» est commune aussi, dit l'empereur Marc-
» Antonin (*b*); la loi étant commune, nous

(*a*) *Cic.* 1. *lib. de leg.* Inter quos est communio legis ci-
vitatis ejusdem habendi ; sunt unde universus hic mundus
una civitas communis Deorum atque hominum existimanda

(*b*) *Lib.* 4, §. 4. Λόγος Κεῖνος. Εἰ τοῦτο καὶ ὁ νόμος Κοινός.
Εἰ τοῦτο πολῖται ἐσμέν. Εἰ τοῦτο πολιτεύματος τίνος μετέχομεν.
Εἰ τοῦτο Κόσμος ἐπάγει πόλις ἐστί.

M

» sommes concitoyens ; nous vivons donc sous
» une même police, et le monde entier n'est par
» conséquent que comme une ville. «

L'idée est belle et lumineuse, et nous montre
quel est le premier principe d'union et de société parmi les hommes. Toutes les intelligences
qui se connoissent, sont obligées de vivre dans
un commerce mutuel d'amitié, à cause de leur
rapport essentiel au père commun des esprits,
et de leur liaison mutuelle comme membres
d'une même république, qui est gouvernée par
une même loi. C'est ainsi que nous concevons
qu'il peut y avoir une société d'amour parmi les
pures intelligences, dont le bonheur commun
est augmenté par la joie et le plaisir noble et
généreux qu'a chacune de voir toutes les autres
heureuses et contentes. C'est ainsi que les dieux
inférieurs, pour parler comme les païens, ou
plutôt les hommes divins, affranchis des liens
corporels, peuvent, sans que nous nous en aper-
cevions, avoir de la société avec les hommes
mortels, en leur donnant des secours invisibles.

De-là est venue l'idée qu'avoient les païens
du commerce, qu'ils supposoient entre les divi-
nités et les hommes, et toutes ces fictions des
dieux, des demi-dieux, des déesses, des naya-
des, etc. qui protégeoient les humains, et con-
versoient avec eux dans les temps héroïques et
fabuleux. C'est ainsi que chaque homme, en
tant qu'il est un être raisonnable, indépendamment de son corps, et de ses besoins, doit se ré-
garder comme membre de la société humaine,
citoyen de l'univers, et partie d'un grand tout,
dont il doit chercher le bien général préférablement à son bien particulier.

Mais outre ce premier principe d'union et de
société, qui est sans doute le plus noble, il y
en a deux autres qui méritent d'être considérés:
l'indigence corporelle, et l'ordre de la génération.

L'indigence de l'homme est plus grande que
celle des animaux. Il naît foible et incapable de
se secourir et de demander aux autres ce dont
il a besoin. Tous les autres animaux, au bout de
quelques semaines, sont en état de se procurer
ce qui est nécessaire pour leur conservation.
L'homme, au contraire, pendant plusieurs années, languit dans un état d'enfance et de foiblesse; il ne vit qu'à demi; il est dans l'impuissance par lui-même de se garantir contre les
injures de l'air, contre la violence des animaux,
et contre les passions des autres hommes.

L'auteur de la nature a fait naître l'homme
ainsi indigent, afin de nous rendre la société
nécessaire. Il auroit pu créer chacun de nous
avec une suffisance de bonheur et de perfection,
pour vivre seul, séparé de tous les autres hommes; mais il ne l'a pas voulu, afin de nous
donner occasion d'imiter sa bonté communica-
tive, en contribuant mutuellement à notre bonheur, par les devoirs d'une amitié réciproque.

L'être souverain a lié les hommes ensemble
non-seulement par l'indigence et le besoin mutuel qu'ils ont les uns des autres, mais encore
par l'ordre de leur naissance. Il auroit pu créer
tous les hommes d'un même sexe tout à-la-fois,
et dans l'indépendance les uns des autres; mais
il ne l'a pas voulu, afin que les liens du sang
et de la naissance tinssent lieu de ceux de la

charité et de l'amitié, et que les uns contribuas-
sent à former et à fortifier les autres. Je ne parle
pas encore du pouvoir paternel, ni de l'ordre de
la génération, en tant qu'elle est une source
d'autorité, mais seulement en tant qu'elle est
une source d'union et de société. Par cet ordre
admirable de la propagation, les pères regardent les enfans comme une partie d'eux-mêmes,
et les enfans regardent leurs pères comme les
auteurs de leur existence, et ils sont disposés
par-là à se rendre les uns aux autres les devoirs
de tendresse et de gratitude, d'amour et de
respect.

Outre ce lien d'union que Dieu a formé
parmi les hommes par l'ordre de la génération,
il y en a encore un autre qui en résulte : c'est
l'amour de la patrie. Les hommes ne naissent
pas libres de s'assujettir à telle société qu'ils
voudront, ou de former de nouvelles sociétés
selon leur caprice. Ceux à qui nous devons
notre naissance, notre conservation, notre édu-
cation, acquièrent par-là un droit sur nous,
qui nous oblige à la reconnoissance, au respect,
à l'amour. La patrie n'est autre chose que *la
réunion de tous les pères de famille dans une
même société.* L'amour de cette patrie n'est pas
une chimère inventée par ceux qui ont envie
de dominer : il est fondé sur le respect paternel, et absolument nécessaire pour le bien de
la société ; car s'il étoit permis à chacun d'abandonner son pays, comme un voyageur qui passe
de ville en ville, selon son goût et sa commodité, il n'y auroit plus de société fixe et constante sur la terre.

Tous les hommes étoient originairement membres d'une même famille ; ils ne parloient qu'une même langue, ils ne devoient avoir tous qu'une même loi ; mais ayant perdu ce principe d'union qui les auroit rendu tous également citoyens de l'univers, il n'étoit plus à propos que le monde leur fût commun à tous. Pour les empêcher d'être errans et vagabonds sur la terre, sans ordre, sans union, sans règle, il étoit nécessaire de les fixer, et de les attacher à des sociétés particulières, par la différence des langues, des lois et des climats.

Les hommes naissent donc sociables par la loi commune et immuable de leur nature intelligente, par l'indigence corporelle et par l'ordre de la génération.

Loin d'ici toutes ces monstrueuses idées qui nous enseignent que l'homme n'est naturellement et originairement engagé à être sociable, que par la seule crainte d'être opprimé ; que s'il étoit sûr de ne rien souffrir lui-même, il pourroit vivre libre et indépendant de tous les autres ; que les sociétés ne se forment que par un contrat arbitraire, comme les compagnies de marchands qui s'associent librement pour faire le commerce, et s'en retirent quand ils n'y trouvent plus leur profit ! Il est vrai que la crainte, l'avarice, l'ambition et les autres passions, rendent le gouvernement et la subordination nécessaires ; mais être sociable, c'est un caractère essentiel de l'humanité.

CHAPITRE IV.

Les hommes naissent tous plus ou moins inégaux.

QUOIQUE les hommes soient tous d'une même espèce, capables d'un même bonheur, également images de la divinité, c'est cependant se tromper beaucoup que de croire cette égalité de nature incompatible avec une véritable subordination. Il est certain que les hommes diffèrent les uns des autres par leurs qualités personnelles. Leur être est d'une même espèce, mais leurs manières d'être sont infiniment différentes, et ces différences sont les fondemens d'une supériorité antécédente à tout contrat. Or ces différences peuvent être réduites à deux chefs généraux, la supériorité naturelle qu'il y a dans l'ordre des esprits, et la dépendance nécessaire qu'il y a dans l'ordre de la génération corporelle.

La sagesse, la vertu et la valeur, donnent un droit naturel à la préférence.

Par droit naturel, j'entends un pouvoir fondé sur la loi naturelle. Selon la loi naturelle, nul homme ne doit dominer sur un autre ; tous doivent se soumettre à la raison ; c'est elle seule qui a droit de commander ; donc ceux qui sont plus en état de découvrir ce qui est le plus raisonnable, c'est-à-dire *les plus sages* ; ceux qui peuvent le suivre malgré leurs passions,

c'est à-dire, les plus *vertueux*; ceux qui sont
en état de le faire exécuter aux autres, en leur
imprimant du respect et de la crainte, c'est-
à-dire les plus *courageux*, ont sans doute plus
de droit d'être choisis pour commander, que
les ignorans, les méchans et les foibles.

C'est ainsi que certains hommes, par la supériorité de leur esprit, par leur sagesse, leur
vertu et leur valeur, naissent propres à gouverner ; tandis qu'il y en a une infinité d'autres
qui, n'ayant point ces talens, semblent nés pour
obéir. L'ordre de la providence voulant qu'il
y eût un gouvernement, et par conséquent une
subordination, il falloit que l'ordre de la nature
y conspirât, et qu'il y eût une différence de
talens naturels pour soutenir cette subordination.

Mais outre cette supériorité qui vient des
qualités personnelles, il y en a une autre qui
vient de l'ordre naturel de la génération.

Les amateurs de l'indépendance tâchent
d'avilir le respect paternel, par plusieurs raisonnemens frivoles. » Nous ne devons rien, disent-
» ils, à nos pères pour avoir été les instrumens
» de notre naissance. Nos ames viennent immé-
» diatement de Dieu. L'intention de nos pères
» en procréant nos corps, a été plutôt de se
» procurer du plaisir, que de nous donner l'être. «

Le dessein plus ou moins désintéressé du bien-
faiteur, n'anéantit pas le bienfait. Quelle que
soit l'intention de nos parens en nous procréant,
il est certain que nos corps font partie de leur
substance. Ils sont les instrumens de notre existence, par conséquent nous devons toujours les
envisager comme les premières occasions de

tout le bonheur qui nous peut arriver. Nous devons souvent très - peu à la créature qui est l'instrument et la simple occasion des biens qui découlent de l'auteur de tous les biens , mais nous devons tout à son ordre. Or, son dessein, en établissant cet ordre de la généra-tion , n'a été que pour unir les hommes et les obliger à se rendre les uns aux autres les devoirs mutuels de tendresse et de reconnois-sance , d'amour et de soumission.

Le pouvoir paternel est encore fondé sur les obligations que nous avons à nos parens, pour la protection qu'ils donnent à nos corps et l'édu-cation qu'ils donnent à nos esprits. Par l'un, ils nous donnent les secours nécessaires dans la foiblesse extrême de notre enfance; par l'autre , ils nous rendent capables de connoître nos diffé-rens devoirs, quand nous sommes parvenus à l'âge de raison. Selon l'ordre divin et humain de la providence et de la police, les pères sont responsables à Dieu et aux hommes, de ce que font leurs enfans avant l'âge de la raison. Chaque père de famille , antécédamment à tout contrat, a donc un droit de gouverner ses enfans, et ils doivent par gratitude le respecter, même après l'âge de la raison, comme l'auteur de leur naissance et la cause de leur éducation.

Un état d'égalité et d'indépendance où tous les hommes auroient un droit égal de juger et de commander, seroit donc contraire à l'ordre de la génération, et absolument inconcevable ; à moins de supposer avec les poètes, que les hommes naquirent du limon comme les gre-nouilles, ou qu'ils sortirent de la terre comme les compagnons de Cadmus, tous à-la fois, avec toute la taille et toute la force d'un âge parfait. Cet état seroit aussi contraire à la raison, puisque les personnes les plus ignorantes et les plus incapables de juger, auroient autant de droit de commander et de décider, que les esprits les plus éclairés.

Cette égalité parfaite est absolument incompatible avec l'humanité aveugle et séduite par ses passions. L'homme qui aime l'élévation et l'autorité, ne restera jamais de niveau avec les autres, quand il pourra s'élever au-dessus d'eux. L'amour-propre rend chacun idolâtre de soi, et tyran des autres quand il le peut devenir impunément. Les plus grands partisans de cette égalité imaginaire, ont été toujours les maîtres les plus despotiques quand ils ont eu l'autorité en main. L'aimable égalité où la raison seule préside, ne peut pas subsister parmi les hommes corrompus. Les esprits superficiels et imaginatifs, peuvent s'éblouir par ces belles idées, mais une profonde connoissance de l'homme nous en détrompera.

CHAPITRE V.

De la nécessité d'une autorité souveraine.

Si les hommes suivoient la loi naturelle, chacun feroit par l'amour de la vertu, ce qu'il fait par crainte et par intérêt. On n'auroit pas besoin

de lois positives ni de punitions exemplaires.
La raison seroit notre loi commune, les hommes
vivroient dans une simplicité sans faste, dans
un commerce mutuel de bienfaits sans propriété,
dans une égalité sans jalousie ; on ne connoî-
troit d'autre supériorité que celle de la vertu,
ni d'autre ambition que celle d'être généreux
et désintéressé. C'est sans doute l'idée de cet
état si conforme à la nature raisonnable, qui
a donné occasion à toutes les fictions des poètes,
sur le siècle d'or et le premier âge de l'homme.

Les annales sacrées et profanes, nous montrent
que l'homme n'a pas suivi long-temps cette
loi naturelle ; notre expérience nous convain-
cra du moins qu'il ne la suit pas à présent.
L'amour-propre déréglé a rendu l'homme capable de deux passions inconnues même aux
animaux, l'avarice et l'ambition, un désir insatiable de s'approprier les biens dont il n'a
pas besoin pour sa conservation, et de s'attribuer une supériorité que la nature ne lui donne
pas.

A regarder l'humanité ainsi affoiblie et aveu-
glée par les passions, on ne voit dans les
hommes qu'une liberté sauvage, où chacun
veut tout prétendre et tout contester ; où la
raison ne peut rien, parce que chacun appelle
raison la passion qui l'anime ; où il n'y a ni
propriété, ni domaine, ni droit, si ce n'est celui du plus fort, et chacun le peut devenir
tour à tour.

Le gouvernement est donc absolument nécessaire pour régler la propriété des biens, et le
rang que chacun doit tenir dans la société, afin

que tout ne soit pas en proie à tous, et que chacun ne soit pas l'esclave de tous ceux qui sont plus forts que lui.

L'ordre demande que la multitude ignorante et méchante ne soit pas libre de juger par elle-même, et de faire tout ce qu'elle croit à propos. Il est absolument nécessaire, à moins de vivre dans une anarchie affreuse, où le plus fort fait tout ce qu'il veut, qu'il y ait quelque puissance suprême aux décisions de laquelle tous soient soumis.

Il faut donc nécessairement que tout gouvernement soit absolu. Je n'entends point par *absolu* un pouvoir arbitraire de faire tout ce qu'on veut, sans autre règle et sans autre raison que la volonté despotisque d'un seul ou de plusieurs hommes. A Dieu ne plaise que j'attribue un tel pouvoir à la créature, puisque le souverain être ne l'a pas lui-même. Son domaine absolu n'est pas fondé sur une volonté aveugle ; sa volonté souveraine est toujours réglée par la loi immuable de sa sagesse. Rejetons donc, avec un célèbre poete (*a*) de nos jours, ces monstrueuses idées d'un pouvoir arbitraire, qui enseignent

> Qu'un roi n'a d'autre frein que sa volonté même ;
> Qu'il doit immoler tout à sa grandeur suprême ;
> Qu'aux larmes, au travail, le peuple est condamné,
> Et d'un sceptre de fer veut être gouverné.

Par le pouvoir *absolu*, je n'entends autre chose

(*a*) Athalie de Racine.

qu'une puissance qui juge en dernier ressort.
Dans tout gouvernement il faut qu'il y ait une
telle puissance suprême ; car, puisqu'on ne peut
pas multiplier les puissances à l'infini, il faut
absolument s'arrêter à quelque degré d'autorité
supérieur à tous les autres, et dont l'abus soit
réservé à la connoissance et à la vengeance de
Dieu seul.

Or, quelle que soit la forme du gouvernement,
soit monarchique, aristocratique, démocratique,
ou mixte, il faut toujours qu'on soit soumis à
une décision souveraine, puisqu'il implique
contradiction de dire qu'il y ait quelqu'un au-
dessus de celui qui tient le plus haut rang.

Cette nécessité absolue, qu'il y ait parmi les
hommes une supériorité et une subordination,
est une preuve convaincante que le gouvernement en général n'est pas un établissement libre
dont on peut se dispenser. Rien ne seroit plus
pernicieux dans la pratique que ce principe.
Dans tout contrat libre, les contractans sont
toujours en droit de le rompre, quand l'un d'eux
manque aux conditions stipulées. Par-là, chaque
particulier devient libre et indépendant de l'autorité souveraine, quand elle lui fait injustice.
Il n'y a plus de gouvernement assuré. Ce n'est
pas la royauté seule qui est en danger ; les sé-
nats les plus respectables, et les républiques les
plus sagement établies, sont exposés sans cesse
à l'anarchie la plus affreuse.

Les formes du gouvernement peuvent être
indifférentes, et plus ou moins parfaites, mais
l'indépendance et l'anarchie étant absolument
imcompatibles avec les besoins présens de l'hu-

…manité, et tout-à-fait contraires à sa nature so‑
ciable, il faut nécessairement, pour conserver
l'ordre et la paix, que les hommes soient soumis
à quelque puissance suprême.

Par cette union du corps politique sous un
ou plusieurs magistrats souverains, chaque par‑
culier acquiert autant de force que toute la so‑
ciété en commun. S'il y a dix millions d'hommes
dans la république, chaque homme a de quoi
résister à ces dix millions, par leur dépendance
d'un pouvoir suprême qui les tient tous en bride,
et qui les empêche de se nuire les uns aux
autres. Cette multiplication de force dans le
grand corps politique, ressemble à celle de chaque
membre du corps humain. Séparez-les, ils n'ont
plus de vigueur ; mais par leur union mutuel'e,
la force commune augmente, et ils font tous
ensemble un corps robuste et animé.

La subordination et le gouvernement étant
nécessaires , voyons quelle est la source de
l'autorité souveraine.

CHAPITRE VI.

De la source de l'autorité souveraine.

Par l'autorité suprême, on entend *un pouvoir
de faire des lois, et d'en punir le violement même
par la mort.*

La souveraine raison a seule le droit origi‑
naire de borner la liberté de la créature par
des lois. Le créateur tout-puissant qui donne la

vie, a seul le droit de l'ôter. C'est Dieu seul,
dont le domaine sur l'être et sur le bien-être
de sa créature est absolu, qui possède pleinement et essentiellement le droit de la régler,
et d'en punir les déréglemens. Il n'y a donc
qu'une source primitive de toute autorité, c'est
la *dépendance naturelle* où nous sommes de l'empire de Dieu, comme souveraine sagesse et
comme auteur de notre être.

La nécessité absolue qu'il y ait sur la terre
quelque autorité suprême qui fasse des lois, et
qui en punisse le violement, est une preuve
aussi convaincante que Dieu, qui aime essentiellement l'ordre, veut que son autorité soit
confiée à quelques juges souverains, que s'il
l'avoit déclaré par une révélation expresse à
tout le genre-humain.

Le droit donc qu'ont une ou plusieurs personnes de gouverner préférablement aux autres,
ne vient que de l'ordre exprès de la providence.
Comme dans la physique et le naturel il y a
une action secrète et universelle du premier
moteur, qui est l'unique source de toute la
force, de tout l'ordre, de tous les mouvemens
que nous voyons dans la nature, de même dans
le gouvernement du monde il y a une providence souveraine et cachée, qui arrange tout
selon ses desseins éternels. Tous les momens
de notre existence sont liés avec une éternité
de siècles futurs, et tout ce qui se fait en chaque moment a rapport à ce qui peut arriver
dans tous les autres. La liberté intérieure de
la créature demeure parfaite, absolue, indépendante de toute prédétermination, de toute

prescience, de tout arrangement qui la contraint ou la détruit; mais l'état, le rang, les circonstances extérieures où chacun de nous se trouve, sont réglés avec poids et mesure. Tous les différens événemens qui paroissent aux hommes aveugles les effets du hasard ou de leur vaine sagesse, sont tellement enchaînés les uns avec les autres, qu'ils contribuent à accomplir les desseins du souverain être qui conduit tout à ses fins. Souvent même ce qui paroît le plus indigne de notre attention, devient le ressort des plus grands changemens. Le moindre mouvement d'un atôme peut causer des révolutions innombrables dans le monde. Un petit insecte venimeux voltigeant dans l'air, pique la main d'un jeune prince ; elle s'enflamme, l'inflammation augmente, l'enfant royal meurt: il s'élève des disputes sur la succession; l'Europe entière s'y intéresse; les guerres commencent par-tout; les empires sont renversés ; et le premier mobile de toutes ces révolutions, a été l'action d'un animal invisible.

Ce n'est donc pas par hasard que les uns naissent pauvres, les autres riches ; les uns grands, les autres petits; les uns rois, les autres sujets. Ce partage inégal des biens et des honneurs de ce monde est fait avec une sagesse infinie, qui sait ce qui convient à chacune de ses créatures.

Par là les grands ont occasion d'imiter la bonté divine en protégeant les petits, et les petits d'exercer la reconnoissance en rendant des services aux grands; et par ce commerce mutuel de bienfaits, les uns et les autres doivent entretenir l'union et l'ordre dans la société. La distinction des rangs attachée souvent à des

choses qui ne sont par elles-mêmes d'aucune valeur, doit empêcher les grands de mépriser
leurs inférieurs, et engager les petits à respecter
les grands, à cause que l'ordre veut qu'il y ait
une subordination parmi les hommes. Cette
inégalité de rangs, et ces dignités qui révoltent
souvent, quand on ne regarde que ceux qui
en sont revêtus, deviennent pourtant justes quand
on les considère comme des suites de l'ordre
établi pour conserver la paix de la société.

Violer les droits de la subordination établie
est donc un crime de lèse-majesté divine; vouloir renverser la supériorité des rangs, réduire
les hommes à une égalité imaginaire, envier
la fortune et la dignité des autres, ne se point
contenter de la médiocrité et de la bassesse de
son état, c'est blasphémer contre la providence,
c'est attenter sur les droits du souverain père
de famille, qui donne à chacun de ses enfans
la place qui lui convient. Voilà le fondement
sûr et immuable de toute autorité légitime.

Rien par conséquent n'est plus faux que cette
idée des amateurs de l'indépendance, que toute
autorité réside originairement dans le peuple,
et qu'elle vient de la cession que chacun fait
à un ou plusieurs magistrats, de son droit inhérent de se gouverner soi-même.

Cette idée n'est fondée que sur la fausse supposition que chaque homme né pour soi, hors
de toute société, est le seul objet de ses soins,
et sa règle à lui-même; qu'il naît absolument
son maître, et libre de se gouverner comme il
veut. Nous avons déjà vu que l'homme, antécédamment à tout contrat libre, à toute forme
de

de gouvernement, à tout consentement exprès
ou tacite, naît membre d'une société dont il
doit préférer le bien public à son bien particulier; et par conséquent, qu'il n'est ni son
maître ni sa loi à lui-même.

Il est vrai que le consentement libre ou forcé,
exprès ou tacite d'un peuple libre, à la domination d'un ou de plusieurs, peut bien être
un canal par où découle l'autorité suprême,
mais il n'en est pas la source. Ce consentement n'est qu'une simple déclaration de la volonté de Dieu, qui manifeste par-là à qui il
veut que son autorité soit confiée. C'est lui
seul qui préside souverainement aux conseils
des humains, qui les règle comme il veut, et
qui donne aux nations des maîtres pour être
les instrumens de sa justice ou de sa miséricorde.

Mais quoique la providence dispose des couronnes à son gré, cependant elle n'approuve pas
tout ce qu'elle permet. Il y a certaines lois générales qui nous sont des marques non-seulement
que Dieu permet les choses, mais encore qu'elles
sont dans son ordre. Ces lois générales sont
les fondemens de ce qu'on appelle droit civil,
et elles sont établies pour être les règles constantes de nos devoirs et les signes certains
de ce qui est de droit, et de ce qui ne l'est pas.

Or, dans la politique, ces lois générales sont
tous les établissemens compatibles avec l'ordre
et l'union de la société, qui étant de leur nature fixes et palpables, empêchent que la subordination ne soit détruite, et que la suprême
autorité, si nécessaire parmi les hommes, ne soit

sans cesse en proie à l'ambition de tous ceux
qui voudroient y aspirer.

Voyons quels sont les moyens de fixer l'autorité suprême, et remontons jusqu'à l'origine
des nations, et à la première institution des
sociétés civiles.

CHAPITRE VII.

De l'origine des sociétés civiles.

JE ne proposerai point ici l'autorité divine de
la bible ; je ne parlerai que de son antiquité,
qu'on ne peut récuser sans nous montrer quelque histoire plus autenthique.

Moyse, le plus ancien de tous les législateurs
et de tous les historiens, nous assure que tous
les hommes descendent de deux personnes unies
par le lien conjugal, et qu'après le déluge il
ne resta que la famille de Noé, qui, étant divisée en trois branches, se subdivisa encore
en des nations innombrables. Leurs enfans se
multipliant en plusieurs familles, se répandirent
sur la surface de la terre, la partagèrent entre
eux, et devinrent chacun père d'une nation
différente. La postérité de Japhet s'étendit dans
l'Europe, celle de Sem dans l'Asie, et celle
de Cham dans l'Afrique.

Si l'origine des autres nations étoit aussi claire
et aussi certaine que celle dont les saintes écritures font mention, les racines de toutes les
branches du genre-humain pourroient être re-
connues.

Les Grecs, dont les histoires sont les plus
anciennes et les plus authentiques de toutes
celles que nous connoissons parmi les païens,
nous ont donné la même idée de la propagation
du genre-humain et de l'origine des nations.
Les Pélasgiens, selon eux, sont descendus de Pé-
lasgus, fils de Jupiter ; les Helléniens, de Hellen,
fils de Deucalion ; les Héraclides, d'Hercule, etc.
Je suppose que les annales d'une antiquité si
reculée ne peuvent être que très-obscures, et
souvent fabuleuses. Je remarque seulement que
les historiens de tous les pays conviennent tous
à nous montrer que les différens peuples qui
couvrent la face de la terre, sont descendus de
différens enfans d'un même père, et que toutes
les nations se sont formées par la multiplication
d'un même tronc en plusieurs branches.

Rien n'est plus conforme que cette idée à
ce que nous voyons chaque jour dans tous les
pays du monde, où les différentes familles et
tribus font remonter leur origine jusqu'à un
père commun.

Toutes les traditions anciennes, tant sacrées
que profanes, nous assurent que les premiers
hommes vivoient long-temps. Par cette longueur
de la vie humaine, et la multiplicité des femmes
qu'il étoit permis à un seul homme d'avoir ,
un grand nombre de familles se voyoit réuni
sous l'autorité d'un seul grand-père. Chaque
père de famille se saisissant d'une portion de
terre encore inhabitée, la distribuoit entre ses
enfans ; et ces enfans s'emparant de nouvelles
possessions , à proportion qu'ils multiplioient en
nombre, la famille d'un seul homme devenoit

bientôt un peuple gouverné par celui que nous supposons avoir été le père de tous. Les plus vieux des enfans acquéroient l'autorité sur leur postérité, par les mêmes droits paternels que le père commun s'en étoit acquis sur eux : ils entroient en consultation avec lui, et avoient part à la conduite des affaires publiques. Tous les pères, soumis au père commun, gouvernoient, de concert avec lui, la *patrie*, la *nation* ou la *grande famille*.

Je ne dis pas que la seule paternité donne aux pères un droit inhérent sur la vie et la liberté de leurs enfans. Elle n'est point la source de l'autorité souveraine, mais elle est le premier et principal canal par où cette autorité découle sur les hommes. L'ordre de la génération soumet tous les enfans à la conduite de leurs pères, jusqu'à ce qu'ils soient parvenus à l'âge de raison ; et après y être parvenus, il est naturel de respecter ceux qui ont été les occasions de notre existence, les conservateurs de notre vie pendant l'enfance, et les causes de notre éducation. C'est ainsi que l'autorité paternelle s'est convertie dès le commencement en autorité souveraine. Car, comme il est absolument nécessaire qu'il y ait une puissance suprême parmi les hommes, il est naturel de croire que les pères de famille, accoutumés à gouverner leurs enfans dès leur bas-âge, étoient les dépositaires de l'autorité suprême, plutôt que les jeunes personnes sans expérience et sans aucune autorité naturelle.

C'est-là la première origine du gouvernement et de l'autorité des anciens, si respectée parmi les Juifs, les Spartiates, les Romains, et chez toutes les nations du monde, soit polies, soit barbares; c'est pour cela qu'anciennement on appeloit les rois *pères* dans presque toutes les langues; c'est pour cela enfin, que le mot de nation ne signifie qu'un grand nombre de familles descendues d'un même père.

Le genre-humain continuant à se multiplier de plus en plus, les familles se subdivisèrent toujours, et ne se trouvant plus soumises par l'autorité paternelle à un seul chef, de qui elles descendissent toutes, elles formèrent des sociétés différentes: les unes se tournèrent en état monarchique, par l'autorité que quelqu'un d'entre elles s'attira sur la multitude, ou par son courage, ou par sa vertu, ou par sa sagesse. D'autres craignant l'abus de l'autorité entre les mains d'un seul, la partagèrent entre plusieurs. D'autres enfin, voulant réunir tous les avantages de l'un et de l'autre gouvernement, en composèrent de mixtes de toutes les espèces, tous fondés sur la nécessité qu'il y ait quelque formes fixes, et qui ne soit pas sujette aux caprices de chaque particulier.

Ces formes ayant été une fois établies, il ne doit plus être permis de les changer. La même raison qui rend le gouvernement en général nécessaire, demande aussi que la forme en soit sacrée et inviolable. Comme les hommes seroient sans cesse en trouble s'il n'y avoit point de gouvernement, de même ils seroient toujours exposés à l'agitation, si les formes du gouvernement une fois établies pouvoient être changées au gré de chaque particulier, qui voudroit s'ériger en réformateur. Rien donc ne doit être plus sacré aux nations que la constitution primitive et fondamentale des états. Quelle que soit la forme du gouvernement, quels qu'en paroissent les défauts et les abus, s'il a été établi de temps immémorial, s'il a été confirmé par un long usage, il n'est plus permis aux particuliers de l'altérer ni de le détruire sans le concours de la puissance souveraine.

La raison en est, qu'il y a des dangers infinis de changer même les formes du gouvernement les plus imparfaites auxquelles un peuple est déja accoutumé, et de laisser aux sujets le droit d'entreprendre d'eux-mêmes ces changemens. Si on leur accorde une fois ce pouvoir, il n'y a plus de règle fixe pour arrêter l'inconstance de la multitude et l'ambition des esprits turbulens, qui entraîneront sans cesse la populace, sous le prétexte spécieux de réformer l'état et de corriger les abus. Le peuple donc ne peut pas changer une monarchie, en république, ni une république en monarchie, ni rendre électif un royaume héréditaire indépendamment du pouvoir légitime et suprême qui subsiste alors dans l'état. Le sénat et le peuple romain a pu donner la dictature perpétuelle à un seul homme, et le faire empereur; mais Sylla, Catilina et César, étoient usurpateurs, parce qu'ils voulurent s'emparer de l'autorité souveraine malgré le sénat, en qui résidoit la puissance suprême de la république romaine. Un roi absolu peut relâcher de ses prérogatives; mais si le peuple veut les lui arracher par force, il devient rebelle.

C'est que les hommes corrompus étant in-

capables, à cause de leurs préjugés, de leur
passions, ou des bornes naturelles de l'esprit
humain, de juger de ce qui est absolument
le meilleur en soi, il faut quelque principe
moins équivoque que la bonté apparente des
choses, pour fixer les droits de la société et
de la souveraineté, et ce ne peut être que
l'ancienneté des coutumes, ou le consentement
de la puissance qui tient le rang suprême dans
un état. Nous voyons que le grand législateur
des Juifs (a) *maudit celui qui change les bornes
de l'héritage de son prochain*; or les droits de
la souveraineté, les trônes et les empires, doivent être encore plus sacrés qu'un arpent de
terre.

Eclaircissons par ces principes le système de
ceux qui, donnant tout à la providence, soutiennent qu'un roi de fait est roi de droit; examinons ensuite les objections des anti-royalistes
contre le droit héréditaire; tâchons enfin de
réfuter les maximes pernicieuses des amateurs
de l'indépendance, sur la révolte contre ceux
qui abusent de l'autorité souveraine.

____

(a) Deut. 26, 17.

CHAPITRE VIII.

Du Roi de fait et de droit,

QUELQUES auteurs, respectables d'ailleurs, ont voulu soutenir que Dieu étant l'unique source de toute autorité, on doit non-seulement obéir à quiconque possède actuellement la souveraineté, mais encore reconnoître son autorité comme légitime, parce qu'elle est de permission divine. C'est ce qu'ils appellent être *roi de providence.*

La simple permission divine ne donne jamais aucun droit. Il faut être soumis à tout ce que Dieu permet, mais il ne faut pas l'approuver comme juste. Il y a une grande différence entre obéir au roi de providence, et reconnoître son droit comme légitime. Il faut sans doute payer les taxes qu'un usurpateur impose, obéir aux lois civiles qu'il fait, se soumettre généralement à toutes ses ordonnances qui sont nécessaires pour conserver l'ordre et la paix de la société ; mais il ne faut jamais que cette obéissance aille jusqu'à approuver l'injustice de son usurpation, beaucoup moins à jurer qu'il a droit à la couronne dont il s'est emparé par violence. » Il est certain, dit le célèbre Grotius, que les actes de » jurisdiction qu'exerce un usurpateur qui est » en possession, ont le pouvoir d'obliger, non » en vertu de son droit, car il n'en a aucun,

» mais parce que celui qui a le vrai droit sur
» l'état, aime mieux que les choses que l'usur-
» pateur ordonne, aient lieu dans cet intervalle,
» que de voir ses états dans une confusion dé-
» plorable, comme ils demeureroient sans doute
» si l'on en abolissoit les lois, et si l'on interrom-
» poit l'exercice de la justice. «

Les partisans d'un roi de providence ont
recours aux maximes du christianisme, pour
justifier leur opinion.

César, disent-ils, étoit un usurpateur ; cependant Jésus - Christ et ses apôtres ordonnèrent
d'obéir aux empereurs romains.

On pourroit répondre, selon le sentiment
des plus habiles historiens romains de ce temps-
là, que Rome ne pouvoit plus subsister sous la forme
d'une république. Il falloit nécessairement que
l'unité de la puissance suprême éteignît les
discordes et les guerres civiles qui arrivoient
sans cesse, entre les chefs de parti qui aspiroient
à la souveraineté. » Les provinces, dit Tacite,
» ne montroient pas de répugnance pour ce
» nouveau gouvernement, à cause que celui
» du sénat et du peuple leur étoit à charge par
» les querelles continuelles des grands, et l'ava-
» rice des magistrats, contre qui l'on imploroit
» en vain le secours des lois, qui cédoient à
» la force, aux brigues et à l'argent. « Le
gouvernement monarchique devenant nécessaire
pour le repos de Rome, il n'y avoit personne
qui eût plus de droit à la couronne impériale
que les Césars. Si cette réponse est trop vague,
en voici une précise.

Jules - César étoit usurpateur aussi bien que

son successeur Auguste ; mais je nie que Tibère, qui régnoit dans le temps de notre-Seigneur, et à qui il ordonnoit de payer le tribut,
fût usurpateur en aucun sens. César avoit changé
la forme du gouvernement par force, par violence et par des crimes atroces ; Auguste s'étoit
attiré l'autorité du sénat, des magistrats, et
des lois dans le temps de l'affoiblissement de
la république. Mais la cession plénière et libre
que firent les patriciens, les plebéiens, les che-
valiers romains, et tous les ordres, de l'autorité souveraine à Tibère, est un des actes des
plus authentiques de toute l'histoire. Rien n'est
plus remarquable que les refus que fit cet empereur, de la couronne impériale, et les supplications ardentes que lui fit le sénat à genoux,
de l'accepter. Quoique le caractère de Tibère
marque assez que ses résistances étoient feintes,
cependant la cession qu'on lui fit de l'autorité
souveraine étoit formelle et authentique. Il fut
donc proprement le premier empereur légitime,
parce qu'il fût choisi par ceux qui avoient un
véritable droit d'élection. Il changea la forme
du gouvernement de Rome, mais il le fit avec
le consentement de ceux en qui résidoit alors
le pouvoir suprême, je veux dire le sénat et
le peuple romain. Or, personne ne doute que
dans certains cas, la puissance souveraine d'un
état ne puisse changer la forme du gouvernement. C'est une voie légitime, compatible avec
l'ordre ; elle ne nous expose point à l'anarchie.
Mais dans les états où le pouvoir suprême n'est
pas le sénat, où les différens ordres, soit patriciens, soit plebéiens, ne sont que les conseil-

lers du prince, il est certain que leur pouvoir subalterne et subordonné ne peut jamais agir indépendamment de la puissance royale et suprême, sans exposer la république à l'anarchie la plus affreuse.

Il y a une autre espèce de politiques qui soutiennent que le droit héréditaire des couronnes est une chimère. C'est ce que nous allons examiner.

CHAPITRE IX.

Le droit héréditaire des terres et celui des couronnes, sont fondés sur le même principe.

PAR *droit* en général, on entend *le pouvoir de faire et de posséder certaines choses selon une loi.* La loi est ou *naturelle* ou *civile*, et par conséquent le *droit* est ou *naturel* ou *civil*.

La loi naturelle étant fondée sur la souveraine raison, elle est immuable, éternelle, universelle comme cette raison même. Si les hommes étoient en état de connoître et de suivre toujours cette loi, on n'auroit pas besoin de lois civiles; chacun auroit sa loi au-dedans de lui-même. Mais l'ignorance et la malice de l'homme, l'empêchant de découvrir et d'aimer cette pure loi de la nature, on est dans la nécessité d'établir des lois civiles, c'est-à-dire des règles de conduite accommodées aux circonstances particulières de chaque société , et aux besoins présens de l'humanité. Or ces règles n'ayant souvent aucun fondement dans la nature pure et primitive , le droit civil qui dépend de ces règles est souvent contraire au droit naturel.

Dans l'état présent de l'humanité , il faut souvent, pour détourner un grand mal, en souffrir un moindre. C'est par-là que les *lois civiles* qui sortent pour ainsi dire quelquefois de l'ordre de la raison par leur nature , y rentrent par la nécessité où l'on est de les établir, afin de mettre des bornes aux passions de l'homme. Je m'explique.

Nous sommes tous citoyens de l'univers, enfans d'un même père, frères par une identité de nature , et par conséquent nous naissons tous avec un droit égal à tout ce dont nous avons besoin pour notre conservation.

Selon ce principe, rien n'est plus contraire à la nature, que le partage inégal des biens, l'opulence exorbitante des uns, qui n'ont aucun mérite personnel, et la pauvreté affreuse des autres, qui sont infiniment estimables. Cependant, s'il étoit permis à chacun de se saisir de ce dont il a besoin, parce que tous y ont un droit égal selon la nature , la plupart des hommes se serviroient de ce principe pour devenir brigands et voleurs. Il seroit impossible de conserver l'ordre et la paix de la société , et l'on retomberoit sans cesse dans l'anarchie la plus affreuse.

Or, pour éviter ces inconvéniens, il faut qu'il y ait des lois civiles, comme les contrats et les successions, pour régler le partage des biens.

On doit raisonner de même sur l'autorité. Selon la loi naturelle, qui est celle de la droite raison, celui qui est le plus capable de découvrir ce qui est juste, de l'aimer et de le faire exécuter, c'est-à-dire, le plus intelligent et le plus vertueux, devroit sans doute, dans la distribution de l'autorité, être préféré à un autre moins sage et moins vertueux.

Mais parce que l'orgueil, l'amour de l'indépendance et les autres passions nous portent à nous préférer aux autres, il faut quelque règle moins équivoque que les qualités personnelles, pour fixer la possession de la *souveraineté*, afin qu'elle ne soit pas sans cesse en proie à l'ambition des hommes ; comme il a fallu des règles pour fixer la propriété des biens, afin qu'ils ne fussent pas toujours en proie à l'avarice des hommes.

De même il n'y a que la sagesse, la vertu et le mérite qui donnent par eux-mêmes un droit naturel à la préférence. Mais comme l'amour-propre nous pousse tous à juger en notre faveur, il falloit quelque signe fixe et palpable pour décider des rangs, afin de conserver la paix de la société. La distinction la moins exposée à l'envie est celle qui vient d'une longue suite d'ancêtres. C'est pour cela que dans presque tous les états, l'ancienneté des familles règle les dignités.

Je conclus de tout ceci, que le droit héréditaire de couronnes et celui de terres, n'ont à la vérité aucun fondement dans le droit naturel et primitif, mais ils sont tous deux fondés sur les mêmes principes du droit civil, et doivent être tous deux également inviolables dans

tous les pays où ils sont établis. S'il n'y a point
de différence entre un roi légitime et un usurpateur, il n'y en a point non plus entre un héritier naturel et un possesseur injuste, entre un
véritable propriétaire, et un voleur de grand
chemin. Les premiers occupans n'avoient point
de droit inhérent et naturel de transmettre à leur
postérité la possession des terres à l'exclusion de
tout le genre-humain. Les premiers souverains
et fondateurs des républiques n'avoient nul droit
de transmettre la royauté à leurs successeurs.
Mais si l'un et l'autre sont devenus nécessaires
pour prévenir les maux d'une nouvelle distribution des biens et d'une nouvelle élection
des princes en chaque siècle, si l'un et l'autre
ont été confirmés par un long usage et une
prescription de temps immémorial, c'est un aussi
grand crime de changer l'un que de changer
l'autre. On est injuste et ravisseur de voler le
plus simple meuble, de prendre quelque arpent
de terre ; sera-t-on juste de voler des couronnes
et de s'emparer des royaumes ? Le monde entier n'est devant Dieu qu'une même république.
chaque nation n'en est qu'une famille. La même
loi de justice et d'ordre qui rend le droit héréditaire des terres inviolable, rend le droit héréditaire des couronnes sacré.

Pour faire sentir l'absurdité des principes contraires, quittons un peu le style sérieux, et écou-
tons pour un moment les raisonnemens que ces
maximes inspireroient également à un fier républicain et à un voleur de grand chemin.

» Les rois, *dira le républicain*, ne sont que
» les dépositaires d'une autorité qui réside ori-

» ginairement dans le peuple. Les hommes nais-
» sent libres et indépendans. Mes ancêtres ont
» cédé leur droit inhérent de se gouverner eux-
» mêmes aux souverains, à condition que ces
» magistrats suprêmes gouverneroient bien. Le
» roi a violé le contrat originaire : je rentre dans
» mon premier droit, je le reprends, et je veux
» le donner à un autre qui en fera meilleur
» usage. Le droit héréditaire des couronnes est
» une chimère. Par quelle autorité les premiers
» princes ont-ils pu transmettre à leurs enfans
» un droit à l'exclusion du genre humain, et de
» mille autres, plus dignes de gouverner que
» leurs descendans ? Mes ancêtres ne pouvoient
» pas leur transférer, sans mon consentement,
» un pouvoir qui anéantit mon droit inhérent
» et naturel ; et certainement leur dessein, en
» confiant ce droit aux princes, n'étoit pas de
» rendre leur postérité misérable.
» Vous avez raison, *répond le voleur* ; c'est sur
» ces mêmes principes que je règle ma vie. Les
» riches ne sont que les dépositaires des pos-
» sessions qui appartiennent à tout le genre-hu-
» main. Les hommes naissent tous citoyens de
» l'univers, enfans d'une même famille ; ils
» ont tous un droit inhérent et naturel à tout ce
» dont ils ont besoin pour leur subsistance. Je
» suppose, avec vous que mes ancêtres et les
» vôtres ont fait, par un accord libre entre eux
» le partage des biens de la terre ; mais les miens
» ont prétendu sans doute que leur postérité se-
» roit pourvue de tout ce qui lui seroit néces-
» saire. Les riches ont violé ce contrat ; ils se
» sont emparés de tout, rien ne me reste. Je

» rentre dans mon droit naturel, je le reprends,
» et je veux me saisir de ce qui m'appartient
» par nature. Le droit héréditaire des terres est
» une chimère. Par quelle autorité les premiers
» occupans ont-ils pu transmettre à leur posté-
» rité un droit à l'exclusion de tous les hommes,
» souvent plus dignes que leurs descendans ?
» Mes ancêtres ne pouvoient pas transférer aux
» autres, sans mon consentement, un droit qui
» anéantit mon droit inhérent et naturel ; et
» certainement leur dessein dans la distribution
» originaire des biens, n'étoit pas de rendre leur
» postérité misérable. Puisque ces princes et ces
» magistrats, que vous appelez usurpateurs sur
» les droits de l'humanité, m'empêchent de
» jouir de ce qui m'appartient par nature, je
» veux soutenir mon droit, et faire main-basse
» sur le superflu de tous ceux que je rencontre.
» Or, comme je m'aperçois, brave tribun du
» peuple et digne partisan de la liberté natu-
» relle des hommes, que vous avez plus d'ar-
» gent qu'il ne vous faut, permettez-moi de
» vous dire qu'il appartient à vos frères, mes
» compagnons, et à moi, qui sommes dépourvus
» de tout. Faites-moi la même justice que vous
» voulez que les princes vous fassent. Ils ont
» violé vos droits naturels, vous empiétez sur
» les nôtres ; nous n'avons rien, vous avez beau-
» coup plus qu'il ne vous faut : nous sommes
» vos frères, nous vous aimons, nous ne vou-
» lons point votre vie, nous ne demandons point
» votre nécessaire ; partagez seulement entre
» nous ce dont vous n'avez pas besoin. «

Que diroit un anti-royaliste qui rencontreroit

sur le grand chemin un semblable voleur, poli,
honnête, et zélé pour les droits naturels de
l'humanité ? Je ne vois pas quelle autre réponse
il pourroit lui faire, que de lui donner sa bourse,
sans pouvoir se plaindre de la moindre injustice.
Qu'on me pardonne cette petite digression.
Ridendo dicere verum quid vetat ?

On dira peut-être qu'il seroit permis à chacun
de s'emparer du superflu des autres, s'il n'y
avoit pas des moyens légitimes établis, tels que
la succession, les contrats, le travail du corps ou
de l'esprit, pour devenir propriétaire des biens.

Je dis de même qu'il seroit permis à chacun
d'aspirer à la souveraineté, s'il n'y avoit pas des
moyens légitimes établis, tels que le droit héréditaire ou l'élection, pour parvenir à l'autorité
suprême. Nul homme ne naît roi par droit inhérent et naturel, à l'exclusion de tous les autres
hommes plus dignes que lui, j'en conviens ;
mais aussi nul homme ne naît propriétaire des
biens superflus par un droit inhérent et naturel,
à l'exclusion de tous les autres hommes plus
dignes que lui.

S'il y avoit un moyen fixe pour distribuer les
couronnes et les biens selon le droit naturel,
c'est-à-dire, selon la loi immuable de la parfaite
et souveraine justice, le droit héréditaire des
empires et des terres seroit injuste. Mais les
passions des hommes, et l'état présent de l'humanité rendant la chose impossible, il faut qu'il
y ait quelques règles générales pour fixer les
possessions des couronnes, comme pour fixer
celles des biens. Par-tout où le droit héréditaire est établi pour régler l'un et l'autre, il y a

autant d'injustice de changer l'un que de changer l'autre, sans le consentement du légitime
possesseur et du vrai héritier.

Mais, dira t-on, puisque le droit de propriété
et le droit de souveraineté sont fondés sur les
mêmes principes, la loi de prescription doit avoir
lieu dans l'un comme dans l'autre.

La possession donne sans doute le droit civil
aux couronnes comme aux terres, quand il n'y
a point de prétendant légitime ; mais s'il y en a
un, la possession est une usurpation. Le droit
de *domaine* et le droit de *domination* étant tous
deux fondés sur la nécessité de conserver l'ordre, l'ancienne possession de la souveraineté en
rend l'autorité légitime, par les mêmes raisons
que l'ancienne possession des terres en rend la
propriété légitime. La possession des terres, d'a-
bord injuste, devient légitime après un certain
temps, parce que la génération des hommes
variant sans cesse, et périssant toujours, on ne
peut pas remonter jusqu'au premier possesseur,
quand la succession est long-temps interrompue
et oubliée. Cela causeroit des troubles et des
désordres infinis dans la société. Les premiers
occupans n'avoient aucun droit inhérent et naturel de s'approprier plus que ce dont ils avoient
besoin pour leur subsistance, ni de le transmettre à leur postérité, à l'exclusion de tous les
autres hommes. C'est pour cela que le droit de
possession actuelle prend la place de l'acquisi-
tion originelle des premiers occupans, dont on
ne connoît plus les descendans. C'est pour la
même raison, qu'une conquête d'abord injuste,
devient juste après une longue suite d'années.

Mais tandis que le vrai héritier et le successeur immédiat en ligne directe, subsiste et réclame son droit, la loi de prescription ne peut avoir place dans les royaumes héréditaires, non plus que dans les possessions héréditaires.

CHAPITRE X.

La révolte n'est jamais permise.

LES amateurs de l'indépendance, et les républicains outrés, croient que le seul remède contre les abus de l'autorité souveraine, est de permettre au peuple de se soulever contre les princes injustes, de les déposer, et de les traiter en criminels. Ils avancent par-tout des principes qui, en attaquant le pouvoir arbitraire, font tomber dans l'anarchie. Rien n'est plus pernicieux que ces maximes ; en voici les raisons.

1°. Je suppose pour un moment avec eux, que la source de toute autorité vienne du peuple, et de la cession qu'il a fait de son droit naturel : il ne s'ensuit pas qu'il soit toujours en droit de le reprendre, après l'avoir donné une fois ; ce seroit retomber sans cesse dans le même inconvénient pour lequel il l'auroit donné. Un peuple ayant éprouvé les maux, les confusions, les horreurs de l'anarchie, donne tout pour l'éviter ; et comme il ne peut donner, de pouvoir sur lui qui ne puisse tourner contre lui-même, il aime mieux hasarder quelquefois d'être maltraité par un souverain, que d'être,

sans cesse exposé à ses propres fureurs. La révolte contre la puissance suprême d'un état,
après une telle cession, est une contradiction.
Si cette puissance est suprême, elle n'a point
de supérieure. Par quelle autorité sera-t-elle
jugée? Si le peuple est toujours juge souverain,
il n'a donc pas cédé son droit; s'il ne l'a pas
cédé, la multitude peut toujours s'abandonner
à ses caprices, sous prétexte qu'elle est le plus
grand nombre, auquel appartient, par droit inhérent, naturel et inaliénable, l'autorité souveraine. L'anarchie devient inévitable, parce que
chaque séditieux, qui peut assembler la plus
grande foule, prétendra être la puissance souveraine de l'état. Plus de lois, plus de principes
fixes, plus de constitution fondamentale; on
se gouvernera par la force. S'il falloit choisir
entre le despotisme et l'anarchie, il faudroit
sans doute préférer le premier au second. Le
successeur d'un tyran peut réparer les fautes
de son père; les beaux jours pourront refaire
ce que les mauvais auront gâté. Il y a toujours
quelque ressource contre les maladies du grand
corps politique, tandis que le principe de sa
vie n'est pas attaqué, tandis qu'il y a quelque ordre
et quelqu'autorité souveraine qui retient la multitude. Mais dans l'anarchie, il n'y a point de
ressource; chacun est l'esclave de tous ceux qui
sont plus forts que lui; chaque particulier devient tyran; la tyrannie se multiplie sans fin,
et en se multipliant, se perpétue. On ne peut
jamais l'arrêter ni la suspendre que par l'obéissance et la soumission à quelque autorité suprême,
qui ne soit responsable qu'à Dieu seul de l'abus
de sa puissance.

2°. Les embarras de la souveraineté sont plus grands que ceux d'aucun autre état. » La » condition privée cache les défauts naturels, » à cause qu'on n'est pas exposé à la vue » des hommes. Au contraire la grandeur et » l'élévation mettent tous les talens à une rude » épreuve. Le monde entier est occupé à ob- » server un seul homme à toute heure, et à » le juger en toute rigueur. Ceux qui le jugent » n'ont aucune expérience de l'état où il est, » et ils n'en sentent point les difficultés. Les » rois, quelque bons et sages qu'ils soient, sont » encore hommes. Leur esprit a des bornes, et » leur vertu en a aussi. Ils ont de l'humeur, » des passions, des habitudes dont ils ne sont » pas tout-à-fait les maîtres. Ils sont obsédés par » des gens intéressés et artificieux. La souve- » raineté porte avec elle toutes ces misères. L'im- » puissance humaine succombe sous un fardeau » si accablant. Il faut plaindre les rois, et les » excuser. Ne sont-ils pas à plaindre d'avoir à » gouverner tant d'hommes dont les besoins » sont infinis, et qui donnent tant de peines » à ceux qui veulent bien les gouverner ? » Pour parler franchement, les hommes sont » fort à plaindre d'avoir à être gouvernés par » des rois, qui ne sont que des hommes » semblables à eux; car il faudroit des dieux » pour redresser les hommes. Mais les rois, ne » sont pas moins à plaindre, n'étant qu'hommes, » c'est-à-dire foibles et imparfaits, d'avoir à gou- » verner cette multitude innombrable d'hommes » corrompus et trompeurs (a). « Les lois tolèrent

____

(a) Télém. liv. 12. pag. 247.

quelquefois les fautes des particuliers ; à combien plus forte raison est-il juste de souffrir
patiemment les fautes des souverains, et d'avoir
égard à l'emploi pénible et relevé dont ils sont
chargés pour notre conservation, aux embarras,
aux tentations et aux passions qui accompagnent l'autorité souveraine , où les moindres
bévues ont de grandes conséquences , et où
les plus légères fautes ont de violens contre-
coups ?

3°. Les affaires politiques sont souvent si obscures , si délicates , que non-seulement le commun peuple , mais même les personnes les plus
éclairées d'ailleurs , ne sont pas toujours capables
d'examiner si les mesures qu'on prend sont
justes et nécessaires , ou non. Les meilleurs et
les plus sages desseins ont souvent, un mauvais
succès ; au contraire les entreprises téméraires
et injustes réussissent quelquefois. Le peuple ne
juge que sur les apparences, et presque toujours
sur les évènemens. De plus , l'intérêt public
demande que les vues et les intentions des souverains soient tenues secrètes. Il est donc très-
difficile de juger quand le souverain a tort ou
non. » La bonté ou la malice d'une action ,
» dit le célèbre Grotius, sur-tout dans les choses
» civiles , sont souvent d'une discussion si diffi-
» cile , qu'elles ne peuvent pas être la règle
» pour marquer au peuple et aux rois les bornes
» ou l'étendue de leur autorité. Au contraire ,
» il en arriveroit véritablement un grand dé-
» sordre, puisque le roi d'un côté , et le peuple
» de l'autre , voudroient chacun décider de la
» même affaire ; ce qui causeroit une confusion

» qu'aucun peuple, au moins que je sache, ne
» s'est encore mis dans l'esprit de vouloir in-
» troduire. «

4°. Sans doute les lois seules doivent régner ;
sans doute le bien public doit être la règle immuable de ces lois ; sans doute les princes renversent le dessein de tout gouvernement, quand
ils agissent contre ce bien public. Mais s'il étoit
permis à chaque particulier d'expliquer les lois
à sa mode, de juger du bien public, de fixer
les bornes de l'autorité souveraine, on exposeroit
tous les gouvernemens à des révolutions perpétuelles, et l'on ne trouveroit plus de point
fixe dans la politique. Or, ce qui sappe le fondement de toute autorité, ce qui emporte avec
soi la ruine de toute puissance, et par conséquent de toute société, ne doit jamais être
admis comme un principe de raisonnement ou
de conduite dans la politique. Si la révolte cependant est une fois permise, il n'y a plus de
point fixe pour arrêter l'extravagance de l'esprit
humain. Si le peuple peut se révolter aujourd'hui
pour quelque raison que ce soit, il prétendra
trouver demain des raisons semblables pour se
révolter de nouveau. Comme l'opinion fait le
même effet dans l'esprit des hommes que la
vérité, toutes les fois qu'une partie du peuple
s'imaginera avoir raison de s'opposer aux puissances souveraines, elle se croira en droit de
prendre les armes. Il n'y a point d'autorité
infaillible dans la politique. Les meilleurs princes
font de grandes fautes. Si la révolte peut être
légitime, tous ceux qui ont conçu de la haine
contre les personnes des princes, tous ceux qui

ne trouvent pas le gouvernement à leur gré, tous ceux qui sont mécontens parce que l'autorité n'est pas entre leurs mains, ne cesseront de soulever le peuple chaque jour, et de flétrir les meilleurs princes du titre odieux de tyran. Tous les esprits hardis et ambitieux, qui sont capables de faire des brigues, et d'être chefs d'un parti, prendront de nouveaux prétextes de changer et de raccommoder la forme du gouvernement. Voilà l'anéantissement de tout ordre, et la source des révolutions tumultueuses, non-seulement dans chaque siècle, mais à chaque moment ; de sorte qu'il n'y auroit plus de société fixe et constante sur la terre, mais le monde retourneroit sans cesse dans une anarchie affreuse.

5°. En changeant les souverains, on n'est pas sur d'en trouver de plus modérés et de meilleurs que ceux qu'on dépose. » Croyez-vous, disoit » un sénateur romain (*a*), que la tyrannie soit » morte avec Néron ? On l'avoit crue éteinte » par la mort de Tibère et par celle de Caligula, et pourtant nous en avons vu un troi- » sième plus cruel qu'eux... (*b*). Claude avoit » donc bien raison de dire aux ambassadeurs » des Parthes, qui étoient venus lui demander » un meilleur roi que le leur, que de si fré- » quens changemens ne valoient rien, et qu'il » falloit s'accommoder le mieux qu'on pouvoit » aux humeurs des rois. Un ancien général d'armée se servit utilement de cette raison pour ramener des sujets rebelles. » Il faut supporter,

____

(*a*) Tacite, hist. liv. 4.

(*b*) Tacite, ann. 12.

» dit-il, le luxe et l'avarice de vos souverains,
» comme les stérilités, les orages et les désordres
» de la nature. Il y aura des vices tant qu'il y
» aura des hommes . mais le mal ne dure pas
» toujours, et est récompensé par les bons princes
» qui gouvernent de temps en temps (*a*). «

Tous les hommes ont leurs passions ; l'autorité souveraine est une grande tentation. Celui qui paroît aujourd'hui modéré, zélé pour la liberté, change bien ses idées quand il se voit élevé au plus haut faîte de la grandeur suprême. Tout homme porte en soi le principe de la tyrannie, qui est l'amour-propre. Les fréquens changemens ne sont donc pas un remède contre la tyrannie. Le tyran change, mais la tyrannie subsiste. On n'est pas sûr, en se révoltant, de trouver de meilleurs maîtres; mais on est sûr, en renversant les plus méchans princes, d'engager ses concitoyens dans les guerres civiles, dans les cabales, les factions et le trouble universel. L'amour de la patrie s'oppose donc au renversement de la subordination, et tout conspire à prouver que la révolte ne doit jamais être permise sous aucun prétexte.

Mais, dira-t-on, *salus populi suprema lex*. C'est la maxime favorite dont les amateurs de l'indépendance abusent.

Le bonheur du peuple est sans doute la suprême loi, et la fin de tout gouvernement ; mais ce bonheur ne consiste pas seulement dans l'affluence des fruits de la terre. Il y a des biens plus chers à l'homme, auxquels il doit sacrifier

______

(*a*) *Perilius Cerealis*, dans Tacite, hist.

ces biens inférieurs, qui lui sont communs avec les animaux. Tels sont la paix de la république, l'union des familles, et l'éloignement des guerres civiles, des factions, des cabales qui détruisent infiniment plus la patrie, que les impôts même les plus excessifs. Nul homme n'a un droit naturel, que précisément à ce qui lui est nécessaire pour sa conservation. Si le bien public demande qu'il donne le superflu, il ne peut pas se plaindre, puisqu'on ne lui ôte que ce à quoi il n'a point de droit par nature, pour lui conserver ce qui lui est plus important, savoir, la vie, la liberté, etc.

On ne prétend pas justifier la conduite inhumaine et barbare des souverains qui foulent le peuple en levant des impôts exorbitans. Ils lui ôtent souvent le nécessaire : ce sont des monstres de l'humanité qui sont inexcusables. Je soutiens seulement que si l'on ne peut pas arrêter leurs excès par des voies légitimes et compatibles avec l'ordre et la subordination, il faut les souffrir en patience. Je dirai toujours avec Narbal dans Télémaque, en parlant de Pygmalion, dont le portrait nous représente le plus exécrable des tyrans : » Pour moi je crains les dieux ; quoi » qu'il m'en coûte je serai fidèle au roi qu'ils » m'ont donné ; j'aimerais mieux qu'il me fît » mourir que de lui ôter la vie, et même de » manquer à le défendre. « Rien n'est plus affreux que la tyrannie, quand on n'envisage que les tyrans ; mais cette difformité disparoît, quand on regarde la suprême providence, qui se sert de leurs désordres passagers, pour accomplir son ordre éternel. Ce seroit donc se révolter contre Dieu même, que de se révolter contre les puissances qu'il a établies, quand même elles abusent de leur autorité.

Cette réflexion nous mène naturellement à considérer si la religion peut être un prétexte de révolte. Les faux dévots de toutes les religions et de toutes les sectes crient tous d'une voix commune : *Religio sancta summum jus.* Cette opinion vient d'une fausse idée de la religion, comme l'autre opinion vient d'une fausse idée du bonheur du peuple. Rien n'est plus grand ni plus noble que la religion ; rien n'est plus bas ni plus méprisable que l'idée qu'en ont communément tous ceux qu'on appelle dévots. Les hommes n'entendent point ce que c'est que la religion, quand ils la font consister uniquement dans le culte extérieur. Ce culte en est l'expression, et non pas l'essence.

L'essentiel de la religion consiste dans le sacrifice de l'esprit et de la volonté, pour croire tout ce que Dieu veut que nous croyons, et pour aimer tout ce qu'il veut que nous aimions. Cette religion subsiste dans le cœur, quand même on ne pourroit pas l'exprimer extérieurement. Nul souverain, nulle créature visible ni invisible, nulle loi, nulle peine ne peut la mettre dans le cœur ni l'en ôter.

Il n'est pas extraordinaire que les ames foibles, enthousiastes ou superstitieuses, qui font consister toute la religion dans la profession de certains formulaires, ou dans la pratique de certaines cérémonies, s'imaginent qu'on peut leur ôter leur religion comme on leur ôte leur habit ou leurs biens. Les fourbes et les politiques les engageront facilement à prendre les armes, en leur persuadant qu'il s'agit du salut de la religion ; mais ceux qui savent que la vraie piété consiste à croire, à penser et à aimer comme Dieu veut que nous pensions, que nous croyons, et que nous aimions, ne se révolteront jamais contre les puissances légitimes. La foi et la charité sont indépendantes de toute contrainte extérieure ; elles se perfectionnent dans le temple du cœur, quand la violence nous empêche de les exprimer au dehors. Alors on souffre pour elles et par elles, et la croix en est l'exercice le plus parfait.

Quand un prince veut nous forcer à l'observance d'un culte qui nous paroît contraire à ce que nous devons à la divinité, nous ne sommes pas obligés à lui obéir, mais nous ne devons pas nous révolter. La seule ressource est de souffrir les peines qu'il nous impose ; car, quoiqu'il ne soit jamais permis de se révolter contre les puissances suprêmes, il n'est pas permis cependant d'obéir à toutes leurs volontés impies et déraisonnables.

Il y a une grande différence entre l'obéissance active, qui nous rend ministres du mal, et l'obéissance passive, qui fait souffrir ce qu'on ne peut empêcher sans troubler l'ordre et la subordination établis.

Mais, dira-t-on, si l'on peut mettre fin à la tyrannie par la mort d'un seul homme, si l'on peut sauver la patrie en immolant le tyran, ne faut-il pas préférer le bien général à la vie particulière d'un seul monstre de l'humanité ?

Quand les souverains s'accoutument à ne

connoître d'autres lois que leurs volontés absolues, ils sappent le fondement de leur autorité.
Il viendra une révolution soudaine et violente,
qui, sous le prétexte de ramener dans son cours
naturel cette puissance débordée, souvent l'a-
battra sans ressource. Le peuple se révoltera
tôt ou tard, et Dieu s'en servira comme d'un
instrument de sa justice pour punir les méchans
princes. Mais ces déréglemens funestes que Dieu
ne fait que permettre, seront-ils la règle fixe et
constante des sages et des bons citoyens ? D'un
côté, les monarques doivent savoir que le despotisme tyrannique entraînera inévitablement la
ruine de leur pouvoir. D'un autre côté, les sujets
doivent reconnoître que c'est le devoir de tout
bon citoyen, de souffrir plutôt que de se révolter, quand il ne peut pas empêcher l'abus de
l'autorité souveraine, sans courir risque de renverser toute subordination, et de réduire tout à
l'anarchie par la rebellion.

Si l'on étoit sûr de conserver la paix et l'ordre
de la société, et de remédier aux maux de la
patrie en immolant un seul homme, les lois
de la simple politique demanderoient peut-être
ce sacrifice. Mais peut-on être sûr, en se révoltant, que c'est l'amour de la patrie qui nous
anime ; que le prince est vraiment tyran ; que
ses fautes sont inexcusables ; que sa mort re-
médiera à nos maux, qu'on trouvera un meilleur prince pour régner après lui, et enfin que
cet exemple de révolte, pour une cause même
légitime, ne fournira pas aux passions effrénées
de mille autres hommes, un prétexte de faire
de nouvelles révoltes sans raison, et par-là de

sapper le fondement de toute société ? Faut-il, pour guérir les maux du corps politique, se servir d'un remède violent, qui ne réussira peut-être pas, et dont la réussite pourroit causer des abus qui iroient à la destruction de tout gouvernement ?

Mais, supposé que selon la politique, c'est-à-dire, selon les lois du bien présent et actuel de la société, la révolte fût permise, elle seroit cependant contraire à la religion naturelle, qui est le fondement de toute vraie politique.

Je parle en philosophe qui ne reconnoît aucun systême de religion révélée, mais qui respecte cette Providence suprême, de qui seule la souveraineté dérive. Les couronnes, les empires et le gouvernement des républiques n'étant pas donnés au hasard, il faut respecter ceux à qui Dieu les donne, même quand ils abusent de leur autorité.

Je ne parle pas de ceux qui usurpent la souveraineté par la simple permission de la providence, mais de ceux à qui le souverain maître donne l'autorité suprême, selon les lois générales établies et nécessaires pour conserver l'ordre de la société, comme est par exemple le droit héréditaire.

Dieu ne laissera pas le peuple éternellement opprimé par un mauvais gouvernement, comme il ne troublera pas l'univers par de continuelles tempêtes. On doit donc supporter les mauvais princes, par respect pour cette providence suprême, qui connoît jusqu'où il veut permettre aux tyrans de châtier une nation.

Tous les argumens des amateurs de l'indépen-

dance, n'ont de force qu'en niant toute providence, en croyant le monde abandonné au hasard, et en rejetant je ne dis point la religion
révélée, mais le pur respect de la divinité, où
le vrai philosophe trouve la source de tous ses
devoirs.

Il est vrai que dans toutes sortes de gouvernemens, monarchique ou mixte, absolu ou li-
mité, héréditaire ou électif, il doit toujours être
permis de représenter les griefs de la nation,
dans le cas d'une oppression universelle qui
menace de ruine la république. C'est un devoir
de la loi naturelle, d'exposer l'état du peuple à
leur père commun, qui, étant assiégé par ses
courtisans artificieux, ne peut pas connoître le
détail de la nation, ni voir par ses propres yeux
tous les maux qui l'accablent. C'est pour cela
que l'empereur Constantin fit cette admirable
loi : » Si quelqu'un, dit-il, de quelque lieu,
» de quelque ordre, de quelque dignité qu'il soit,
» peut prouver que quelqu'un de mes juges,
» de mes confidens, de mes amis ou de mes
» courtisans, ait agi injustement, qu'il me
» vienne trouver sans crainte et en toute sureté ;
» qu'il me demande hardiment ; je l'écouterai
» moi-même, j'examinerai l'affaire, je me ven-
» gerai de celui qui ma trompé par une fausse
» apparence de justice, et je comblerai de biens
» et de dignités celui qui m'aura découvert ces
» trompeurs (a). «

Il n'est jamais au-dessous de la majesté souveraine, d'écouter les plaintes respectueuses de

---

(a) Lib. Cod. Théodof. de Accusat.

son peuple, de juger entre eux et ses ministres injustes. Il est le père du peuple. Ce n'est pas violer le droit paternel, que de lui remontrer ce qu'il ne peut pas toujours apprendre par lui-même. » Il n'y a point d'autre remède, dit un » illustre magistrat du siècle passé (a), quand » l'affection des sujets est aliénée d'un prince, » que de convoquer les états-généraux d'un » royaume, selon la coutume en France. C'est » dans ce tribunal seul qu'on peut écouter et sa- » tisfaire aux plaintes de toute une nation. Dans » ces assemblées publiques, les sujets entrent » en conférence avec leur prince, lui exposent » leurs griefs, et se soumettent ensuite sans mur- » mure, à porter avec patience et soumission » le joug, non pas du roi, mais de la nation, » accablée sous le poids de ses besoins. «

Qu'on ne se plaigne donc pas si facilement des princes ; ils sont souvent de bonne foi dans leurs démarches les plus injustes ; mais étant trompés et assiégés par leurs ministres, ils ne peuvent découvrir la vérité. Qu'on s'accuse soi-même de ce qu'on n'a pas le courage de dire la vérité aux souverains. L'amour de la patrie est presque éteint, chacun ne songe qu'à soi ; et si l'on peut s'agrandir soi-même, l'on ne se soucie pas que les autres souffrent. Les états périssent plutôt parce qu'il y a peu de bons citoyens, que parce qu'il y a souvent de mauvais souverains

On ne doit jamais prendre les armes contre les souverains légitimes ; nous l'avons vu. Quel-

____

(a) Hist. de M. de Thou, lib. 25.

que

que bonnes que soient les intentions des sujets,
quelque grandes que soient les extrémités où
ils sont réduits, le remède est toujours fatal,
parce qu'il ouvre la porte à des désordres encore
plus funestes que ceux dont on voudroit se délivrer. Mais s'il n'est jamais permis de prendre
les armes, combien est-il plus monstrueux de
s'en servir contre la personne même du roi?
Quand il seroit permis de se tenir sur la défensive pour empêcher les abus de son autorité, il
seroit-toujours pernicieux de se servir de ce
violent remède à autre dessein que pour écarter
du trône les ministres lâches et empoisonneurs
qui corrompent les princes, et pour avoir un
libre accès auprès de la sacrée personne du roi,
afin de l'instruire de l'état de la nation. Si-tôt
que les sujets en approchent, ils ne peuvent que
lui représenter leurs griefs, lui marquer avec
respect que la nécessité, qui n'a aucune loi, les
a obligés de s'adresser à lui-même. Il faut qu'ils
se tiennent au pied du trône; il n'est pas permis
de monter plus haut. Ils n'ont aucun droit de
juger ni de punir le père de la patrie. Il a fait
des fautes, il a été entraîné par ses propres passions ou par celles de ses courtisans; mais c'est
toujours un père, le dépositaire de l'autorité divine, la source de l'ordre et de la subordination;
ses crimes ne donnent aucun droit sur sa vie.

La souveraineté étant exposée à beaucoup de
haines, à des tentations violentes, à des bévues
souvent involontaires, qui ont des conséquences
affreuses que les souverains ne prévoient point,
il faut munir leurs personnes d'une sureté par-

riculière. C'est le sentiment unanime de toutes
les nations.

Selon Quinte-Curce, » les peuples qui vivent
» sous les rois ont la même vénération pour le
» nom royal que pour une divinité. « Artaban
Parsan disoit » que la meilleure de toutes les
» lois, est celle qui ordonne d'honorer et de
» révérer le roi comme l'image de Dieu, con-
» servateur de toutes choses. « Et Plutarque sur
Agis dit » que c'est une action impie d'attenter
» sur la personne du roi, quelles qu'aient été ses
» fautes : « tant il est vrai que, selon l'aveu de
toutes les nations, les personnes des rois doivent
être inviolables.

C'est ainsi qu'il faut supporter avec modération & respect, le père commun de la patrie
dans ses fautes : c'est ainsi qu'il faut tâcher d'a-
doucir la fureur des tyrans, sans nous rendre
tyrans à notre tour, en manquant à ce que nous
devons. Ils ne méritent aucun ménagement ;
mais l'autorité divine dont ils sont les dépositaires, & la nécessité absolue de regarder cette
autorité comme inviolable, pour l'amour même
de la patrie, doivent nous faire respecter le pouvoir qui réside en eux. S'il est jamais permis de
déposer et de punir les souverains, vous four-
nissez un prétexte aux ambitieux de renverser,
quand ils le peuvent, l'autorité royale ; vous ex-
posez toutes sortes de gouvernemens à des révolutions subites, et vous livrez souvent les meilleurs princes à la rage d'une populace.

Je ne parle point du cas d'un délire manifeste,
quand un souverain tue ses sujets pour se diver-
tir, comme ce roi de Pegu qui, par l'instigation

de ses magiciens, défendit à ses sujets de culti-
ver la terre, de sorte que le peuple fut réduit
par la famine, à se manger les uns les autres.
Dans les cas de folie évidente, il ne faut pas des
juges supérieurs pour déposer les princes; une
consultation des médecins suffit pour engager le
corps de la nation à lier les mains à un tel souverain, comme on feroit à un père frénétique.
Mais dans ces cas même, il faut conserver un
respect inviolable pour la personne du prince.

Si les sujets suivoient cette conduite avec leurs
princes, on préviendroit les trois grands maux
qui causent la ruine des états, l'oppression totale
& absolue du peuple, l'assassinat sacrilége &
impie des souverains, & les usurpations injustes.

Au reste, je ne parle ici que de l'obéissance
due à la puissance suprême d'un état; car si ceux
qui gouvernent ne sont que les simples exécuteurs des lois, & nullement les législateurs souverains, il y a toujours quelque ressource contre
les abus de leur autorité. Ceux en qui réside le
pouvoir suprême, peuvent & doivent les punir.
Mais quand une fois cette autorité suprême est
fixée par la constitution fondamentale de l'état,
dans la personne ou les personnes d'un seul,
d'un petit nombre ou de plusieurs, il n'est plus
permis de se révolter.

Ce que nous venons d'avancer ne se borne
point à la royauté toute seule, comme si nous
en étions les idolâtres. La conspiration de Catilina contre le sénat romain, n'étoit pas moins
criminelle que celle de Cromwell contre le roi
d'Angleterre. Tous les états, de quelque espèce

que soit leur gouvernement, ont un intérêt puissant de favoriser les principes d'obéissance que nous venons d'établir. Notre dessein n'est pas de mépriser aucune forme de gouvernement légitime, mais de les faire respecter toutes comme sacrées & inviolables, & d'inspirer l'amour de la paix & de la soumission, comme étant les vertus, non-seulement des bons citoyens, mais des vrais philosophes.

CHAPITRE XI.

Des parties de la Souveraineté, de son étendue et de ses bornes.

L'AUTORITÉ souveraine suppose un pouvoir d'empêcher les désordres & les violences, soit du déhors, soit du dedans, qui pourroient détruire la société. Pour parvenir à cette fin, il faut que le souverain ait trois sortes de droits.

1°. Le droit de marquer aux sujets des règles de conduite qui instruisent chacun de ce qu'il doit faire ou ne pas faire pour conserver la paix de l'état, & ce qu'il doit souffrir s'il manque à l'observation de ces lois. C'est ce que les politiques appellent *le pouvoir législatif.*

2°. Il ne suffit pas de prévenir les maux intérieurs du grand corps politique; il faut aussi le défendre contre les violences qui viennent du déhors, par un pouvoir d'armer les citoyens contre tous ceux qui veulent les attaquer. C'est ce qu'on appelle *le pouvoir de faire la guerre et la paix.*

3°. Les besoins de l'état demandent nécessairement des frais considérables, soit dans le temps de guerre, soit dans le temps de paix. Il faut que les souverains aient le pouvoir de lever des impôts, et d'obliger les citoyens de contribuer ce qui est nécessaire pour satisfaire aux besoins de la patrie.

Par ces différentes prérogatives, les souverains acquièrent trois sortes de droits sur les sujets : droit sur leurs *actions*, droit sur leurs *personnes*, droit sur leurs *biens*. Mais Dieu, de qui l'autorité souveraine émane, ne donne pas ce pouvoir pour que ceux qui en sont revêtus en usent selon leur fantaisie. Il a eu une fin en confiant à l'homme une autorité si étendue : cette fin est la règle et la loi suprême selon laquelle il faut user de ces droits ; et cette loi ne peut être que le *bien public.*

La règle pour juger du vice et de la vertu, est la même dans la *politique* et dans la *morale*, dans les sociétés entières comme dans chaque individu. L'homme est toujours criminel, quand il agit par une volonté propre qui ne se rapporte qu'à lui-même. Il est toujours vertueux, quand sa volonté se règle par l'amour du bien universel, du bien en soi, de ce qui est bien pour tous les états raisonnables. De même dans la politique, les souverains ne pèchent jamais, quand ils n'ont d'autre loi que le bien public ; mais tout souverain qui agit uniquement pour ses intérêts propres, sans égard au bien commun de la société, est un tyran.

Les souverains n'ont point de juges sur terre au dessus d'eux pour les punir, mais ils ont en tout temps une loi au-dessus d'eux pour les régler. » De qui est-ce, dit Plutarque (*a*), » que peut dépendre le prince ? Je réponds, » qu'il est soumis à cette loi vivante que Pindare appelle le roi des mortels et des immortels, » laquelle n'est pas écrite dans des livres ou » sur des planches, puisqu'elle n'est autre chose » que la *raison*, qui habite toujours au-dedans de » lui, qui l'observe incessamment, et qui ne » laisse jamais son ame dans l'indépendance. « Delà il suit,

1°. Que les souverains n'ont aucun droit sur les actions des sujets, qu'autant qu'elles regardent le *bien public* de la société, et l'avantage de l'état. Ils n'ont aucun droit sur la liberté de l'esprit ou de la volonté des citoyens ; leur pouvoir ne s'étend qu'aux actions extérieures. Nul souverain ne peut, par exemple, exiger la croyance intérieure de ses sujets sur la religion. Il peut empêcher l'exercice public, ou la profession ouverte de certaines formules, opinions ou cérémonies qui troubleroient la paix de la république, par la diversité et la multiplicité de sectes ; mais son autorité ne va pas plus loin. C'est aux puissances ecclésiastiques établies par Dieu pour instruire les nations qu'il appartient de montrer par la voie de persuasion, que la souveraine raison a ajouté à la loi naturelle, une loi surnaturelle ; et on doit laisser les sujets dans une parfaite liberté d'examiner, chacun

____

(*a*) Plut. de principe indocto.

pour soi, l'autorité et les motifs de crédibilité
de cette révélation. » La religion vient de Dieu,
» comme dit un auteur célèbre; elle est au-dessus
» des rois : si les rois se mêlent de la religion
» au lieu de la protéger, ils la mettent en
» servitude (a). «

2°. Les souverains n'ont aucun droit sur les
personnes de leurs sujets, qu'autant qu'il est
nécessaire pour le bien public. La souveraineté
dérive immédiatement de Dieu ; ses droits ne
doivent jamais contrarier les desseins pour lesquels Dieu l'a donnée. Dieu ne la peut donner
pour être l'exécutrice de l'injustice, de la violence, de la cruauté, et de toutes les autres
passions brutales et inhumaines des souverains
barbares et ambitieux. Lui seul a droit sur la
vie de ses créatures ; il n'a communiqué ce
droit que pour conserver l'ordre et empêcher
le violement des lois : donc nul souverain ne
doit ôter la vie des sujets, qu'autant que le
sujet est convaincu par les lois mêmes, de les
avoir violées. Voilà ce qu'on appelle la *liberté
des sujets*, qui doit être sacrée et inviolable
aux princes.

3°. Les souverains n'ont aucun droit sur les
biens particuliers du sujet, qu'autant que cela
est nécessaire pour le bien public. Le droit
héréditaire des terres et le droit héréditaire
des royaumes étant fondés sur les mêmes principes, détruire l'un c'est attaquer l'autre. Voilà
ce qu'on appelle le droit de *propriété*.

Quand le bien public le demande, les souverains peuvent punir les actions, sacrifier les
personnes, se saisir des biens des particuliers,

parce que la liberté, la conservation et le bien public de la société, doivent être préférés à la liberté, la conservation et la propriété particulière d'un ou de plusieurs sujets. Les souverains ne sont que les conservateurs des lois les exécuteurs de la justice, les pères et les tuteurs du peuple. Toute action qui n'est pas une suite nécessaire de ces qualités, est un abus de l'autorité souveraine. Toute loi faite, toute guerre déclarée, tout impôt levé dans une autre vue que celle du *bien public*, est un violement des droits essentiels de l'humanité. Tous les hommes étant d'une même espèce, membres d'une même république et d'une même famille, nulle créature semblable à eux, ne peut par aucun droit, soit inhérent, soit communiqué, les priver de leur être ou de leur bien-être, sans que cela soit nécessaire pour le bien commun de la société.

Mais comme il faut, pour le repos et la conservation de la société, qu'il y ait un juge en dernier ressort de ce que demande le bien public, il faut nécessairement que les dépositaires de l'autorité suprême en décident souverainement, sans quoi, en voulant se garantir contre les abus de l'autorité, on détruiroit tout principe fixe d'autorité, et l'on tomberoit dans l'anarchie, le plus grand de tous les maux sans comparaison.

Tels sont les droits de la souveraineté nécessaires pour empêcher la ruine de la société ; telles sont les bornes de la souveraineté nécessaires pour empêcher les abus de l'autorité. Pour conserver l'ordre, il faut que les hommes soient soumis à d'autres hommes, foibles, faillibles et sujets à des passions innombrables. Il est donc impossible de choisir aucune forme de gouvernement qui ne soit pas exposée à mille malheurs et à mille inconvéniens. En évitant les maux affreux de l'anarchie, on court risque de tomber dans l'esclavage ; en vivant sans gouvernement, on peut devenir sauvage ; en vivant sous le gouvernement, on peut devenir esclave. Triste état de l'humanité, mais sage établissement de la providence, pour nous détacher de la vie, et nous faire aspirer à une autre, où l'homme n'est plus sujet à l'homme, mais à la raison souveraine !

CHAPITRE XII.

Des différentes formes de gouvernement.

LE dessein de tous les sages législateurs, et le but de tous les différens systémes de politique, a été de régler l'autorité souveraine de telle sorte qu'on évite également ces deux inconvéniens, le pouvoir arbitraire et l'anarchie, le despotisme des souverains ou celui de la populace.

Les uns ont cru que la souveraineté est un trésor trop vaste pour le confier à une seule personne ; les autres, que c'est un dépôt trop précieux pour le laisser à la disposition de la multitude. Quelques-uns ont pensé qu'il falloit que les chefs du peuple en fussent les gardiens; d'autres enfin se sont persuadés qu'il faut la partager entre le roi, les nobles et le peuple. Voilà la source de toutes les formes de gouvernement, à qui on a donné les divers noms de *démocratique*, *aristocratique*, *monarchique* et *mixte*.

La *démocratie* ou le gouvernement populaire, n'est pas celui où chaque particulier a voix délibérative, et un égal pouvoir dans le gouvernement; cela est impossible et absurde. Le gouvernement populaire est celui où le peuple se soumet à un certain nombre de magistrats, qu'il a le droit de se choisir, et de changer quand il n'est pas content de leur administration.

Le gouvernement *aristocratique* est celui où l'autorité souveraine est confiée à un conseil suprême et permanent, de sorte que le sénat seul a le droit de remplacer ses membres, quand ils viennent à manquer par la mort ou autrement.

Le gouvernement *monarchique* est celui où la souveraineté réside tout entière dans une seule personne. Dans tout état où le prince est sujet aux jugemens d'un conseil, et responsable à d'autres de sa conduite, le gouvernement n'est pas monarchique, et la souveraineté ne réside point dans un seul.

Rien n'est plus curieux pour ceux qui voudroient comparer ensemble les inconvéniens et les avantages de ces trois formes de gouvernement, que ce que nous lisons dans le père des historiens, *Hérodote*. Il nous raconte ce qui se passa dans le conseil de sept grands de

la Perse, quand il s'agissoit d'établir une nouvelle forme de gouvernement, après la mort
de Cambyse, et la punition du mage qui avoit
usurpé le trône, sous prétexte d'être Smerdis,
fils de Cyrus.

Otanès opina qu'on fît une république de
la Perse, et parla en ces termes : » Je ne suis
» pas d'avis que l'on mette le gouvernement entre
» les mains d'un seul : vous savez jusques à quels
» excès Cambyse s'est porté, et jusques à quel
» point d'insolence nous avons vu passer le
» mage. Comment l'état peut-il être bien gou-
» verné dans une monarchie, où il est permis
» à un seul de faire tout à sa fantaisie ? une
» autorité sans frein corrompt facilement l'hom-
» me le plus vertueux, et le dépouille de ses
» meilleures qualités.

» L'envie et l'insolence naissent des biens
» et des prospérités présentes, et tous les autres
» vices découlent de ces deux-là, quand on est
» maître de toutes choses. Les rois haïssent les
» gens de bien qui s'opposent à leurs desseins
» injustes, et ils caressent les méchans qui les
» favorisent. Un seul homme ne peut pas tout
» voir par ses propres yeux; il écoute souvent
» les mauvais rapports et les fausses accusa-
» tions.... Il renverse les lois et les coutumes
» du pays, il attaque l'honneur des femmes, il
» fait mourir les innocens par son caprice et
» par sa puissance. Quand la multitude a le gou-
» vernement en main, l'égalité qu'il y a parmi
» les citoyens empêche tous ces maux. Les ma-
» gistrats y sont élus par le sort, ils y rendent
» compte de leur administration, et y prennent

» en commun toutes les résolutions. Je crois que
» nous devons rejeter la monarchie, et intro-
» duire le gouvernement populaire, parce qu'on
» trouve plutôt toutes choses en plusieurs qu'en
» un seul. «

Ce fut là l'opinion d'Otanès ; mais Mégabyse
parla pour l'aristocratie.

» J'approuve, dit-il, le sentiment d'Otanès,
» d'exterminer la monarchie ; mais je crois qu'il
» n'a pas pris le bon chemin, quand il a voulu
» nous persuader de remettre le gouvernement
» à la discrétion de la multitude : car il est certain
» qu'on ne peut rien imaginer de moins sage
» et de plus insolent que la populace. Pourquoi
» se retirer de la puissance d'un seul, pour
» s'abandonner à la tyrannie d'une multitude
» aveugle et déréglée. Si un roi fait quelque en-
» treprise, il est du moins capable d'écouter les
» conseils des autres ; mais le peuple est un
» monstre aveugle, qui n'a ni raison ni capa-
» cité ; il ne connoît ni la bienséance, ni la
» vertu, ni ses propres intérêts ; il fait toutes
» choses avec précipitation, sans jugement et
» sans ordre, et ressemble à un torrent qui
» marche avec impétuosité, et à qui on ne peut
» donner de bornes. Si on souhaite donc la ruine
» des Perses, qu'on établisse parmi eux le gou-
» vernement populaire. Pour moi je suis d'avis
» qu'on fasse choix de quelques gens de bien ;
» et qu'on mette entre leurs mains le gouver-
» nement et la puissance. «

Tel étoit le sentiment de Mégabyse. Après lui
Darius parla en ces termes :

» Il me semble qu'il y a beaucoup de justice

» dans le discours qu'a fait Mégabyse contre
» l'état populaire ; mais il me semble aussi que
» toute la raison n'est pas de son côté, quand
» il préfère le gouvernement d'un petit nombre
» de personnes à la monarchie. Il est constant
» qu'on ne peut rien imaginer de meilleur et
» de plus parfait que le gouvernement d'un
» homme de bien. De plus, quand un seul est
» le maître, il est plus difficile que les ennemis
» découvrent les conseils et les entreprises se-
» crètes. Quand le gouvernement est entre les
» mains de plusieurs, il est impossible d'em-
» pêcher que la haine et l'inimitié ne prennent
» naissance parmi eux ; car comme chacun veut
» que son opinion soit suivie, ils deviennent
» peu à peu ennemis ; l'émulation et la jalousie
» les divisent ; ensuite leur haine se porte jusque
» dans l'excès ; de là naissent les séditions, des
» séditions les meurtres, et enfin du meurtre
» et du sang, on voit naître insensiblement un
» monarque ; ainsi le gouvernement tombe tou-
» jours dans les mains d'un seul. Dans l'état po-
» pulaire, il est impossible qu'il n'y ait beaucoup
» de corruption et de malice. Il est vrai que
» l'égalité n'engendre aucune haine ; mais elle
» fomente l'amitié entre les méchans, qui se
» soutiennent le uns les autres, jusqu'à ce que
» quelqu'un qui se sera rendu considérable au
» peuple, et qui aura acquis de l'autorité sur la
» multitude, découvre leur trames et fasse voir
» leurs perfidies. Alors cet homme se montre
» véritable monarque, et de là on peut recon-
» noître que la monarchie est le gouvernement
» le plus naturel, puisque les séditions de l'aristo-

» cratie, et les corruptions de la démocratie,
» nous font revenir également à l'unité de la
» puissance suprême. «

L'opinion de Darius fut approuvée, et le
gouvernement de la Perse demeura monarchique.

On peut conclure des discours de ces sages
de l'antiquité, que toutes les différentes formes
de gouvernement sont sujettes aux mêmes abus
de l'autorité souveraine. Ces abus ne se trouvent
pas seulement dans le gouvernement d'un seul.
Les éphores de Sparte, les décemvirs à Rome,
les suffètes de Carthage, n'étoient pas moins
cruels et barbares que Néron et Caligula. La
démocratie d'Athènes après le temps de Ly-
sandre, quand les trente tyrans qu'il établit
associèrent à leur conseil trois mille autres (a),
est une tyrannie qui révolte l'humanité, et un
massacre perpétuel des meilleurs citoyens. Le
traitement que la même république fit à Mil-
tiade, à Aristide, à Thémistocle, à Périclès,
leurs meilleurs généraux, et les plus fidèles
citoyens, marque combien le peuple furieux
et aveugle peut être tyrannique.

Les factions, les cabales, les brigues et les
élections, rendent souvent et presque toujours
le gouvernement du peuple aussi injuste, aussi
violent, aussi despotique que celui des monarques
les plus arbitraires. Il faut absolument méconnoître l'humanité et ignorer l'histoire, pour
ne pas savoir que les sociétés etières sont sujettes aux mêmes caprices, aux mêmes bévues,
aux mêmes passions que les hommes particuliers.

____

(a) Xenophon. de rebus Græcis.

Mais dans le gouvernement populaire chacun espère devenir tyran à son tour ; c'est ce qui flatte ses admirateurs. Le despotisme d'un seul est sans doute un grand mal, mais l'anarchie en est encore un plus grand.

Plusieurs ont cru que le seul moyen de trouver le milieu entre ces deux extrémités, étoit le gouvernement mixte, ou le partage de la souveraineté entre le roi, les nobles et le peuple, entre un seul, plusieurs et la multitude, afin que chacune de ces puissances étant balancée par l'autre, elles restent toutes dans un juste équilibre.

Rien ne paroît plus beau dans la théorie que ce mélange de puissance, et rien ne seroit plus utile dans la pratique, si l'on en pouvoit conserver l'harmonie ; mais ce partage de la souveraineté, loin de faire un équilibre de puissances, en cause souvent le combat perpétuel, jusqu'à ce que l'une d'elles ayant abattu les deux autres, réduise tout au despotisme ou à l'anarchie.

Les révolutions de la république romaine et celles de l'Angleterre, nous fournissent des exemples éclatans de cette vérité. C'est ce que nous allons voir.

CHAPITRE XIII.

Du gouvernement de la république romaine.

LE premier gouvernement de l'ancienne Rome étoit une monarchie modérée par l'autorité d'un sénat fixe, dont les membres étoient parmanens, et non pas électifs.

Romulus choisit cent pères de famille pour faire son conseil souverain, et fit ainsi la distinction entre les patriciens et les plébéiens.

Pendant les deux premiers cents ans que dura la monarchie, le peuple avoit très-peu d'autorité dans les délibérations publiques. Le despotisme outré de Tarquin le Superbe ayant rendu la royauté insupportable aux Romains, ils se soulevèrent contre ce prince, le chassèrent et changèrent la forme du gouvernement.

L'autorité royale étant abolie, *le pouvoir consulaire* fut substitué à sa place. Les premiers consuls eurent les mêmes droits et les mêmes marques d'honneur que les rois, avec cette différence, que leur puissance fut annuelle, et que la souveraineté étoit partagée entre deux magistrats égaux, afin que l'autorité de l'un empêchât les excès de l'autre.

Le pouvoir consulaire fut diminué dans son origine. Valerius, surnommé Publicola, devenu suspect au peuple, et craignant sa fureur, assembla

fureur, assembla la multitude, fit abaisser devant elle les faisceaux (marque de l'autorité
souveraine), et établit par une loi, qu'on appel-
leroit des magistrats au peuple, et qu'il jugeroit
des plus importantes choses en dernier ressort.

On ne peut disconvenir que la dureté, l'ambition et l'avarice des grands ne donnent souvent occasion aux dissensions civiles ; mais
quand le peuple secoue une fois le joug de l'autorité, il ne connoît plus de bornes ; et sous
prétexte de liberté, il jette tout dans une confusion qui entraîne la ruine de l'état. C'est ce que
nous allons voir.

Rome n'avoit plus une souveraine puissance distincte de la noblesse et du peuple,
qui tînt l'un et l'autre dans un juste équilibre
par sa suprême autorité. Les patriciens ayant
traité avec la dernière rigueur les plébéiens,
jusqu'à charger de fers et de coups ceux qui
n'étoient pas en état de payer leurs dettes, cette
cruauté barbare des nobles rendit le peuple romain désespéré.

L'ennemi étoit tout prêt d'entrer dans Rome,
tandis qu'elle étoit ainsi divisée. Le danger commun suspendit pour quelque temps les troubles
domestiques ; mais ils recommencèrent si-tôt que
l'ennemi fut vaincu, et se terminèrent dans la
fameuse retraite sur le Mont-Sacré, d'où le
peuple jura de ne jamais revenir, à moins qu'on
ne lui accordât ses propres magistrats, nommés
tribuns, pour le défendre contre l'oppression des
nobles. C'est ce qui jeta les semences d'une
éternelle discorde dans Rome, et causa un com-

bat perpétuel de puissances contraires dans la république.

Les tribuns ne cherchèrent qu'à s'accréditer dans l'esprit de la multitude en la flattant; et sous prétexte de zèle pour la liberté et les droits du peuple, ces artisans de discorde firent chaque jour quelque nouvelle proposition pour diminuer l'autorité du sénat, pour confondre les rangs et pour s'emparer de la puissance suprême.

Ils commencèrent d'abord à se faire donner le droit de convoquer les assemblées du peuple, et à se rendre les accusateurs et les juges des nobles. Coriolan fut le premier qu'ils attaquèrent; et les conséquences de leur attentat contre ce patricien, auroient été funestes à la république, si les dames romaines n'étoient venues au secours de la patrie, en appaisant la colère de ce capitaine outragé.

Les tribuns voulant ensuite établir l'égalité, proposèrent, sous prétexte de réformer les lois, une ambassade en Grèce, pour y chercher les institutions des villes de ce pays, sur-tout les lois de Solon, qui étoient les plus populaires.

On en fit un recueil, et ces lois, appelées *les Douze-Tables*, ayant été établies, dix hommes furent choisis pour en être les interprètes et les gardiens, et l'on ne pouvoit appeler de leur jugement. Cette nouvelle forme de gouvernement ne fut pas de longue durée; la licence et la tyrannie des décemvirs causèrent leur perte, et l'on remit bientôt l'autorité entre les mains des consuls.

Ces consuls étant tout-à-fait populaires, firent une loi par laquelle il fut établi, qu'on ne pourtoit créer à l'avenir aucun magistrat, sans qu'il y eût appel de son jugement au peuple.

Les tribuns, pour parvenir à leur dessein, qui étoit de s'emparer du pouvoir législatif, aspirèrent au consulat, réservé jusqu'alors au premier ordre. La loi pour les y admettre est proposée. Plutôt que de rabaisser la dignité consulaire, les pères consentent à la création de trois nouveaux magistrats, qui auroient l'autorité de consuls, sous le nom de *tribuns militaires*, et le peuple est admis à cet honneur.

Les tribuns ne voulurent pas s'en contenter; ils poursuivirent toujours leurs desseins, et pour y parvenir, la loi des mariages entre les patriciens et les plébéiens est publiée par les tribuns du peuple, malgré les contradictions du sénat. Les larmes d'une femme noble qui avoit épousé un plébéien, emportèrent alors ce que l'éloquence, les brigues et les cabales des tribuns, n'avoient pu obtenir. La foiblesse du sexe fait souvent plus dans la politique, que les talens des plus grands génies.

Bientôt tous les rangs furent confondus ; les honneurs du consulat, la dictature même, et toutes les magistratures, soit de l'état, soit du sacerdoce, devinrent communes aux deux ordres.

Cette usurpation sur l'autorité des nobles fut d'une conséquence funeste, parce qu'elle empêchoit souvent de donner aux armées les chefs les plus capables. Les consuls ne pouvant être tous deux patriciens, ni tous deux plébéiens, il arriva souvent que les élections se faisoient par faveur ; et celui qu'on eût voulut choisir pour son mérite, se trouvoit exclus, ou par l'opposition du peuple, ou par les intrigues du sénat.

Les magistratures étant devenues communes avec le peuple, il devint aussi législateur suprême. Ce ne fut plus ce peuple si soumis à ses lois et à ses magistrats. Non-seulement il dispute le droit de faire des lois avec le sénat, mais encore, malgré ce conseil suprême, il se fait des lois à lui-même, et se met en possession des priviléges et de toutes les marques de la souveraineté. La méthode de faire les lois fut entièrement renversée. Le sénat avoit coutume de confirmer les *plébiscites :* mais à présent le peuple s'attribue le pouvoir de confirmer ou de rejeter les *senatusconsultes.*

Ce désordre fut suivi d'un autre plus grand, c'est que le peuple changea et multiplia les lois selon son caprice. » Les bonnes ordon- » nances, dit Tacite (*a*), finirent avec les Douze- » Tables. Depuis ce temps, les lois furent le » plus souvent établies par la violence, à cause » des dissensions du peuple et du sénat. . . . . . » La licence effrénée des tribuns souleva toujours » le peuple pour faire passer leurs décrets, et » dès-lors on fit autant de lois qu'il y avoit de » personnes qu'on accusoit ; de sorte que toute » la république étant corrompue, les lois se » multiplioient à l'infini. «

Enfin la confirmation de la *loi agraire*, qui avoit été la source de perpétuelles discordes pendant plus de deux cents ans, acheva de rui-

____

(*a*). Annal. lib. 3 , cap. 28.

ner l'autorité du sénat, et de corrompre tellement le peuple, qu'on n'y reconnut plus le caractère romain.

Rien ne paroissoit plus juste ni plus conforme
aux anciens usages de la république. Dans les
premiers temps, quand les Romains avoient
emporté quelque victoire sur leurs ennemis, ils
vendoient une partie des terres conquises, pour
indemniser l'état des frais de la guerre, et il en
distribuoit une autre portion aux pauvres plébéiens nouvellement établis à Rome.

Les patriciens avides avoient aboli peu à peu
cet usage, et les plus grandes terres étoient devenues par succession de temps le patrimoine
des nobles.

Après l'agrandissement de la république, il
étoit donc impossible d'observer la *loi agraire*,
sans ruiner les premières maisons, et sans causer
une infinité de procès. L'égalité des richesses
pouvoit convenir aux citoyens de Rome naissante; mais après qu'elle étoit devenue la maîtresse du monde, la distinction des rangs étant
nécessaire, et la longue possession de terres
étant devenue un droit par prescription, on ne
pouvoit faire le partage des biens sans renverser toute subordination, et sans souffler par-tout
le feu de la discorde.

D'ailleurs, les plus sages et désintéressés sénateurs s'étoient opposés pendant plus de deux
siècles à la loi *agraire*, prévoyant que la richesse
des citoyens introduiroit le luxe, et amolliroit
un peuple dont la force étoit la tempérance.
Dans les premiers temps de la république, les
consuls et les sénateurs faisoient gloire de la

pauvreté, et jamais elle ne fut si long-temps en honneur dans aucun pays. Les dictateurs tirés de la charrue, la reprenoient après leur victoire. Les vieux Romains sont de rares exemples de tempérance.

Mais les tribuns qui vouloient étendre le pouvoir populaire, en augmentant les richesses des plébéiens, et en confondant tous les rangs, ne cessèrent point leurs brigues jusqu'à ce que cette loi fût établie.

Le luxe ayant prévalu à Rome, l'ambition, l'amour de l'indépendance, et l'esprit de ré+ volte triomphent sous le nom de liberté. Les cabales et la violence font tout dans Rome. L'amour de la patrie et le respect des lois s'y éteignent.

C'est ainsi que Rome, par un amour outré de sa liberté, vit la division se jeter dans tous ses ordres. Les plébéiens craignoient l'autorité des patriciens comme une tyranie qui ruineroit la liberté ; et les sénateurs redoutoient l'autorité populaire comme un dérèglement qui réduiroit tout à l'anarchie. Entre ces deux extrémités, un peuple d'ailleurs si sage ne put trouver le milieu.

Depuis l'établissement des tribuns, on ne voit plus à Rome aucune forme de gouvernement constante. Le peuple change sans cesse la magistrature. La république est dans une agitation perpétuelle, et déchirée sans cesse par des guerres civiles. Le sénat ne trouvoit point de meilleur remède contre ces divisions intestines, que de faire naître continuellement des occasions de guerres étrangères. Ces guerres empê-

choient les dissensions domestiques d'être portées à l'extrémité.

Pendant la conquête de l'Italie et des Gaules
Cisalpines, et pendant les guerres Puniques, on
ne voit point de sang répandu à Rome par les
guerres civiles. Mais si-tôt qu'elle devient maîtresse du monde, et qu'elle n'a plus rien à
craindre au dehors, elle commence à se déchirer
elle-même. Les pretendans ambitieux ne son-
geant les uns qu'à flatter les nobles, les autres
le peuple, la division devient sans remède, et
les guerres intérieures ne cessent point jusqu'à
ce que tout se termine dans une monarchie,
mais monarchie la plus dangereuse de toutes,
c'est-à-dire, despotique et sans règle de succession, où l'empire étoit sans cesse soumis à la
violence d'une armée qui s'étoit emparée de la
souveraineté, et qui se donnoit des maîtres à
son gré.

C'est précisément ce qu'avoit prédit *Polybe*,
le plus habile politique de son temps. Cet auteur avoit une grande idée de la république
romaine, tandis que le sénat ne perdroit point
son autorité : mais si-tôt qu'il vit les divisions,
et l'esprit populaire prendre le dessus, il prédit
tout ce qui est arrivé. » Après qu'une républi-
» que, dit cet historien (1), a surmonté de grands
» périls, et qu'elle est arrivée à une puissance
» qu'on ne lui dispute point, l'ambition s'empa-
» rera des esprits pour avoir les magistratures.
» Lorsque ces maux se seront une fois augmen-
» tés, le commencement de sa perte viendra

____

(1) Hist. Polib. lib. 6 de rep. Rom.

» des honneurs qu'on poursuivra par des brigues.
» Alors le peuple brûlant de colère, ne suivra
» que les conseils que cette passion lui aura
» inspiré. Il ne voudra plus obéir aux magistrats,
» mais il s'attribuera tout le pouvoir. Ainsi la
» république ayant changé de face, se changera
» en mieux en apparence, et prendra un nom
» illustre, je veux dire celui de liberté et d'état
» populaire ; mais ce ne sera en effet que la
» domination d'une multitude aveugle, qui est
» sans doute le plus grand de tous les maux. «

C'est ainsi que la plus belliqueuse et la plus illustre république du monde a été perdue par la trop grande augmentation du pouvoir populaire. Approchons-nous de notre temps, et voyons si l'Angleterre a profité des malheurs de l'ancienne Rome.

CHAPITRE XIV.

Du gouvernement d'Angleterre, et des différentes formes qu'il a pris.

AVANT que l'empereur Claude eût fait la Grande-Bretagne une province de l'empire, cette île étoit partagée en plusieurs petits états, dont la plupart avoient leurs seigneurs ou leurs rois particuliers.

L'Angleterre fut plus de 400 ans sous la domination des Romains, qui l'abandonnèrent enfin volontairement, et rappelèrent leurs troupes pour les opposer aux irruptions des nations du nord qui commençoient à démembrer ce grand empire. La Grande-Bretagne destituée alors du secours des Romains, les Pictes et les Calédoniens, nommés depuis Ecossais, sortant de leurs montagnes maigres et stériles, vinrent attaquer les provinces méridionales de cette île. Pour arrêter l'invasion de ces montagnards féroces, les Bretons eurent recours aux Anglais, nation saxonne qui chassa les Ecossais, s'établit ensuite dans l'île, lui imposa le nom d'Angletterre, et la partagea en sept royaumes, qui furent tous réunis 400 ans après, sous la domination d'Egbert, roi de West-Saxe.

L'an 1066, Guillaume, duc de Normandie, surnommé *le Conquérant*, fut appelé à la couronne d'Angleterre par le testament du roi Edouard. Ce prince s'étant rendu maître du royaume, il le traita comme un pays de conquête; il y établit un gouvernement despotique et absolu. Il distribua une grande partie des terres des Anglais aux familles normandes et françaises qui l'avoient suivi dans son expédition. Il s'attribua le domaine primitif des terres; il les chargea envers lui de redevances annuelles, et d'un droit payable à la mort de chaque détenteur, et fit d'autres dispositions qui le rendirent plus propriétaire que les possesseurs mêmes.

Le conquérant laissa le royaume à Guillaume-le-Roux son second fils, au préjudice de Robert son aîné, qui fit plusieurs efforts pour arracher la couronne à son cadet, mais inutilement; car Guilaume eut l'adresse de mettre les seigneurs

normands et anglais dans ses intérêts, en leur
promettant qu'il rétabliroit la liberté et la
propriété des sujets, selon les anciennes lois
saxonnes. Cela plut également aux seigneurs
normands et anglais ; car c'étoit l'unique moyen
d'assurer aux premiers la possession des terres
que le conquérant leur avoit données, et aux
seconds celles qui leur appartenoient par droit
de naissance. Guillaume mourut pourtant sans
remplir ses promesses.

Henri Ier. son frère cadet monta sur le trône,
et Robert son aîné fut exclu de nouveau. Pour
assurer son usurpation, il suivit la même route
que Guillaume-le-Roux, et promit de remettre
le gouvernement sur l'ancien pied. Il confirma
sa promesse par une chartre, mais il ne l'exé-
cuta pas mieux que son frère.

Pendant quelques règnes après, cette chartre
n'ayant pas été exécutée, les lois établies par
le conquérant s'étoient affermies.

L'an 1215 , sous le règne de Jean-Sans-
Terre, l'archevêque de Cantorbéry prétendit
retrouver cette chartre de Henri Ier. Le roi Jean
étant avare et cruel, demandoit sans cesse des
subsides, et sur-tout au clergé. Les seigneurs lui
proposèrent le rétablissement de leurs libertés;
il le refusa, et ce refus fut le signal de la guerre.
Les barons ligués prirent les armes, et donnèrent à leur chef le nom de maréchal de l'armée
de Dieu et de la sainte église. Le roi fut abandonné, et contraint de leur offrir satisfaction.
Après quelques discussions avec les barons sur
leurs priviléges, non-seulement le roi les confirma, mais il en ajouta beaucoup d'autres, et

les comprit tous dans un acte authentique ; dont lui et toute l'assemblée jurèrent unanimement l'observation.

C'est cet acte qu'on appelle la *grande chartre*. Le roi Jean ne garda point ses promesses, non plus que ses prédécesseurs. Il rétracta son serment, et selon l'usage de ces temps-là, le pape le déclara de nulle valeur, comme ayant été extorqué par la violence.

Après sa mort, Henri III son fils lui ayant succédé, se trouva un prince foible. Les barons renouvelèrent leurs anciennes demandes pour le rétablissement de leurs priviléges ; mais il arriva ce qui arrive toujours, lorsque sous prétexte du bien public, on sort des justes bornes de la subordination : non-seulement les barons demandèrent l'exécution des choses justes qui leur avoient été tant de fois promises, mais, profitant de la foiblesse du roi, ils ajoutèrent plusieurs autres demandes qui alloient à dégrader entièrement la dignité royale, et à mettre toute l'autorité entre les mains d'un petit nombre de factieux. Le roi refusa des propositions si déraisonnables. Les séditieux prirent les armes sous la conduite du comte de Leicestre, chef de la révolte. C'étoit un dévot grave, austère, réglé, grand diseur de prières vocales, hypocrite ou enthousiaste, et peut-être tous les deux.

L'armée royale fut défaite, le roi fait prisonnier, avec le prince son fils. Le dévot rebelle ayant secoué le joug de son souverain, imposa le sien à la nation anglaise. Les révoltés ne l'eurent pas plutôt senti, qu'ils le trouvèrent plus dur que celui des rois, et firent leurs efforts pour le secouer : grande leçon pour les amateurs des changemens ! La tyrannie ne cesse point, on ne fait que changer de maître.

Après avoir tenu plusieurs mois le roi dans les fers et le peuple sous le joug, les factieux se divisèrent, et donnèrent occasion au prince Edouard de s'échapper de prison, de rendre la liberté à son père, et de chasser l'usurpateur.

Henri étant mis en liberté, confirma la *grande chartre* d'une manière très-solennelle. C'est cette grande chartre qui a été le prétexte de toutes les factions qui agitent si souvent l'Angleterre. Ce n'est pas qu'il y ait rien dans cette chartre qui diminue les vraies prérogatives et l'autorité des rois : elle ne contient, pour la plupart, que les lois de S. Edouard, et ces lois étoient des priviléges accordés à la nation par les bons princes, pour servir de barrière contre les méchans rois. Ces priviléges ne regardent que la liberté et la propriété des sujets, et l'immunité de toute taxe extraordinaire sans le consentement des barons. Mais les amateurs de l'indépendance se sont servi du beau prétexte de liberté et de propriété accordées dans cette chartre, pour en abuser et pour donner des atteintes à l'autorité royale.

Après la mort de Henri III *(a)*, Edouard Ier. son fils, lui succéda. Ce fut sous son règne que les membres électifs des provinces eurent séance en parlement : ses prédécesseurs avoient convoqué de temps en temps les députés du peuple pour assister au conseil suprême ; mais c'étoient

____

les rois qui nommoient eux-mêmes ces députés, et non pas le peuple, et il étoit dans le pouvoir de les appeler ou non. Edouard fut le premier qui accorda aux communes une séance fixe dans le parlement (a). Ils étoient d'abord assis dans la même chambre, avec les pairs spirituels et temporels ; ensuite ils furent érigés dans une chambre séparée. Ils n'eurent originairement que voix représentative, et nullement délibérative, comme il paroît par les rôles du parlement pendant longues années après le règne d'Edouard I. Dans tous ces rôles, les communes parlent toujours au roi en supplians, ne font que lui représenter les griefs de la nation, et le prient de faire des lois par l'avis de ses seigneurs spirituels et temporels. La formule de tous les actes est celle-ci : *Accordé par le roi et les seigneurs spirituels et temporels, aux prières et aux supplications des communes.*

C'est pour cette raison que jusqu'à ce jour, quand le roi d'Angléterre convoque le parlement, *il mande aux seigneurs de s'assembler pour lui donner conseil ; mais il ordonne aux communes de se tenir prêts pour se soumettre à tout ce qui sera décidé par lui et par ses seigneurs.*

Edouard crut sans doute, par ces priviléges accordés aux communes, faire un contrepoids à la trop grande autorité des barons qui le gênoit : mais il se trompa ; car l'autorité des communes devint plus fatale à sa postérité, que n'avoit été celle des seigneurs à ses ancêtres. Le pouvoir

____

(a) Brady, droit des Communes, page 140, jusqu'à la page 150.

populaire augmentant peu à peu dans le parlement, la constitution fondamentale de la monarchie anglaise fut altérée, et enfin totalement
renversée.

Il est vrai que le pouvoir royal fut conservé
entier pendant tout le règne de ce prince ; car
nous voyons que par sa propre autorité, il fait
souvent des lois sans convoquer son parlement.
C'est ainsi que dans les statuts de Glocester,
il s'attribue le seul pouvoir législatif, et la formule des édits est : *Notre souverain seigneur
le roi a pourvu et établi les actes suivans* (a).
Mais après sa mort, sous le règne de son fils
Edouard II, le parlement commença à s'attribuer le pouvoir de juger et de déposer les
princes.

Avant ce temps, c'étoit une maxime fondamentale de la loi commune d'Angleterre,
*que le roi n'a point d'autre supérieur que Dieu ;
qu'il n'y a point d'autre remède, quand il fait des
injustices, que d'avoir recours aux remontrances
respectueuses, afin qu'il se redresse ; et s'il ne le
fait point, il doit suffire que Dieu s'en vengera
un jour* (b). Mais nous allons voir le renversement de ces lois.

Quand le parlement voulut faire le procès au
roi Edouard II, et le déposer, l'évêque de Carlisle soutint hautement que les sujets n'avoient
aucun pouvoir de juger leur souverain, qui étoit

____

(a) Stat. Glocest. an. 1278, 1320.

(b) Bracton. lib. 1, cap. 8, lib. 2, cap. 7. Glenviile,
lib. 7, cap. 10. Ces deux auteurs ont écrit il y a plus de
500 ans.

Point du Seigneur. Cette remontrance les obligea de garder quelques ménagemens ; et sous prétexte que le roi s'étoit trop livré à ses ministres insolens, ils l'engagèrent de céder par démission volontaire à son fils un trône qu'il ne pouvoit pas occuper avec dignité. Edouard, bon mais foible prince, consentit à sa déposition, et fut condamné à une prison perpétuelle, où il fut assassiné secrètement.

Edouard III son fils porta l'autorité royale et la gloire du sceptre anglais plus loin qu'aucun de ses ancêtres.

Sous le règne de ce grand Edouard, les seigneurs et les communes déclarèrent en plein parlement, *qu'ils ne peuvent pas consentir à aucune chose qui tende à l'exhérédation du roi, quoique le roi même la souhaitât (a). Que c'est un crime de haute trahison de concerter ou de tramer la mort du roi, de prendre les armes contre lui, ou d'adhérer à ses ennemis (b).*

Nonobstant ces lois si solennelles, Richard II son petit-fils fut jugé et déposé par son parlement. Ce prince, débauché dans sa jeunesse, avoit fait choix de très-mauvais ministres : mais il n'y a jamais eu de règne sous lequel le peuple fût plus heureux, les nobles plus respectés (c), ni le clergé plus protégé ; et quoique le parlement eût déclaré quelques années auparavant, que de tout temps, et par la constitution fonda-

---

(a) Ann. 1369 , parl. 42.

(b) Ann. 1359 , Stat. 5 , chap. 2.

(c) Ann. 1392, parl. 16, Rooh. 2 , ch. 5.

mentale de l'état, le roi d'Angleterre n'étoit sujet qu'à Dieu seul ; cependant cet illustre corps fit le procès à son prince, l'accusa de plusieurs malversations, le déposa et le condamna à une prison perpétuelle pour favoriser l'ambition du duc de Lancastre, qui usurpa la couronne et régna sous le nom de Henri IV.

Ce fut-là le commencement de la haine fatale et des guerres civiles entre les maisons d'Yorck et de Lancastre, qui désolèrent le royaume pendant longues années. Cet usurpateur commença comme les autres à flatter les peuples en leur rendant grâces de son élévation, et en reconnoissant qu'il tenoit la couronne de leurs suffrages. C'étoit au reste un grand prince, dont le gouvernement sage et heureux fit fleurir l'Angleterre, aussi bien que celui de son fils Henri V, qui conquit presque toute la France.

Après que la maison de Lancastre eut possédé la couronne plus de soixante ans, Richard duc d'Yorck, sous le règne de Henri VI, fils de Henri V, se présenta à la chambre-haute, sans s'adresser à la commune, comme étant descendu d'un troisième fils d'Edouard III, au lieu que Henri VI n'étoit descendu que d'un quatrième fils du même roi. Les seigneurs déclarèrent d'abord que la matière étoit trop relevée, et qu'ils ne pouvoient pas juger des droits de la couronne sans l'ordre du roi. Henri leur ordonna d'examiner les prétentions du duc ; et ils déclarèrent que selon la loi fondamentale du royaume le droit du dernier étoit meilleur que celui du premier,

Voilà un acte authentique qui prouve que le parlement

parlement croyoit alors que le droit héréditaire étoit inaliénable, puisqu'il fut reconnu pour le seul légitime, dans le temps même que l'usurpateur étoit sur le trône, et après une possession de plus de soixante ans.

Il fut décidé qu'après la mort de Henri, la couronne passeroit au duc d'Yorck et à ses enfans. Le roi et le duc se brouillèrent, on leva des armées, les guerres civiles commencèrent entre la *Rose-rouge* et la *Rose-blanche*; Richard fut tué, et son fils couronné roi, sous le nom d'Edouard IV; Henri fut fait prisonnier, ensuite mis en liberté, et remis de nouveau sur le trône, puis dépossédé encore, et enfin assassiné avec son fils.

Les princes de ces deux maisons rivales continuèrent ainsi de se faire la guerre pendant plusieurs années. Toutes ces dissensions civiles furent enfin éteintes par le mariage du comte de Richemond, nommé Henri VII, qui ayant épousé Elisabeth, fille aînée d'Edouard IV, réunit en sa personne tous les droits de la maison d'Yorck et de Lancastre.

C'est à l'occasion de l'usurpation des princes de la maison de Lancastre, que ces princes sont appelés dans les actes du parlement, prétendus rois, *rois de fait et non de droit.*

L'envie qu'eut chaque parti, pendant ces brouilleries, de gagner les communes, donna occasion à la chambre basse de sortir de ses anciennes bornes, et d'augmenter son autorité. Ce fut sous le règne d'Edouard IV que cette chambre commença pour la première fois à avoir quelque part au pouvoir législatif. L'ancien style

des actes du parlement fut changé. Au lieu de
dire comme autrefois (*a*) : »Accordés aux prières
» et aux supplications des communes, par le roi
» et les seigneurs ; on mit : Accordé par le roi
» et les seigneurs, avec le consentement des
» communes. « Cette formule pourtant ne devint fixe que longues années après ; car dans les
règnes immédiatement suivans, on reprend l'ancien style.

Henri VII, par sa politique et sa valeur, étant
devenu paisible possesseur du royaume, et sans
concurrent, ne songea qu'à remplir ses trésors,
et à rehausser le pouvoir royal. Voici comment
il s'y prit.

Avant son temps, les rois et les seigneurs
étoient les seuls propriétaires des terres. Les
pairs de la nation étoient autant de petits souverains qui tenoient leurs cours séparées dans
les provinces. Ils ne pouvoient pas aliéner le
fonds de leurs terres, ni vendre leurs fiefs. Les
communes étoient leurs vassaux, ils dépendoient
entièrement d'eux ; ils étoient obligés de prendre
les armes par leurs ordres, de servir à la guerre
sous leur conduite, et de paroître à leur suite dans
toutes les occasions publiques.

Henri VII, pour diminuer le pouvoir des
seigneurs, qui avoient toujours été les rivaux de
l'autorité royale, fit proposer dans le parlement,
par ses créatures, un acte pour permettre aux
seigneurs de vendre leurs fiefs et leurs terres.
Les seigneurs, gâtés par le luxe et ruinés par
les guerres civiles, consentirent à se dépouiller

____

(*a*) Roll. Parl. 3 et 4, ed. 4, n. 39.

(259)

de leurs anciens priviléges, pour profiter des grosses sommes qu'ils retiroient de la vente des fiefs, et pour satisfaire aussi aux tributs exhorbitans que leur imposoit Henri VII, dont l'avarice étoit insatiable.

Par cette vente des fiefs, les communes devinrent propriétaires des terres, comme le peuple romain par la *loi agraire*. Mais cette démarche contribua dans la suite à ruiner tout ensemble le pouvoir royal et aristocratique. Les communes se voyant propriétaires des terres, voulurent aussi avoir part à l'administration des affaires publiques. Nous verrons l'autorité populaire s'accroître insensiblement, prévaloir dans les parlemens, et se porter par degrés aux plus grands excès.

Henri VII cependant, après avoir diminué le pouvoir des seigneurs, augmenta l'autorité royale. Son esprit sublime et sa politique profonde, le rendirent maître du parlement, et préparèrent à son fils Henri VIII, l'autorité absolue qu'il exerça pendant tout son règne.

Sous Henri VIII, la suprême indépendance des rois d'Angleterre fut confirmée par de nouveaux actes du parlement. » Le royaume (*a*) » (*disent ces actes*) est un empire gouverné par » un chef suprême. Les rois d'Angleterre, leurs » héritiers et leurs successeurs, ont une autorité » impériale (*b*), et ne sont obligés de répondre, » en quelque cause que ce soit, à aucun supé-

______

(*a*) Parl. 24, ch. 12.

(*b*) Ibid. 25, ch. 21.

R 2

» rieur, parce que le royaume ne reconnoît
» point d'autre supérieur après Dieu, que le
» roi. «

Sous le règne du même Henri commencèrent
les fameuses discordes sur la religion, qui rem-
plirent l'Europe de guerres civiles et de révoltes.
Ces divisions ecclésiastiques causèrent beaucoup
de dissensions civiles en Angleterre. Rien de
remarquable ne fut changé cependant dans la
forme du gouvernement. Il est vrai que sous le
règne d'Elizabeth, les membres de la chambre-
basse voulurent accroître leur autorité. Mais cette
princesse, hardie et ferme dans sa conduite, les
traita d'impertinens, et leur imposa silence. Il
paroît que l'autorité dont ils jouissent à présent,
ne fut affermie que sous le règne de Jacques I,
dans la personne duquel furent réunies les deux
couronnes d'Ecosse et d'Angleterre.

Après cette union, le parlement commença
par confirmer de nouveau le droit héréditaire
dans ces termes : » Nous reconnoissons, comme
» nous le devons, selon la loi divine et hu-
» maine, que le royaume d'Angleterre et la cou-
» ronne impériale appartiennent au roi par
» droit inhérent de naissance et de succession
» indubitable, et nous nous soumettons et notre
» postérité à jamais, à son gouvernement jusqu'à
» la dernière goutte de notre sang. « Cet acte n'est
pas l'établissement d'un droit nouveau, mais un
aveu solennel de toute la nation, que le gouvernement monarchique et héréditaire est la constitution du royaume.

Jacques I, roi paisible, eut beaucoup de
complaisance pour son parlement, le consultant

non-seulement dans les affaires d'état, mais presque dans toutes celles qui regardoient sa famille, déférant à ses avis, affectant une grande attention à ne point blesser ses priviléges, lui demandant peu de subsides extraordinaires ; mais en se donnant ainsi la paix à lui-même, il laissa à Charles I son successeur, les semences des fameuses discordes qu'on a vues depuis. Deux choses contribuèrent à ces troubles, l'une tirée de la religion, l'autre de la politique.

Depuis le temps qu'on commença à disputer sur les formules et les formalités de la religion, l'Angleterre fut inondée par une foule de sectaires, dont les systêmes étoient tous contraires les uns aux autres. Parmi toutes ces sectes, il y en avoit deux principales, l'une qui, en secouant le joug du pape, conserva l'épiscopat, la subordination hiérarchique, et une partie des cérémonies de l'ancienne église. L'autre renversa toute hiérarchie et toute cérémonie, comme contraires à la simplicité évangélique, et leurs ecclésiastiques étoient tous égaux. Les premiers s'appelèrent épiscopaux ; les derniers presbytériens. Les uns voulurent une aristocratie dans l'église, les autres une démocratie toute pure. Les politiques prirent parti dans ces querelles de religion. Ceux qui respectoient l'autorité royale se déclarèrent pour les épiscopaux, et ceux qui aimoient le gouvernement populaire soutinrent les presbytériens. Cette division dans la religion augmenta les dissensions civiles, et les politiques de l'un et de l'autre parti se servoient de la religion pour éblouir le peuple et l'engager dans leurs intérêts.

Le roi Charles étoit zélé pour les épiscopaux.
Animé par l'archevêque de Cantorbéri, il voulut
introduire en Écosse la liturgie anglicane, et
rendre la religion de la Grande-Bretagne uni-
forme. Voilà la première source des troubles.
En voici la seconde.

Le roi Charles s'étoit engagé à faire la guerre
à la maison d'Autriche, pour l'obliger de resti-
tuer le Palatinat à son beau-frère Frédéric comte
Palatin. Le parlement avoit promis au roi Jacques son père, l'argent nécessaire pour cette entreprise. Charles le demanda, mais la chambre
basse qui donne les subsides le refusa ; car la
plupart de ses membres étant zélés presbytériens,
étoient indisposés contre le roi, par la protection
qu'il donnoit à l'église anglicane. Le roi fut
obligé de faire la guerre à ses propres dépens ;
il eut recours à un ancien impôt maritime qu'il
avoit droit de lever, selon l'aveu des plus habiles jurisconsultes qui furent choisis pour l'examen de cette affaire. Un membre de la chambre
des communes, dont la taxe n'excédoit pas vingt
livres de France, refusa de la payer. Plusieurs
autres de la même chambre suivirent son exemple, et bientôt on fit gloire de disputer avec le
roi. Charles cassa le parlement trois fois, et soutint toujours la guerre à ses dépens. Les guerres
étrangères venant à cesser, l'Angleterre, comme
l'ancienne Rome, tourna ses armes contre elle-
même.

Ce fut dans cette disposition des esprits que
s'assembla, l'an 1640, le sanguinaire parlement
qui renversa la monarchie anglaise. L'on y proposa plusieurs articles extravagans, qui alloient à

l'anéantissement du pouvoir royal. Plusieurs membres de la chambre-haute ayant honte d'être dans une assemblée où l'on poussoit si loin l'insolence contre leur souverain, l'abandonnèrent et allèrent trouver le roi, qui s'étoit retiré à Yorck.

Charles I fit tout son possible pour arrêter la fureur de la cabale anti-royaliste par des propositions modérées ; mais le parlement leva des troupes ; et voulant agir par force, le roi parut à la tête d'une armée : les guerres civiles commencèrent. Cromwel, homme hardi, ambitieux et hypocrite, devint bientôt maître de l'armée parlementaire, et battit souvent celle du roi, qui se réfugia en Ecosse. Le parti républicain et enthousiaste de cette nation, livra lâchement le roi aux Anglais. *Tantum religio potuit suadere malorum.*

Charles ayant été fait prisonnier dans l'île de Wight, fut livré entre les mains barbares de ses rebelles sujets.

Cromwel et sa cabale s'étant rendus maîtres de l'armée, le devinrent bientôt du parlement, et commencèrent à débiter les maximes du Wiggisme. *Ireton* son gendre, dans une séance de la chambre-basse, parla ainsi : » Le contrat » du roi et des peuples contient un engagement » mutuel aux peuples d'obéir, aux rois de pro- » téger le peuple. Notre roi cesse de nous pro- » téger ; dès-là, nous sommes dispensés de la » soumission à laquelle nous étions engagés par » le contrat mutuel que nos pères ont fait avec » ses ancêtres. « On proposa d'abjurer le roi et la royauté, et d'établir pour l'avenir un corps

représentant le peuple, qui gouvernât l'état en
son nom.

L'armée se saisit des portes des deux chambres;
et parce que la chambre-haute eut horreur de
ces propositions, on déclara dans celle des
communes, qu'à elle seule appartenoit le pouvoir de faire des lois, et qu'on n'avoit pas besoin du consentement des seigneurs, la souveraine puissance étant originairement dans le
peuple.

On érigea un tribunal, sous le titre de cour
de haute-justice, par l'autorité des communes.
Le roi fut cité devant le tribunal, accusé de
tyrannie, de haute trahison, de tous les meurtres et de toutes les violences commises pendant
les guerres civiles : enfin, le meilleur prince, le
meilleur ami et le meilleur maître, est condamné
à mort, et on lui tranche la tête publiquement
sur un échafaud. Cromwel se rendit maître absolu sous le nom de protecteur, et régna jusqu'à
sa mort, d'une manière plus arbitraire et plus
despotisque, qu'aucun monarque de l'Europe.

Richard son fils, n'ayant point ses talens ni
ses vices, fut bientôt obligé de s'enfuir. Les
royalistes, qui étoient toujours demeurés fidèles,
quoique cachés, levèrent la tête. Charles II, qui
avoit erré long-temps en exil, avec son frère
le duc d'Yorck, fut enfin rappelé selon le désir
universel de la nation, qui gémissoit sous la
tyrannie de l'usurpateur.

L'église et l'état furent rétablis sur l'ancien
pied, et le droit héréditaire fut confirmé de
nouveau. Pour empêcher à l'avenir de semblables révolutions, les deux chambres du parle-

ment supplièrent le roi, qu'il fût arrêté et déclaré
» que par les lois (a) indubitables et fondamen-
» tales d'Angleterre, ni les pairs du royaume, ni
» les communes assemblées en parlement ou
» hors du parlement, ni le peuple collective-
» ment ni représentativement, ni quelqu'autre
» personne que ce puisse être, n'a jamais eu
» ni dû avoir aucune autorité coërcitive sur les
» personnes des rois de ce royaume ; que la
» dernière guerre civile contre le roi Charles
» procédoit d'une erreur volontaire touchant
» l'autorité suprême ; que pour obvier à l'avenir
» et empêcher que personne puisse être séduit
» et entraîné dans aucune sédition, il est arrêté
» que quiconque affirmera que les deux cham-
» bres ensemble ou séparément, ont pouvoir
» législatif sans le roi, sera privé de tous ses
» biens et effets. Il est de plus déclaré que le
» seul et suprême gouvernement des forces mi-
» litaires, et de tout ce qui leur appartient, est
» et a toujours été, selon les lois d'Angleterre,
» le droit indubitable du roi et de ses prédéces-
» seurs, rois et reines d'Angleterre, et que les
» deux chambres du parlement, ensemble ou
» séparément, ne peuvent ni ne doivent y pré-
» tendre, beaucoup moins se soulever pour faire
» une guerre offensive ou défensive contre le
» roi, ses héritiers ou légitimes successeurs. «

Les anti-royalistes subsistèrent pourtant toujours, et firent plusieurs efforts pour assassiner
le roi, et renverser de nouveau la monarchie.
Vers la fin du règne de Charles II, les com-

____

(a) Parl. 12, ch. 30; Parl. 13, ch. 1, 6 & 7. Charl. II.

munes proposèrent un acte pour détruire le droit
héréditaire, et exclure le duc d'Yorck à cause de sa
religion. Les seigneurs rejetèrent cet acte, et le
parlement d'Ecosse, assemblé à Edimbourg pour
prévenir une telle injustice, fit le fameux acte
de la succession (*n*). C'est dans cet acte que ce
parlement reconnoît : » que par la nature de son
» gouvernement, et par ses lois inviolables et
» fondamentales, la couronne est transmise et
» dévolue, par le seul droit de succession en
» ligne directe ; que nulle différence de religion,
» nulle loi, nul acte de parlement déja fait, ou
» qui puisse être fait à l'avenir, ne peut chan-
» ger ou altérer ce droit. «

  Sous le règne de Charles II, les actes du parlement d'Angleterre et de celui d'Ecosse, sont
remplis de semblables déclarations, par lesquelles
ces illustres corps reconnoissent, » que le droit
» héréditaire, et la suprême indépendance de
» leurs rois, sont et ont toujours été les lois
» fondamentales de ces deux monarchies. « Ce
ne sont pas des lois nouvelles faites pas l'autorité
d'un sénat, qui prétend avoir le suprême pouvoir législatif, pour faire changer les lois à son
gré ; mais un témoignage authentique que les
Etats de l'une et de l'autre nation rendent à
leurs lois fondamentales, et une confirmation
publique de ce qui a toujours fait l'essence immuable de leur constitution.

Nonobstant ces actes si solennels, et les sermens les plus sacrés, le parti anti-royaliste pré-
valut. Le feu roi Jacques II fut contraint de se

(*q*) L'an 1681.

retirer en France. Le droit héréditaire fut renversé, et Guillaume, prince d'Orange, élevé sur le trône de son beau-père par l'autorité d'une convention rebelle à son maître. C'étoit renverser les lois fondamentales. L'assemblée de 1689, des seigneurs et des communes, ne pouvoit avoir aucune voix législative, selon les lois, et n'étoit pas un parlement ; car ces lois ont toujours décidé que le peuple collectivement ni représentativement, ne peut rien faire sans le roi.

Les partisans de la révolution disent que l'obéissance n'est point due à la personne du roi, mais à l'autorité des lois. Ils sont condamnés par leurs propres maximes. Les lois portent que le roi n'est sujet qu'à Dieu seul, qu'il ne peut être jugé par personne, que le parlement ni le peuple n'a aucun droit de changer la succession. Voilà la constitution fondamentale et primitive de la monarchie anglaise. Par quelle autorité donc les seigneurs et les communes ayant chassé leur chef, furent-ils assemblés ? Par quelle autorité ont-ils renversé toutes les lois ? N'ont-ils pas, par cette conduite, sappé les fondemens de leur constitution, et rendu le gouvernement d'Angleterre tellement vacillant, qu'il n'y a plus de forme fixe, puisqu'à chaque nouvelle assemblée, les membres sans chef peuvent changer et bouleverser les lois fondamentales à leur gré ?

Le prince d'Orange, pour se conserver les bonnes graces du peuple à qui il devoit la couronne, relâcha des prérogatives royales : mais rien ne peut arrêter un peuple qui est une fois sorti du point fixe de la subordination. L'inso-

lence des communes devint si insupportable,
que Guillaume, quoiqu'un prince de leur création, eut lieu de se repentir d'avoir accepté la
couronne.

L'histoire de ce qui est arrivé depuis sa mort
est trop récente pour en faire le détail, et le
temps n'est pas encore venu. Contentons-nous
de faire quelques remarques sur la monarchie
anglaise, et sur les formes différentes de son
gouvernement.

1. Pendant l'espace de 400 ans, que l'Angleterre, partagée en sept royaumes, fut gouvernée
par plus de cent rois, la couronne a été presque
toujours héréditaire. Nous ne voyons point qu'il
y ait eu aucun de ces cent rois qui ait été ou
déposé ou mis à mort par le conseil souverain
de ses barons. Après que cette *heptarchie* (s'il
m'est permis de me servir de ce terme) eut été
réunie sous un seul monarque, le gouvernement
anglais continua sur le même pied. Les pères
des anciennes familles, les grands du royaume,
les seigneurs spirituels et temporels faisoient le
conseil suprême du prince. Le gouvernement
étoit une monarchie aristocratique. Les seigneurs
partageoient avec le roi le pouvoir législatif,
mais ils ne pouvoient rien faire sans lui. C'est
la différence essentielle qu'il y a toujours eu
entre le parlement d'Angleterre et le sénat romain. Le sénat étoit le pouvoir suprême de la
république ; les consuls n'étoient que dépositaires
pour un temps de l'autorité des sénateurs. Au
contraire le parlement d'Angleterre n'a jamais
été que le conseil suprême du roi ; il l'a toujours
convoqué d'une manière impérative, et l'a dis-
sous de même.

2. Sous cette monarchie modérée par l'aristocratie, les communes n'avoient aucune part
au gouvernement (*a*). L'on ne succédoit au
royaume que par le droit héréditaire ou par la
désignation testamentaire du roi moribond, qui
n'ayant point d'enfans, ou qui voyant ses enfans
trop jeunes pour gouverner, nommoit quelquefois son successeur avant que de mourir ; et
quoique la succession saxonne fut interrompue
pendant l'espace de 30 ans, par trois rois danois qui firent la conquête de l'Angleterre vers
le commencement du dixième siècle, cependant
on rétablit le droit de la succession si-tôt que
les Danois furent chassés de la Grande-Bretagne.
Depuis la conquête par les Normands jusqu'à
l'an 49 de Henri III, qui fut vers l'an 1270,
le gouvernement fut monarchique et héréditaire,
et penchant vers le despotisme ; ce qui excita
la jalousie des nobles contre leur prince, et fut
une semense féconde de soupçons et de défiance
contre l'autorité royale. Le despotisme de Tarquin et de Guillaume le Conquérant, ont été
la source de tous les maux de Rome et d'Angleterre.

3. Remarquons cependant que tandis que le
souverain conseil n'étoit qu'*aristocratique*, on
voit les pères de la patrie zélés pour leur liberté.
Ils se brouillent quelquefois avec le roi au sujet
de la grande chartre, et résistent au pouvoir arbitraire, mais sans sortir des justes bornes. Nous
ne voyons point les parlemens maltraiter les

____

(*a*) Brady, hist. de la succession à la couronne d'Angleterre.

princes, les déshériter, ni les mettre à mort.
Un faux dévot et un hypocrite ambitieux usurpe
la couronne ; mais le souverain conseil du royaume n'y a aucune part. Le roi et son fils sont
captifs ; mais on ne croit pas encore qu'il soit
permis de juger et de mettre à mort les souverains.

4. Tout commence à changer de face, si-tôt
que les communes deviennent une partie du
parlement. L'autorité des nobles et du roi diminue, les assemblées populaires arrachent la
souveraineté d'entre leurs mains, et peu à peu
le despotisme du peuple devient absolu. La
chambre-basse d'Angleterre fait toutes les mêmes
démarches que les tribuns de Rome. Peu de
temps après l'érection de cette chambre, le parlement commence, non pas à déposer le roi,
mais à l'engager à se démettre de la couronne
en faveur de son fils. Le droit héréditaire n'est
pas ébranlé ni violé. Dans le siècle suivant, le
roi est accusé comme criminel, et il est déposé
par l'autorité de son parlement, sans qu'on ose
encore le mettre à mort publiquement. Le droit
héréditaire est supendu, et la couronne donnée
à un usurpateur.

Enfin dans le siècle passé, le parlement devient tout-à-fait républicain. Sa partie démocratique se sépare de sa partie aristocratique, et
usurpe l'autorité souveraine, et toutes les deux
veulent agir d'une manière indépendante de la
puissance royale, en sappant le fondement de
leur constitution. Les communes prévalent, et
usurpent non-seulement le pouvoir des seigneurs,
mais celui du roi même, qu'ils jugent, qu'ils dé-

posent, et qu'ils condamnent à perdre la tête, comme un criminel de la lie du peuple.

5. Depuis que les assemblées populaires ont eu le pouvoir législatif en main, les lois sont multipliées à l'infini, et ces lois sont souvent contradictoires. Ce n'est pas seulement comme en France, où les différentes provinces ont retenu les anciennes coutumes, qu'elles avoient avant que de tomber sous la domination d'un seul monarque.

En Angleterre, depuis que le principe fixe de la subordination a été ébranlé, il n'y a plus rien de constant dans les lois fondamentales même. Suivant que les différens partis prévalent dans le parlement, on y fait des lois toutes contraires les unes aux autres ; on y ordonne des sermens tyranniques qui se tournent en parjures par leur variation continuelle, et par la violence avec laquelle chaque parti les exige tour à tour. Les différens partis qui disputent pour la supériorité, briguent pour faire choisir un homme à leur gré, et les partis varient chaque jour dans leurs vues, dans leurs intérêts et dans leurs maximes. Dans ces assemblées, il ne faut pas croire que les factions puissent être réduites à des classes régulières, ou qu'elles agissent par des principes fixes. L'unité de la puissance suprême leur manque, ils se rompent et se divisent en autant de partis qu'il y a de têtes hardies pour conduire les différentes factions. Tous tendent au même but, c'est à s'emparer de l'autorité.

Les divisions et les subdivisions parmi les Wiggs et les Toris se multiplient chaque jour. Il y a souvent cinq ou six différentes espèces de

Wiggs et de Toris. D'ailleurs les chefs de ces différens partis changent souvent de principes. Les Wiggs deviennent Toris, et les Toris deviennent Wiggs selon leurs intérêts. Quand l'autorité royale soutient un parti, ses chefs sont royalistes, et veulent rehausser les prérogatives royales. Quand les rois sont opposés à ces chefs, ils deviennent Wiggs et républicains, et veulent abattre le pouvoir royal.

À l'élection des membres de chaque nouveau parlement, on ne voit dans les provinces que brigues, que haines, que divisions, que tromperies. Les Wiggs et les Toris, les républicains et les royalistes, les amateurs de l'indépendance et ceux du despotisme, les courtisans et les créatures du peuple, toutes les différentes factions causent un tel mouvement dans les esprits, qu'il semble que le grand corps politique souffre des convulsions, et que la Grande-Bretagne soit à chaque nouveau parlement dans le transport d'une fièvre chaude.

Ce n'est pas tout : quand les membres sont élus, arrivés à Londres et assemblés en parlement, les brigues recommencent, les cabales se renouvellent ; ceux qui occupent les premières places dans le gouvernement ne sont occupés qu'à corrompre les membres du parlement, par argent, par les charges ou les graces dont ils disposent. On voit dans ces assemblées tumultueuses et populaires, quatre ou cinq hommes qui entraînent tout par brigues et par intrigues ; de sorte qu'un député, oubliant les intérêts de ceux qui l'ont envoyé, pour ne s'occuper que de ceux du parti auquel il s'est vendu, agit d'une manière

tout-à-fait

tout-à-fait contraire aux ordres et à l'avantage de la province qu'il représente.

La chambre-basse étant donc remplie à chaque nouveau parlement de membres, dont les pensées et les intérêts sont tout-à-fait contraires et opposés, il n'est pas extraordinaire qu'il y ait une grande multiplicité et variation dans leurs lois, et que les actes du parlement soient des volumes énormes des lois contraires. *La multiplicité des lois*, dit Platon, *est une marque aussi certaine de la corruption d'un état, que la multitude des médecins en est une de la grande quantité de malades*: mais la contrariété des lois, et leur opposition fréquente, est aussi funeste dans une république, que l'usage habituel des remèdes contraires l'est à la santé.

Rome et l'Angleterre nous montrent donc les funestes suites du pouvoir souverain partagé avec le peuple. Voyons si la monarchie aristo-cratique ne remédie pas à ces inconvéniens.

CHAPITRE XV.

De la Monarchie modérée par l'Aristo-cratie.

1. L'UNITÉ de la puissance suprême a toujours été regardée comme un très-grand avantage dans un état, pour prévenir les divisions et les jalousies des chefs qui gouvernent. Le grand

(a) Nous observons que cet article sur l'Angleterre, a été imprimé au commencement de ce siècle.

bien de la société n'est pas tant la richesse et l'abondance des particuliers, que le bien commun de tous. Or ce bien commun est l'union des familles, l'éloignement des guerres civiles, l'extinction des cabales. Il est incontestable que l'unité se trouve mieux lorsque la puissance suprême est réunie dans une seule volonté, que lorsqu'elle est divisée entre plusieurs volontés différentes.

Le gouvernement partagé ou mis entre les mains de plusieurs, peut convenir aux républiques renfermées dans une seule ville, ou aux petits états ; mais il paroît incompatible avec des royaumes d'une grande étendue. Les citoyens de chaque ville voudroient toujours élever la leur au-dessus des autres. D'où il est naturel de voir naître des révolutions fréquentes et des séditions cruelles. C'est de là que sont venues toutes les jalousies de la Grèce. Son célèbre sénat d'*Amphyctions* ne pouvoit pas empêcher les dissensions civiles Cette sage assemblée étoit pourtant composée de députés que nommoient les douze principales villes de la Grèce. Il se rendoient à certains jours précis aux *Termohyles*, où ils délibéroient de tout ce qui regardoit le salut, le repos et l'intérêt commun des républiques : mais ce sénat si respectable fut cependant trop foible pour appaiser et pour éteindre les jalousies, les guerres civiles de Sparte, d'Athènes, etc. qui aspirent tour à tour à l'empire universel de la Grèce, jusqu'à ce que toutes ces petites républiques furent réunies sous la domination de Philippe de Macédoine, qui se servit de leurs divisions mutuelles pour les affoiblir et les subjuguer.

2. L'unité de la puissance suprême paroît nécessaire non-seulement pour l'union des sujets,
mais pour la promptitude des conseils. Dans les
gouvernemens populaires ou aristocratiques, rien
ne se fait qu'avec lenteur, et dans des assemblées publiques ; tout dépend pourtant quelquefois de l'expédition. Dans une monarchie, le
souverain peut délibérer et donner ses ordres
en tout temps et en tout lieu. C'est pour cela
que les Romains, dans les grandes et importantes affaires de la république, eurent souvent
recours à l'unité de la puissance souveraine, en
créant un dictateur dont le pouvoir étoit absolu.

3. Le gouvernement militaire demande naturellement d'être exercé par un seul. Tout est
en péril, quand le commandement est partagé.
Il s'ensuit que cette forme du gouvernement
est la plus propre en elle-même à tous les états,
et qu'elle doit enfin prévaloir, parce que la
puissance militaire qui a la force en main, entraîne naturellement tout l'état après soi, et
réduit tout au gouvernement monarchique. C'est
pour cela que nous voyons que toutes les plus
fameuses républiques du monde, ont commencé
par le gouvernement monarchique, & y sont
enfin revenues. Ce n'est que tard et peu à peu
que les villes grecques ont formé leurs républiques (a). » Au commencement, tous étoient
» gouvernés par des rois. *Rome a commencé par
» la monarchie, et y est enfin revenue. A présent
» il n'y a point de républiques qui n'aient été*

____

(a) Just. lib. 1.

» *autrefois soumises à des monarques* (a). Ne
» vaut-il donc pas mieux que cette unité de la
» puissance suprême soit établie d'abord, puis-
» qu'elle est inévitable, et qu'elle est trop vio-
» lente quand elle gagne le dessus par la force
» ouverte ? «

4. L'unité de la puissance suprême est encore
nécessaire pour maintenir la subordination entre
les différens ordres que nous voyons dans tous
les grands royaumes dont les sujets sont distin-
gués en deux classes. La première est de ceux
qui sont les propriétaires des terres, les chefs
des anciennes familles, les grands de la nation,
qui naissent dans la possession actuelle de toutes
les commodités de la vie. La seconde, qui est
la plus grande partie, est de ceux qui par l'ordre
de la nature et de la Providence, naissent dans la
nécessité de gagner ce dont ils ont besoin par le
travail, par les arts ou par le commerce. Si les uns
et les autres se conduisoient selon les règles de l'humanité et de la droite raison, les premiers ne se
serviroient pas de leur autorité pour opprimer les
derniers, et les derniers n'auroient point de haine
et de jalousie contre les premiers, à cause de l'inégalité de leur état. Chacun se contenteroit de sa
condition, et tous contribueroient par cette subordination à se soutenir mutuellement. Mais
les passions des hommes mettent la division
entre ces deux ordres.

Si le gouvernement est entièrement entre les
mains des nobles, ils oppriment le pauvre peuple ; la république est réduite à l'état de Rome,

____

(a) M. de Meaux, Polit. de l'Ecr. sainte, p. 68.

avant la fameuse retraite du Mont-sacré, quand
les patriciens maltraitoient & accabloient le
peuple. Si le gouvernement est démocratique,
les nobles et les grands sont toujours exposés à
la haine et aux insultes du menu peuple. Tel
étoit l'état de Rome vers la fin du consulat,
quand tout se gouvernoit au gré d'une populace
aveugle et des tribuns insolens.

Il faut donc une puissance supérieure à ces
deux ordres, qui les tienne dans leurs justes
bornes : la royauté est comme le point d'appui
d'un levier, qui, en s'approchant de l'une ou de
l'autre de ces deux extrémités, les tient dans
l'équilibre.

Il faut que l'autorité royale soit tellement indépendante de la noblesse & du peuple, qu'elle
soit capable de modérer les deux partis. Voilà
ce qui manquoit dans la république romaine,
après que le consulat fut devenu commun aux
patriciens & aux plébéiens. La puissance étoit
tantôt tout entière du côté des nobles, tantôt
tout entière du côté du peuple ; de sorte qu'on
n'y remarquoit jamais l'équilibre, mais des séditions perpétuelles, & une oppression succes-
sive de l'un ou de l'autre de ces deux ordres.
Tel sera l'état de toutes les républiques, où l'on
tâchera de diminuer et de trop borner la puissance suprême, qui doit contenir dans leurs
justes limites, les deux autres puissances subal-
ternes.

5°. Le roi ne peut pas tout voir de ses propres yeux, & tout connoître par lui-même ; il
faut qu'il ait des conseillers, non - seulement
pour instruire le prince de l'état de la patrie,

mais pour l'empêcher de tendre au despotisme tyrannique. Voilà ce qui fait croire aux royalistes modérés, qu'une assemblée dont les membres sont fixes, et non point électifs, doit partager avec le roi, non pas la puissance souveraine, mais le pouvoir législatif. Le roi, disent-ils, doit pouvoir plus que tous ces membres ensemble, mais rien sans eux, quand il s'agit de faire des lois. C'est assez accorder à un seul homme. Il ne faut pas que l'autorité royale soit l'unique et la seule puissance de l'état. On ne doit rien faire sans elle, mais elle ne doit pas pouvoir tout faire toute seule. On ne doit point faire des lois malgré le roi, mais les lois ne doivent point dépendre totalement de sa volonté absolue. Il faut un concours de la puissance *monarchique & aristocratique*, pour composer le pouvoir législatif, et il ne faut jamais qu'ils agissent d'une manière indépendante.

6°. Il ne faut pas que le peuple soit entièrement exclu du gouvernement, mais il ne faut jamais partager avec lui le pouvoir législatif. Nous avons vu les funestes suites de ce partage de la souveraineté, dans les plus illustres républiques du monde. Quand une fois les députés du peuple s'emparent de l'autorité suprême, ils ne sauroient se contenir dans les justes bornes, et tôt ou tard ils réduisent tout au despotisme de la populace. Il ne faut pas leur donner une autorité qui les mette dans la tentation de trahir le peuple, d'allumer le feu de la sédition et de la discorde.

En voulant les exclure ainsi de l'autorité souveraine, nous sommes bien éloignés de vouloir

fouler le peuple : nous n'avons parlé contre ces
fiers représentatifs de la multitude, que parce
qu'ils sont les vrais ennemis du peuple, loin
d'en être les protecteurs ; qu'ils trahissent le
dépôt qu'on leur confie, et que par ambition
ils deviennent les brouillons de l'état. Le pauvre
peuple est le soutien et la base de la république.
Il le faut bien nourrir & le faire bien travailler.
S'il n'est pas bien nourri, la force lui manque,
& la république s'énerve ; s'il ne travaille point,
il devient une bête féroce et indomptable.

Or, pour mettre le peuple à couvert de l'oppression, & l'empêcher d'être foulé par l'autorité royale, ce doit être une loi inviolable de ne
jamais lever de subsides extraordinaires, sans son
consentement.

Je ne parle point ici des revenus réglés &
annuels, qui sont absolument nécessaires pour le
soutien de l'état & de la royauté : ce sont des
prérogatives inaliénables de la couronne, que
les rois ont toujours droit d'exiger. Je ne parle
que des subsides extraordinaires, nouveaux &
passagers. Or, je dis avec Philippe de Commines,
grand politique & bon royaliste (a), » que nul
» roi, nul prince au monde, n'a droit de lever
» de tels impôts sur ses sujets, sans leur con-
» sentement, & qu'ils ne peuvent les exiger
» contre leurs volontés, à moins que d'user de
» violence & de tyrannie. Mais, dira-t-on, il
» arrive des cas si pressans, qu'il y auroit du
» danger à remettre la levée de l'impôt après la
» convocation des états, qui ne se peut faire si

____

(a) Hist. de Louis XI, liv. 5 , ch. 18.

» promptement. Est-ce donc que la guerre que
» veut faire le prince, est une chose qu'il faille
» tant précipiter? car c'est de la guerre qu'en-
» tendent parler ceux qui font cette objection.
» Peut-on au contraire s'y engager trop tard, &
» n'est-on pas toujours à temps de la déclarer? «

7°. Mais pour rendre cette forme de gouvernement plus parfaite, il faut que la monarchie
soit héréditaire. C'est une sage précaution des
grands législateurs, pour empêcher les divisions
et les jalousies. Il leur paroît qu'on doit fixer le
droit de la souveraineté par la naissance, comme
on fixe celle de la propriété. La nature, qui nous
a donné une règle pour l'un, semble nous la
donner pour l'autre. C'est un grand bien pour
le peuple, que le gouvernement se perpétue par
les mêmes lois qui perpétuent le genre-humain,
et qu'il aille pour ainsi dire avec la nature.
Toutes choses égales, il faut toujours préférer
ce qui est réglé par l'ordre fixe et constant de la
nature, à ce qui est l'effet de la volonté capri-
cieuse et inconstante de l'homme.

De plus, la monarchie élective est le plus
malheureux de tous les gouvernemens ; plus
l'autorité est grande, plus il y a de brigues pour
y parvenir, & plus il y a de dangers de la laisser
au jugement et à l'élection de la multitude. Si
l'on examine bien la source de tous les malheurs
de l'empire romain, on verra qu'ils venoient
presque tous des élections. Tout étoit soumis à
la violence d'une armée qui, s'étant emparée de
la souveraineté, se donnoit des maîtres selon sa
fantaisie, et souvent plusieurs à-la-fois. Un roi
qui n'a rien à espérer pour sa postérité après sa

mort, ne songe qu'à ses intérêts pendant sa vie; au lieu qu'un roi héréditaire est disposé à regarder son royaume comme son héritage, qu'il doit laisser à ses descendans.

C'est l'observation inviolable de cette loi de succession, qui a fait subsister le vaste empire de la Chine, depuis presque quatre mille cinq cents ans. Les Tartares, pendant ce temps, y ont commis souvent de grandes hostilités; cependant ils n'ont jamais pu ébranler cet empire. Mais si-tôt que les Mandarins ont voulu changer le droit héréditaire, & se rendre chacun souverain, ils ont causé de terribles révolutions dans le dix-septième siècle, et les Tartares se sont servis de cette occasion pour les subjuguer.

C'est aussi la succession héréditaire qui a fait subsister pendant plus de seize cents ans, le plus sage empire qui ait jamais été, je veux dire l'Egypte. Les mauvais rois étoient épargnés pendant leur vie; le repos public le vouloit ainsi: mais après la mort, on les punissoit en les privant de la sépulture. Quelques-uns ont été traités ainsi, mais on en voit peu d'exemples. Au contraire, la plupart des rois ont été si chéris des peuples, que chacun pleuroit sa mort autant que celle de son père ou de ses enfans.

8°. Il est nécessaire aussi pour la même raison, que le pouvoir aristocratique, qui modère le pouvoir royal, soit fixe, héréditaire, et non pas électif. La nature et la naissance donnent à chacun son rang; on n'a pas besoin de le briguer par les cabales et les élections injustes et tumultueuses; et c'est-là la raison essentielle pourquoi les membres électifs d'un état, et ceux qui représentent le peuple, ne doivent jamais avoir part à l'autorité législative. Ce n'est pas qu'on ne trouve parmi les plébéiens, des esprits aussi capables, aussi sublimes, aussi habiles que parmi les patriciens; mais c'est parce que les factions étant inévitables, tout est rempli de brigues et de cabales, rien n'est fixe, rien n'est stable, tandis qu'on laisse tout à l'élection de la multitude aveugle, et séduite par les esprits ambitieux.

De plus, le pouvoir aristocratique doit être réglé par l'ancienneté des familles, pour empêcher que les souverains ne se rendent maîtres absolus de cette puissance qui modère leur autorité. Il seroit à souhaiter que les rois ne fussent pas les maîtres de multiplier à leur gré les membres de ce sénat fixe, qui partage avec eux le pouvoir législatif; car autrement il leur seroit aisé de diminuer son autorité, en le remplissant de leurs créatures, qu'ils auroient élevées exprès pour servir à leurs desseins injustes. Si un souverain veut récompenser le mérite des grands hommes, comme il le doit, il semble que ce ne doit pas être en les admettant d'abord à partager avec lui le pouvoir législatif, mais en faisant monter par degré à ces dignités qui, après une certaine succession de temps, donnent le droit à leur postérité d'avoir part à l'autorité aristocratique. » La vertu, dit un célèbre auteur (a),
» sera assez excitée, et l'on aura assez d'empres-
» sement à servir l'état, pourvu que les belles
» actions soient un commencement de noblesse

(a) Télém. liv. 12 p. 466.

» pour les enfans de ceux qui les auroient faites. «
Faute d'observer cette règle, les tribuns à Rome
parvinrent autrefois à la dignité consulaire; les
nobles se multiplient à Venise à force d'argent;
et les communes, en Angleterre, parviennent
aujourd'hui à la pairie, seulement pour servir
aux desseins ambitieux de la cour. Mais quand
les emplois sont réglés par la naissance, chaque
ordre de l'état s'applique au travail pour lequel
la nature et la providence l'ont destiné, selon la
subordination, sans vouloir aspirer par ambition
à confondre les rangs. De cette manière, on
engage la noblesse au travail de l'esprit, et le
peuple au travail du corps. Or la force d'une
république consiste sans doute dans un peuple
dont les différens ordres sont instruits et labo-
rieux.

La monarchie modérée par l'aristocratie, est
la plus ancienne et la plus naturelle de tous
les gouvernemens. Elle a son fondement et son
modèle dans l'empire paternel, c'est-à-dire,
dans la nature même, puisque l'origine des
sociétés civiles vient du pouvoir paternel. Or,
dans une famille bien gouvernée, le père
commun ne décide pas de tout despotique-
ment, selon sa fantaisie. Dans les délibérations
publiques, il consulte ses enfans les plus âgés
et les plus sages. Les jeunes personnes et les
domestiques n'ont pas une autorité égale avec
les pères de la famille commune.

C'est selon cette idée que Lycurgue ordonna
que toute la nation des Lacédémoniens ne seroit
qu'une famille; que les enfans appartiendroient
à la république; que les pères les plus âgés,

seroient regardés comme autant de magistrats suprêmes ; et que tous ces pères ensemble seroient soumis au roi, qu'on regarderoit comme le père commun de la patrie. Mais le peuple n'avoit point de voix délibérative dans le gouvernement.

La monarchie aristocratique est le modèle du gouvernement des plus fameux états. Avant que le pouvoir populaire prévalût en Grèce, à Carthage et à Rome, tout étoit gouverné par des rois et un sénat fixe. D'abord le peuple n'avoit point voix délibérative. *Les éphores, les suffètes et les tribuns,* n'étoient que les avocats du peuple. Tel étoit aussi le gouvernement de l'ancienne Egypte; le royaume étoit monarchique et héréditaire : un sénat composé de trente juges tirés des principales villes faisoit le conseil souverain du prince. Tel étoit aussi le gouvernement de l'empire des Perses; les satrapes ou les grands du royaume composoient le conseil souverain du monarque, et on les appeloit *les yeux et les oreilles du prince.* Tel est encore le gouvernement de la Chine ; l'empereur, quoiqu'absolu, fait serment qu'il n'établira jamais aucune loi sans le consentement de ses mandarins.

Telle étoit enfin la forme du gouvernement que les nations du nord (dont le climat froid et stérile, en diminuant l'imagination, augmente le jugement), avoient porté dans tous les pays du monde où elles s'étoient établies après la destruction de l'empire romain, dont toutes les nations avoient senti la tyrannie et les oppressions. Les Saxons avoient établi la monarchie aristocratique en Angleterre; les Francs dans les Gaules; les visigots en Espagne; les Ostrogots et après eux les Lombards en Italie. L'ancien parlement de la Grande - Bretagne étoit purement aristocratique. Tel étoit aussi le champ de Mars en France, les *cortès* en Espagne; le tiers - état et les membres électifs n'y ont eu part que tard, et d'abord leur pouvoir ne regardoit que la répartition des subsides.

Voilà ce qui fait croire aux royalistes modérés, que la forme du gouvernement sujette à moins d'inconvéniens, est la monarchie modérée par l'aristocratie. Les trois grands droits de la souveraineté, disent-ils, savoir le *pouvoir militaire*, le *pouvoir législatif*, et le *pouvoir de lever les subsides*, doivent être tellement réglés, qu'on ne puisse pas en abuser facilement. Il faut que la puissance militaire réside uniquement dans le roi, parce que de l'unité d'une même volonté, dépendent l'expédition, le secret, l'obéissance, l'ordre et l'union si nécessaire dans la milice. Il faut que le roi partage avec un sénat fixe, la puissance législative, parce qu'il ne peut pas juger de tout par lui-même. Il faut enfin que le roi n'impose les subsides extraordinaires, que par le consentement universel de tous les ordres du royaume, afin que le peuple ne soit point foulé. Cette sorte de gouvernement a tous les avantages qu'on trouve dans l'unité de la puissance suprême, pour exécuter promptement les bonnes lois; tous ceux qu'on trouve dans la multiplicité des conseillers pour faire les bonnes lois; et enfin tous ceux qu'on trouve dans le gouvernement populaire, par l'impuissance où est le roi d'accabler le peuple de subsides extraordinaires.

Mais quels que soient les avantages de cette forme de gouvernement, elle a pourtant ses inconvéniens comme les autres.

1°. Le partage de la souveraineté entre le roi et les seigneurs, cause infailliblement un combat de puissance contraires. Tôt ou tard le roi assujettit et abat le sénat, et devient absolu ; ou les nobles deviennent autant de petits tyrans, qui anéantissent le pouvoir monarchique, comme autrefois à Athènes, à Rome, etc. et aujourd'hui à Venise et à Gênes.

2°. D'un autre côté, dans les royaumes où le peuple n'a point de part au gouvernement, la hauteur des grands, leur avarice et leur ambition, leur font mépriser et fouler aux pieds ceux qui sont obligés de vivre par le travail. Les nobles oublient que la simple naissance ne donne rien au-dessus des autres hommes, que l'occasion de faire plus de bien qu'eux ; leur orgueil les pousse souvent à se révolter contre les princes, et leur dureté pousse le peuple à se révolter contre eux.

Tout bien considéré, il paroît que la monarchie doit être préférée au gouvernement mixte. Les autres formes de gouvernement sont exposées aux mêmes inconvéniens qu'elle, mais elle a des avantages que les autres n'ont pas. L'unité, l'expédition, et l'équilibre entre les nobles et le peuple, sont des avantages propres à la monarchie seule ; mais la tyrannie, les passions, et l'abus de l'autorité suprême, sont des malheurs communs à tous les gouvernemens.

Tandis que l'humanité sera foible, imparfaite et corrompue, toutes sortes de gouvernemens porteront toujours au-dedans d'eux-mêmes, les semences d'une corruption inévitable, et de leur propre chute et ruine.

Je suis donc bien éloigné de croire qu'il y ait aucun établissement humain qui n'ait pas ses inconvéniens, ou qu'il soit possible de remédier aux maux inévitables du grand corps politique, par aucune forme de gouvernement particulière. L'abus de l'autorité souveraine, en quelques mains qu'elle soit, entraînera tôt ou tard la ruine de toutes sortes de gouvernemens dont la forme est même la meilleure. Les beaux plans servent à amuser les spéculatifs dans leurs cabinets; mais dans la pratique, nous voyons que la plus petite bévue cause le renversement des plus grands empires. C'est ici où le grand corps politique ressemble au corps humain : une fièvre, un rhume, le moindre petit accident emporte le corps le plus robuste et le mieux fait, aussi bien que le plus foible et le plus difforme : c'est même une expérience connue dans la médecine, que les personnes vigoureuses sont plus sujettes aux maladies subites et violentes, que les personnes plus languissantes.

D'un côté, les meilleures formes de gouvernement peuvent dégénérer par la corruption et les passions des hommes; d'un autre côté, les gouvernemens qui paroissent les moins parfaits, peuvent convenir à certaines nations. Il est peut-être impossible de décider quelle est la meilleure forme de gouvernement, ou s'il y en a une qui convienne généralement à tous les pays. Les différens génies des peuples, souvent opposés et contraires, semblent rendre la différence des formes opposées nécessaire et convenable. Il entre dans cette question une si grande multiplicité de rapports, qui varient si souvent, que l'esprit humain ne peut pas les embrasser tous, pour en porter un jugement ferme et décisif.

Les abus et les inconvéniens auxquels toutes les différentes formes de gouvernement sont exposées, doivent convaincre les hommes, que le remède aux maux du grand corps politique, ne se trouvera point en changeant et en bouleversant les formes déja établies, pour en établir d'autres, qui dans la théorie peuvent paroître plus parfaites, mais qui dans la pratique ont toujours des inconvéniens inévitables. Les hommes ne trouveront jamais leur bonheur dans les établissemens extérieurs, ni dans les beaux règlemens que l'esprit humain peut inventer, mais dans ces principes de vertu qui nous font trouver au-dedans de nous des ressources contre tous les maux de la vie, et qui nous font supporter pour l'amour de l'ordre et la paix de la société, tous les abus auxquels les meilleurs gouvernemens sont exposés.

———

CHAPITRE XVI.

CHAPITRE XVI.

Du Gouvernement puremeut populaire.

LES amateurs de l'indépendance voyant que toutes les formes de gouvernement sont exposées à des inconvéniens inévitables, prétendent que l'autorité souveraine ne doit jamais être confiée à aucun homme ni à aucune société d'hommes d'une manière permanente.

» Cette stabilité de puissance, disent-ils, fait
» que les souverains se l'attribuent comme un
» droit, et par-là deviennent tyrans. Le seul
» moyen de les retenir, est de leur faire sentir
» que les souverains de tous les pays ne sont
» que les exécuteurs des lois, que l'autorité
» suprême réside originairement dans le peuple,
» et qu'il est toujours en droit de juger, de dé-
» poser et de punir les magistrats suprêmes,
» quand ils violent ces lois. Le dessein de la
» première création et institution des souve-
» rains, n'a été que pour conserver l'ordre et
» la paix de la société. Ils n'ont été choisis que
» par le consentement du plus grand nombre.
» Ceux qui donnent l'autorité, peuvent toujours
» la reprendre. Le contrat originaire du peuple
» avec les princes, a pour condition essnetielle,
» que les souverains seront les pères du peuple,
» el les conservateurs des lois. Un seul homme,
» ou un petit nombre d'hommes, peuvent se

T

» tromper et se laisser entraîner par leurs pas-
» sions : mais la voix universelle de la multi-
» tude est la voix de la pure nature ; c'est le
» sens commun et la droite raison, éloignée
» de subtilités artificieuses. Chaque particulier
» pris séparément, a ses erreurs et ses passions ;
» mais le tout pris ensemble, fait un mélange
» de qualités contraires, qui se corrigent et se
» modèrent réciproquement, comme les ingré-
» diens d'une certaine médecine, dont chacun
» est un poison, mais la composition de tous
» fait un excellent remède. «

N'est-ce pas méconnoître l'humanité, que de
raisonner ainsi ? Au lieu des idées claires, on
nous repaît de fictions poétiques. Nous avons
déja démontré, 1°. Qu'il n'y a jamais eu un
état de pure nature, où tous fussent indépendans, égaux et libres, pour faire ce contrat
imaginaire, 2°. Que l'autorité souveraine ne
dérive pas du peuple. 3°. Supposé qu'elle en
dérivât, cependant le peuple ayant une fois
résigné son droit naturel, ne peut plus le reprendre.

Mais, indépendamment de tout cela, il est
faux, 1°. que le plus grand nombre ait un droit
inhérent et naturel de faire des lois, et de juger
en dernier ressort.

Le droit naturel est fondé sur la loi naturelle.
La source de la loi naturelle, est la souveraine
raison et la parfaite justice. Or, la multitude ne
possède point ces qualités, en tant qu'elle est le
plus grand nombre. Il y a peu d'hommes qui

consultent la raison avec attention, et qui la suivent malgré leurs intérêts et leurs passions. Le plus grand nombre a toujours été le plus ignorant et le plus corrompu.

Si dans les assemblées civiles on se soumet à la décision de la pluralité, ce n'est pas parce qu'elle juge toujours selon la parfaite raison et justice, mais parce que sa décision est un moyen fixe et palpable pour terminer les disputes.

Si l'on dit que les pères de la patrie, les chefs des anciennes familles, les membres héréditaires ou électifs d'un sénat, sont les législateurs naturels dans tous les lieux et dans tous les temps, on contredit ses propres principes ; on établit une inégalité naturelle parmi les hommes ; on donne un droit inhérent à un petit nombre, à l'exclusion de la multitude ; car les nobles et les gens choisis pour être les représentans de l'état, n'en sont que la moindre partie. Les patriciens de tous les pays, sont souvent des gens peu instruits, foibles, sujets aux mêmes passions que les autres hommes. Les membres électifs sont souvent choisis par brigues, et corrompus par promesses ; ainsi la raison n'est pas plus probablement de leur côté, que du côté de ceux qui ne sont pas choisis ; ils n'ont, par conséquent, aucun droit naturel et inhérent de décider souverainement ; ils n'ont qu'un droit civil, fondé sur la nécessité qu'il y ait quelque juge suprême qui finisse les dissensions, et qui conserve par-là l'ordre et la paix de la société.

C'est-là le fondement de tout droit civil,

de toute autorité et de toute propriété légitime.
Ce n'est ni la raison absolue, ni la parfaite
justice, ni le mérite personnel, mais la paix
générale de la société, qui est la règle des lois
civiles.

2°. Il est faux qu'on suive jamais dans les
délibérations publiques et populaires, le sentiment naturel du plus grand nombre : deux ou
trois hommes gouvernent la multitude ; les factions et les cabales prédominent ; les promesses,
les menaces, ou la fausse éloquence de quelques
chefs hardis, remuent tout le peuple.

Qu'on lise l'histoire de la république romaine,
où le gouvernement populaire a prévalu : on
verra que ce n'est jamais le peuple qui parle ;
c'est presque toujours quelque tribun ambitieux
qui fait parler la multitude, et qui abuse de la
crédulité. Les partisans de l'autorité populaire
ne le sont, que parce qu'ils espèrent gouverner
le peuple à leur gré.

On s'éblouit par les belles idées, parce qu'on
n'envisage qu'un côté de la vérité, sans en regarder toutes les faces.

Il est vrai que le *bien public* doit être la règle
immuable de toutes les lois, que les souverains
doivent être les conservateurs de ces lois et les
pères du peuple. Lorsqu'ils agissent autrement,
ils renversent le dessein de leur institution, ils
violent tous les droits de l'humanité, ils deviennent tyrans, mais ils ne peuvent être punis que
par Dieu seul. Ce n'est pas qu'ils ne soient cou-
pables, et qu'il ne méritent une punition plus
sévère que les autres hommes ; mais c'est que
l'ordre et la paix de la société demandent, non-

seulement qu'il y ait de bonnes lois, mais qu'il
y ait une puissance suprème, fixe et visible,
qui fasse ces lois, qui les interprète, qui les
exécute, qui juge en dernier ressort, et contre
laquelle il n'est point permis de se révolter, sans
perdre tout point fixe dans la politique, et sans
exposer tous les gouvernemens aux révolutions
perpétuelles, et aux caprices bizarres de la multitude aveugle et inconstante.

Tel est le triste état de l'humanité : il faut
qu'il y ait une autorité suprème, qui fasse, qui
interprète, qui exécute les lois. Les législateurs,
les interprètes et les exécuteurs de ces lois, sont
des hommes foibles, imparfaits, et sujets à
mille passions. Ils manqueront comme ceux qui
obéissent, ils se tromperont, ils seront injustes ;
mais il n'y a point de remède. Il faut obéir et
souffrir, puisqu'entre deux maux inévitables,
on doit en choisir le moindre Or, vaut-il mieux
se soumettre à une force fixe et permanente,
ou s'abandonner aux révolutions perpétuelles de
l'anarchie ? Faut-il se ranger sous un gouvernement réglé, où l'on peut trouver quelquefois de
bons maîtres, et où les méchans princes ont
toujours un intérêt puissant de ménager leurs
sujets ? où faut-il se livrer aux fureurs de la
multitude, pour devenir à tout moment le jouet
du caprice, de l'inconstance et de l'aveugle
passion de tous ceux qui n'ont aucun principe
d'union, que l'amour de l'indépendance, et qui
peuvent se diviser et se subdiviser à l'infini,
comme les vagues de la mer, qui se brisent successivement? il n'y a certainement aucun choix
à faire entre ces deux extrémités.

T 3

CHAPITRE XVII.

Du Gouvernement où les lois seules président.

PLUSIEURS philosophes croient que le seul moyen d'éviter les abus de l'autorité suprême, est que chaque peuple ait des lois écrites, toujours constantes et sacrées, et que ceux qui gouvernent n'aient d'autorité que par elles, et autant qu'ils les exécutent. Voilà, disent ces philosophes, ce que les hommes établiroient unanimement pour leur félicité, s'ils n'étoient pas aveugles et ennemis d'eux-mêmes.

Oui sans doute, mais voilà ce que les hommes n'établiront jamais, parce qu'ils sont et seront toujours aveugles et ennemis d'eux-mêmes. Pour faire réussir ce plan, il faudroit changer la nature des hommes, et les rendre tous philosophes.

Dans l'état présent de l'humanité, toutes les lois écrites deviendroient inutiles, s'il n'y avoit pas quelque puissance supérieure et vivante, pour les interpréter et les faire exécuter : en voici les raisons.

1°. Toute loi écrite est sujette aux équivoques. Les lois les plus simples et les plus courtes, qui paroissent claires dans la théorie générale, deviennent obscures dans l'explication particulière. Les premiers législateurs croyoient satisfaire à tous les besoins de la société, par leurs lois primitives; mais dans la suite, il a fallu accommoder les lois générales à une infinité de circonstances particulières qu'on ne prévoyoit pas d'abord. De-là est venue la multiplicité des lois, et tous les raffinemens du droit civil: vice essentiel dans un état, mais inévitable pour prévenir l'artifice des fourbes.

L'esprit humain est fertile en détours, en subtilités, en subterfuges; il répand l'obscurité sur les vérités les plus claires, quand elles combattent ses passions, ses préjugés et ses intérêts; il s'enveloppe de nuages, pour se dérober à la lumière qui l'importune. Que faire dans cet état? qui est-ce qui sera l'interprète des lois, ainsi obscurcies et altérées?

S'il n'y a point un juge suprême qui parle, chacun viendra, le livre des lois à la main, disputer de son sens; chacun voudra décider et s'ériger en législateur. Les plus sensés et les plus raisonnables sont le plus petit nombre. On n'écoutera plus les lois. La force seule décidera de tout. L'on tombera dans l'anarchie la plus affreuse, où chacun appellera raison son opinion.

2°. Les lois civiles ne sont pas d'une nature immuable et universelle Ce qui paroît juste et convenable dans un temps, ne l'est plus dans un autre. Il n'y a aucune règle faite par l'homme, qui n'ait ses exceptions, parce que l'esprit humain ne peut pas prévoir toutes les circonstances qui rendent les meilleures lois plus ou moins utiles, selon les différens temps et lieux. C'est pour cela que le changement des lois anciennes,

quand il se fait par la puissance souveraine d'un
état, et non selon le caprice du peuple, est quelquefois nécessaire et avantageux.

Il faut donc qu'il y ait une autorité suprême,
qui juge quand il faut changer les lois, les étendre, les borner, les modifier et les accommoder
à toutes les situations différentes où les hommes
se trouvent. Car si le peuple en est le juge, le
plus grand nombre l'emportera, la force seule
dominera : nous voilà replongés dans l'anarchie.

3°. La vue claire de la vérité, la connoissance
des meilleures lois, n'est pas suffisante pour les
faire exécuter. Le pur amour de la vertu, le
plaisir délicat qu'elle donne, est un ressort trop
intellectuel pour la plupart des hommes; il faut
les remuer par des motifs plus grossiers, par
des punitions et des récompenses, par des menaces et des promesses. Il faut donc, outre la
lettre morte de la loi, une autorité fixe et vivante, qui fasse faire aux hommes par *force*,
ce qu'ils ne féroient pas par *raison*.

CONCLUSIONS.

ON peut réduire ce que nous avons avancé
dans cet essai, à ces principes simples, que nous
offrons à l'examen sérieux de nos antagonistes
équitables.

1°. Le gouvernement civil n'est pas un contrat libre. Les passions des hommes le rendent
absolument nécessaire, et l'ordre de la génération nous y soumet tous antécédamment à tout
contrat.

2°. Dans tout gouvernement, il faut qu'il y ait une puissance souveraine qui fasse des lois , et qui en punisse le violement par la mort. Cette puissance suprème dérive immédiatement de Dieu, qui a seul le droit, comme *souverain être* et comme *suprême raison*, de régler sa créature, et d'en punir les déréglemens. L'élection , la succession , la conquête juste et tous les autres moyens de parvenir à la *souveraineté*, ne sont que les canaux par où elle coule, et nullement la source d'où elle découle. Ce ne sont que des lois civiles , pour régler la distribution d'un droit qui appartient originairement au *souverain être.*

3°. Les formes de gouvernement sont arbitraires; mais quand l'autorité suprême est une fois fixée dans un seul ou dans plusieurs, d'une manière *monarchique , aristocratique, populaire* ou *mixte*, il n'est plus permis de se révolter contre ses décisions. Puisqu'on ne peut pas multiplier les puissances à l'infini, il faut nécessairement s'arrêter à quelqu'autorité supérieure à toutes les autres, qui juge en dernier ressort, et qui ne peut pas être jugée elle-même.

4°. De-là il suit que la *puissance souveraine* n'est point vague et indéterminée, mais une autorité fixe, vivante et visible, qu'on peut reconnoître dans tous les temps et lieux, et à qui tous peuvent avoir recours, comme à la source de l'unité politique et de l'ordre civil. Croire par conséquent qu'elle réside originairement dans le peuple, et qu'elle appartient toujours au plus grand nombre, est un principe qui tend à l'anéantissement de toute société. Deux ou trois chefs hardis peuvent en tout temps assembler le peuple dans un assez grand nombre, pour s'appeler la majeure partie de l'état, pour tout entreprendre et pour tout exécuter par la pluralité et la force, sans ordre, sans règle et sans justice.

5°. Le *bien public* doit être la loi immuab et universelle de tous les souverains, et la règle de toutes les lois qu'ils font. Quand ils violent cette grande loi, ils renversent le dessein de leur institution, et agissent contre toutes sortes de droits; mais ils ne sont comptables qu'à Dieu seul de l'abus de leur autori é.

S'il étoit permis à chaque particulier, ou au peuple en général, de décider quand les souverains ont passé les bornes de leur pouvoir, de les juger et de les déposer, il n'y auroit plus de gouvernement fixe sur la terre.

Les esprits ambitieux, rebelles et artificieux, trouveroient toujours les plus spécieux prétextes pour séduire le peuple, et le révolter contre ses souverains.

6°. Tandis que l'homme sera gouverné par l'homme, toutes les formes de gouvernement seront imparfaites et exposées aux mêmes abus de l'autorité souveraine : mais la monarchie paroît la meilleure de toutes ces formes; car quoiqu'elle ait les mêmes inconvéniens que les autres, elle a pourtant des avantages que les autres n'ont pas.

CHAPITRE XVIII.

Des idées que l'Ecriture-sainte nous donne de la politique.

COMME l'on parle toujours, dans cet essai, en philosophe qui ne suppose aucune religion révélée, on a cru devoir montrer la conformité de nos principes avec les lumières des saintes écritures, pour satisfaire à la piété de ceux qui sont capables de consulter ces oracles sacrés avec vénération et docilité.

Ces livres divins nous représentent le genre-humain comme une grande famille, dont Dieu est le père commun. Tous les hommes sont créés à son image et ressemblance ; tous sont capables de là même perfection; tous sont destinés pour le même bonheur. Nous sommes donc tous liés les uns avec les autres par notre rapport au père commun des esprits, et obligés de nous aimer, de nous secourir, de chercher mutuellement notre bien commun, comme frères, comme enfans, comme images d'un même père, *Aimer Dieu pour lui-même, et les hommes pour Dieu*, est l'essentiel de la loi de Moyse, et de celle de notre grand législateur Jésus-Christ.

Nous sommes frères, non-seulement parce que nos esprits sortent tous d'une même origine, mais encore parce que nos corps sont descendus de la même tige. Dieu a fait sortir tous les hommes

qui doivent couvrir la face de la terre d'un seul.
C'est-là l'image de la paternité de Dieu. Ce qui
se fait dans l'ordre des intelligences est vive-
ment représenté par ce qui se fait dans l'ordre
des corps. Tous viennent d'une même origine.
Tous sont membres d'une même famille : tous
sont enfans d'un même père. Il n'est pas permis
à l'homme de se regarder comme indépendant
et détaché des autres. Il ne peut pas se faire
la fin et le centre de son amour, sans renverser
la loi de sa création, de sa filiation, de sa fraternité. Il doit se rapporter tout entier à la grande
famille, et non pas rapporter la famille entière
à lui-même.

Si les hommes avoient suivi cette grande loi
de la charité, on n'auroit pas eu besoin de lois
positives ni de magistrats. Tous les biens de la
terre auroient été communs. Dieu dit à tous les
hommes : *Croissez (a), multipliez et remplissez la
terre.* Il leur donne à tous indistinctement toutes
les herbes et tous les bois qui y croissent.

Selon ce droit primitif de la nature, nul n'a
droit particulier sur quoi que ce soit, qu'autant
qu'il est nécessaire pour sa subsistance. Mais le
premier homme s'étant séparé de Dieu, sema
la division dans la famille. Il quitta la loi de la
raison, s'abandonna à ses passions, et son amour
le rendit insociable. Il n'est plus occupé que de
lui-même, et ne songe aux autres que pour son
intérêt propre. Le langage de Caïn se répand
par tout. *Est-ce à moi de garder mon frère ?* La
philantropie se perd, tout est en proie au plus fort.

____

(a) Gen. 1, 18.

Il semble que Dieu ait affecté de conserver parmi les hommes l'uinté de leur origine pour les engager à l'amour fraternel ; car s'étant réduits par leurs passions à cet état dénaturé, où chacun veut être indépendant , Dieu détruisit tout les hommes , excepté Noé et sa famille , afin qu'une seconde fois ils pussent se regarder comme les enfans d'un même père. La famille de Noé divisée en trois branches, s'est encore subdivisée en des nations innombrables. *De celles-là*, dit Moïse, *sont sorties les nations , chacune selon sa contrée et sa langue.* C'est ainsi , selon le témoignage de l'histoire sacrée , que les sociétés civiles se sont formées d'abord par la multiplication d'un tronc en plusieurs branches , et non pas par la réunion de plusieurs membres indépendans et libres.

La première idée du commandement vient sans doute de l'autorité paternelle. Je ne dis pas qu'elle en soit la *source*, mais seulement le premier *canal* par où il a *découlé*. Les premiers hommes vivoient à la campagne dans la simplicité, ayant pour loi la volonté de leurs parens. Telle fut encore après le déluge la conduite de plusieurs familles , sur-tout parmi les enfans de Sem , où se conservèrent plus long-temps les anciennes traditions sur la religion, et sur la matière du gouvernement. Ainsi Abraham, Isaac, et Jacob, persistèrent dans l'observance d'une vie simple et pastorale ; ils étoient avec leurs familles, libres et indépendans. Ils traitoient d'égal avec les rois. Ils faisoient la guerre de leur chef , et exerçoient toutes les autres parties de la souveraineté. Ce n'est pas que je veuille nier qu'il n'y ait eu de très-bonne heure d'autres sortes de gouvernement que l'empire paternel. Plusieurs ont pu violer les lois de la fraternité, et s'unissan ensemble, bâtir des villes, faire des conquêtes et établir des formes de gouvernement différentes.

Mais, quelle que fût la manière dont elles s'établirent, l'écriture-sainte nous élève sans cesse à la divinité même, pour y chercher la véritable source de la souveraineté. Ces oracles sacrés nous enseignent que la puissance suprême n'émane que de Dieu seul. Toutes les voies par lesquelles les hommes y parviennent, soit par le droit paternel, le droit héréditaire, le droit d'élection ou le droit de conquête, ne sont que les causes occasionnelles, comme parle la philosophie moderne. C'est Dieu seul qui dépose l'un et élève l'autre ; c'est lui qui par sa providence souveraine et universelle, influe sur tous les conseils des hommes, fait avorter ou réussir leurs entreprises selon ses desseins éternels, sages et équitables.

C'est pour cela que ces livres divins nous représentent toujours le monde entier comme un royaume gouverné par Dieu seul, qui donne aux nations des maîtres bons ou mauvais, pour être les ministres de sa justice ou de sa miséricorde. » Dieu donne, dit l'ecclésiastique (*a*), » à chaque peuple son gouverneur ; et Israël lui » est manifestement réservé. «

Les rois sont appelés par tout les oints du seigneur, non-seulement les rois des Israélites, qu'il faisoit oindre comme ses pontifes, mais des païens mêmes. Voici ce que dit le seigneur à Cyrus (*b*) : » Mon oint, que j'ai pris par la

______

(*a*) Eccl. 17, 14, 17.   (*b*) Isaïe, ch. 45.

(303)

» main pour lui assujétir tous les peuples,
» Ecoutez ! ô Rois, dit l'auteur du livre de la
» sagesse ; comprenez , apprenez , jugez de la
» terre ; prêtez l'oreille ! ô vous qui tenez le
» peuple sous votre empire , c'est Dieu qui vous
» a donné la puissance ; votre autorité vient du
» Très-haut, qui interrogera vos œuvres, et pé-
» nétrera le fond de vos pensées, parce qu'étant
» les ministres de son royaume , vous n'avez
» pas bien jugé. «

, S Paul nous enseigne la même doctrine. » Que
» toute ame, dit-il, soit soumise aux puissances
» supérieures ; car il n'y a point de puissance
» qui ne soit de Dieu , et toutes celles qui sont ,
» c'est Dieu qui les a établies; ainsi celui qui résiste
» à la puissance, résiste à l'ordre de Dieu. Le
» prince est le ministre de Dieu, et son lieute-
» nant sur la terre à qui est donné le glaive. »

Les partisans d'un roi de providence croient
que ce texte de S. Paul favorise leur sentiment.
*Toutes les puissances qui sont, c'est Dieu qui les
a établies* (a) ; donc , disent-ils , un roi de fait
est roi de droit. Mais y a t-il rien de plus outré
que de faire faire à l'apôtre une redite absclu-
ment superflue, pour enseigner aux hommes
que Dieu approuve les injustices les plus énormes.
L'apôtre a déja dit qu'il n'y a point de puissance qui ne soit de Dieu. Le reste est une ré-
pétition inutile, si les paroles qui suivent n'ont
point d'autre signification. Nous avons déja démontré que le droit de propriété et le droit de
souveraineté sont fondés sur les mêmes principes ?

____

(a) Rom. 13 , 1 , 2.

Si la possession injuste donne le droit à l'un,
elle le donne à l'autre. Voilà le chemin ouvert
à toute sorte de vols et de violences. Peut-on
soutenir une semblable explication ? Le vrai
sens de ces paroles ne peut être que celui-ci :
Obéissez aux puissances supérieures, parce que
leur autorité vient de Dieu. Obéissez aussi aux empereurs romains qui gouvernent actuellement,
car leur autorité est légitime.

Afin que les amateurs de l'indépendance ne
disent pas que c'est la seule crainte qui est le
fondement de la soumission aux puissances civiles, l'apôtre ajoute (a) : » Il est donc néces-
» saire que vous soyez soumis au prince, non-
» seulement par la crainte de sa colère, mais
» encore par l'obligation de votre conscience. «
Et dans un autre endroit (b), » Il faut le servir
» non à l'œil pour plaire aux hommes, mais
» avec bonne volonté, avec crainte, avec respect,
» et d'un cœur sincère, comme à Jésus-Christ. «

Un autre apôtre confirme la même doctrine (c):
» Soyez donc soumis pour l'amour de Dieu à
» l'ordre qui est établi parmi les hommes ; soyez
» soumis au roi comme à celui qui a la puissance
» suprême, et à ceux à qui il donne son autorité. «

Les mêmes oracles sacrés nous apprennent
que les souverains ne sont responsables qu'à Dieu
seul de l'abus de leur autorité.

Quand le peuple d'Israël demande un roi

(a) 1. Rom. 16, 5.
(b) Eph. 65, 6.
(c) 1. Pet. 2, 13.

comme

comme les autres nations, Samuel leur déclare
quelle sera l'étendue de sa puissance, sans pouvoir être restrainte par aucun autre pouvoir supérieur sur terre. » Voici le droit du roi qui
» règnera sur vous, dit le Seigneur (*a*). Il prendra
» vos enfans et les mettra à son service, il se
» saisira de vos terres et de ce que vous aurez
» de meilleur, pour le donner à ses servi-
» teurs, etc. « Est-ce que les rois auront droit
de faire tout cela licitement ? A Dieu ne plaise !
Dieu ne donne jamais le pouvoir de faire le
mal, et de violer la loi naturelle. Mais tels sont
les inconvéniens de la royauté ; il faut que le
peuple les subisse. Dieu annonce ici ce que les
rois feront, sans pouvoir être punis par la justice humaine. Saül avoit violé ce que les républicains appellent *contrat originaire* entre le
peuple et le prince. Il cherchoit sans raison à
détruire un innocent à qui Dieu avoit donné
même la royauté. Voyez cependant le respect
sacré que David témoigne pour la personne de
Saül, quand ses gens le pressent de s'en défaire.
» Dieu soit à mon secours, dit-il, qu'il ne m'ar-
» rive pas de mettre ma main sur mon maître,
» l'oint du seigneur. « Son cœur fut même saisi,
parce qu'il avoit coupé le bord du manteau de
Saül.

» Obéissez à vos maîtres, dit l'apôtre, non-
» seulement à ceux qui sont bons et modérés,
» mais encore à ceux qui sont fâcheux et in-
» justes. « Il est vrai que les rois ne sont que
des hommes foibles, et quelquefois méprisables

______

(*a*) 1. Reg. 8, 1.

V

par leurs qualités personnelles, mais leur caractère est auguste, sacré et inviolable. Ce ne sont
que des statues, des images, des hiéroglyphes,
mais des hiéroglyphes de la majesté souveraine,
qui sont respectables à cause de celui qu'ils
représentent. C'est lui qui donne à chaque statue
sa place, et qui les arrange les unes au-dessus
des autres, selon différens degrés. Il se réserve
à lui seul le droit de briser, dans sa fureur, la
statue suprême, quand elle ne répond point à
ses desseins adorables. Telle est la doctrine de
l'écriture-sainte sur la royauté. Voyons-en la
pratique.

» Parmi le peuple Hébreu (*a*) qui a eu tant
» de rois qui ont foulé aux pieds les lois hu-
» maines et divines, il ne s'est jamais trouvé de
» magistrat inférieur qui se soit attribué le droit
» de résister et de prendre les armes contre leur
» roi, à moins que quelques-uns d'eux n'en eus-
» sent reçu un ordre exprès, de Dieu, qui a un
» droit souverain sur les têtes couronnées. «

C'est cette inspiration extraordinaire qui justifie la conduite des Machabées ; car autrement
ç'auroit été une révolte formelle. Mais on ne
doit pas imiter un tel exemple, à moins qu'on
ne dise que le vol est permis, parce que Dieu
défendit aux Israélites de rendre ce qu'ils avoient
emprunté des Egyptiens.

De plus, l'accomplissement de l'ancienne
alliance étoit attaché à la terre de Canaan, au
sang d'Abraham et à ses enfans selon la chair (*b*).

(*a*) Grot. lib. 1, ch. 4.
(*b*) M. de Meaux, avert. 5, contre Jurieu.

Consentir à la perte totale de la race d'Aaron, étoit renoncer à l'accomplissement des promesses, à l'alliance et au sacerdoce. Le parti que prirent les Machabées étoit donc une nécessité absolue, et une suite indispensable des promesses, et néanmoins ils ne sont venus à ce fatal remède qu'une seule fois, et après une déclaration manifeste de la volonté de Dieu.

David se défend de l'oppression, mais c'est en fuyant, sans mettre le trouble dans la patrie, et sans violer le respect dû à la personne de son roi, quand il l'a entre ses mains.

Roboam traita durement le peuple, mais la révolte de Jéroboam et des dix tribus, quoique permise pour la punition des péchés de Salomon, est détestée de toute l'écriture, qui déclare, » que les tribus, en se révoltant contre la » maison de David, s'étoient révoltées contre » Dieu, qui régnoit en elle (a). «

Tous les prophètes qui ont vécu sous les méchans rois, Elie et Elizée sous Achab et sous Jésabel, Isaïe sous Achas et sous Manassés, Jérémie sous Joachim, sous Jéconias et sous Sédécias, n'ont jamais manqué à l'obéissance ni inspiré la révolte, mais toujours la soumission et le respect. Selon le terme précis de la loi, les idolâtres ou ceux qui forçoient le peuple à l'idolâtrie, devoient être punis de mort; cependant, comme remarque fort bien un savant prélat (b), » Ni les grands, ni les petits, ni tout » le peuple, ni les prophètes qui parloient si

_____

(a) Paral. 13 , 5 , 6.

(b) M. de Meaux, avert. 5 contre Jurieu.

» puissamment aux rois les plus redoutables, ne
» leur reprochoient jamais la peine de mort qu'ils
» avoient encourue selon la loi. Pourquoi, si ce
» n'est qu'on entendoit qu'il y avoit dans toutes
» les lois, selon ce qu'elles avoient de pénal,
» une tacite exception en faveur des rois, qu'on
» croyoit n'être responsables qu'à Dieu seul de
» l'abus de leur autorité ? «

Nabuchodonosor étoit impie jusqu'à vouloir
s'égaler à Dieu, et jusqu'à faire mourir ceux
qui lui refusoient un culte sacrilège ; néanmoins
Daniel lui parla ainsi : *Vous êtes le roi des rois,
et le Dieu du ciel vous a donné le royaume, et la
puissance, et l'empire, et la gloire.*

Cette doctrine s'est perpétuée dans la religion
chrétienne. C'étoit sous Tibère, non-seulement
infidèle, mais encore méchant, que Notre-Seigneur dit aux Juifs : *Rendez à César ce qui est
à César.*

S. Paul fait prier pour les empereurs, quoique l'empereur qui régnoit alors fût Néron, un
vrai monstre de l'humanité, le plus impie de
tous les hommes.

Les premiers chrétiens suivoient cette doctrine apostolique. Tertullien dit (*a*) : » Nous
» regardons dans les empereurs le choix et le
» jugement de Dieu, qui leur a donné le commandement sur tout le peuple. Nous respectons ce que Dieu y a mis. Que dirai-je davantage de notre piété pour l'empereur, que
» nous devons respecter comme celui que notre
» Dieu a choisi ? « Il appelle le respect dû aux

______

(*a*) Tert. Apol.

rois, *la religion de la seconde majesté*, insinuant
que l'autorité royale est un écoulement de l'autorité divine. Dans la même apologie, il dit (*a*) :
» Outre les ordres publics, par lesquels nous
» sommes poursuivis, combien de fois le peu-
» ple nous attaque-t-il à coups de pierres, et
» met-il le feu dans nos maisons, dans la fureur
» des bacchanales ? Et cependant quelle ven-
» geance recevez-vous de gens si cruellement
» traités ? Ne pourrions-nous pas, avec un peu
» de flambeaux, mettre le feu dans la ville, si
» parmi nous il étoit permis de faire le mal pour
» le mal ? Quand nous voudrions agir en enne-
» mis déclarés, manquerions-nous de troupes et
» d'armées ? Les Marcomans et les Parthes même
» se trouveront-ils en plus grand nombre que
» nous, qui remplissons toute la terre ? Il n'y a
» que peu de temps que nous paroissons dans
» le monde, et déja nous remplissons vos villes
» vos îles, vos châteaux, vos camps, vos assem-
» blées, les tribus, les décuries, le palais, le
» sénat, le barreau, la place publique ; nous ne
» vous laissons que les temples seuls. A quelle
» guerre ne serions-nous pas préparés, quand
» nous serions d'un nombre inégal au vôtre,
» nous qui endurons si résolument la mort, si
» ce n'étoit que notre doctrine nous prescrit
» plutôt de souffrir la mort, que de la donner ? «
 S. Augustin confirme la même doctrine par
l'exemple des anciens chrétiens (*b*). » Alors la
» cité de Dieu, dit-il, quoiqu'elle fût répandue

(*a*) Tert. Apol.
(*b*) De civit. Dei, lib. 22.

V 3

» par toute la terre, et qu'elle eût un si grand
» nombre de peuples à opposer à ses persécuteurs
» inexorables, n'a jamais pourtant combattu pour
» le salut temporel, ou plutôt elle n'a jamais
» résisté, afin d'acquérir le salut éternel. On les
» lioit, on les enfermoit, on les mettoit à la
» torture, on les brûloit, on les déchiroit, on
» les égorgeoit, et tout cela ensemble ne servoit
» qu'à en augmenter le nombre. Ils ne se met-
» toient point en devoir de combattre pour
» défendre leur vie, mais ils la méprisoient pour
» se sauver. «

Mais l'exemple le plus célèbre de la patience
et de la *non-résistance* des premiers chrétiens,
est celui de la légion thébaine. Elle étoit de
6566 soldats, tous chrétiens. Comme l'empereur Maximien ordonna à l'armée près de Mar-
tigni en Savoie, de sacrifier aux faux-dieux,
les soldats chrétiens prirent d'abord le chemin
d'Agaune en Suisse. L'empereur y envoya un
ordre exprès pour les faire venir sacrifier. Ils
refusèrent d'obéir : il les fit décimer, et passer
la dixième partie par les armes ; ce que les
gardes exécutèrent, sans qu'aucun des chrétiens
résistât.

Rien n'est plus beau ni plus grand que ce
que dit à ses soldats Maurice, premier tribun
de cette légion : » Que j'ai eu peur, chers com-
» pagnons, que quelqu'un de vous, sous pré-
» texte de se défendre, ne se mît en état de
» repousser par la violence une mort si heu-
» reuse ! J'étois déja sur le point de faire pour
» vous en empêcher, ce que fit Jésus - Christ
» notre maître, lorsqu'il commanda de sa pro-

(311)

» pre bouche à S. Pierre, de remettre dans le
» fourreau l'épée qu'il avoit à la main, nous
» apprenant que la vertu d'abandon et de la
» confiance chrétienne, est bien plus puissante
» que toutes les armes, et que personne ne doit
» s'opposer avec des mains mortelles, à une en-
» treprise mortelle. «

Exupere, enseigne de la légion, tint à peu
près le même discours aux soldats. » Vous me
» voyez, braves compagnons, porter l'étendard
» des troupes de la terre; mais ce n'est pas à
» ces sortes d'armes que je veux avoir recours;
» ce n'est pas à cette sorte de guerre que je
» veux animer votre courage et votre vertu:
» vous devez choisir un autre genre de combat;
» car vous ne pouvez pas aller par ces épées au
» royaume du ciel. «

Tels sont les sentimens de tous les grands
hommes de l'ancienne et de la nouvelle loi;
telle a été la doctrine des prophètes et des
apôtres; telle enfin fut la conduite de tous les
héros du christianisme dans les premiers siècles.
Durant sept cents ans après JÉSUS-CHRIST,
on ne voit pas un seul exemple de révolte contre
les empereurs, sous prétexte de religion.

Il y a donc une conformité parfaite entre les
lumières des saintes écritures et les idées que
nous avons donné de la politique.

---

(1) S. Eucher, évêque de Lyon.

F I N.

NOTES.

(1) Grotius, liv. 1, c. 3, §. VII, p. 121 de la traduction de Barbeyrac, t. 1 in-4°.

IL faut d'abord rejeter l'opinion de ceux qui prétendent *que la puissance souveraine appartient toujours, et sans exception, au peuple*, ensorte qu'il ait droit de réprimer et de punir les rois, toutes les fois qu'ils abusent de leur autorité. Il n'y a point de personne sage et éclairée qui ne voie combien une telle pensée a causé de maux et en peut encore causer, si une fois les esprits en sont bien persuadés. Voici les raisons dont je me sers pour la réfuter... Pourquoi un peuple libre ne pourroit-il pas se soumettre à une ou à plusieurs personnes, ensorte qu'il leur transférât entièrement le droit de le gouverner sans s'en réserver une partie? Il ne serviroit de rien de dire, qu'on ne présume pas un transport de droit si étendu; car il ne s'agit point ici de présomptions sur lesquelles on doit décider dans un doute, mais de ce qui peut se faire légitimement. En vain aussi allègue-t-on les inconvéniens qui naissent ou peuvent naître de là; car on ne sauroit imaginer aucune forme de gouvernemens qui n'ait ses incommodités, et d'où il n'y ait quelque chose à craindre: il faut, comme dit Térence, prendre le bien avec le mal qui l'accompagne, ou renoncer à l'un et à l'autre. *Aut hæc cum illis sunt habenda, aut illa cum his mittenda sunt.* Comme donc entre plusieurs

(314)

genres de vie les uns meilleurs que les autres, il est libre à
chaque personne d'embrasser celui qui lui plaît, de même
un peuple peut choisir telle forme de gouvernement que
bon lui semble. Ce n'est point par l'excellence d'une certaine forme de gouvernement sur quoi les opinions sont
partagées, qu'il faut juger du droit qu'a le souverain sur
ses sujets, mais par l'étendue de la volonté de ceux qui
lui ont conféré ce droit.

Or il peut y avoir plusieurs raisons qui portent un peuple
à se dépouiller intérieurement de la souveraineté, et à la
remettre entre les mains de quelques princes. ... Par exemple lorsque se voyant sur le point de périr, il ne trouve
pas d'autre moyen de se conserver ; ou lorsqu'étant pressé
d'une extrême disette, il ne lui reste que cette ressource pour
avoir de quoi subsister.... Pourquoi , *dans ces circonstances*,
un peuple ne pourroit-il pas se soumettre de cette manière à
une seule personne, à un puissant prince ?... Ajoutez à
cela que comme il y a des hommes qui, selon Aristote,
sont naturellement esclaves, c'est-à-dire, propres à l'esclavage, il y a aussi des peuples d'un tel naturel, qu'ils savent
mieux obéir que commander. Les Cappadociens semblent
s'être reconnus tels, puisque quand les Romains leur offri-
rent la liberté , il la refusèrent, disant qu'ils ne pouvoient
pas vivre sans roi. Voyez Strabon, Géogr. liv. 12, p. 815,
édit. d'Amesterdam ; et Justin, édition de Paris, p. 540,
liv. 38, c. 2. Quelquefois aussi la situation des affaires publiques est telle, que l'état semble être perdu sans ressource,
si le peuple ne se soumet desormais à la domination absolue
d'un seul homme. C'est ce que plusieurs personnes sages
et intelligentes ont remarqué au sujet de la république romaine, de la manière que les choses y alloient du temps
d'Auguste....

(315)

Ou il faut donc détruire tout ce que nous venons d'établir *par raison et par l'autorité de l'histoire et de tous ceux qui ont écrit sur le droit public*; ou il faut connoître que le droit de gouverner n'est pas toujours soumis au jugement et à la volonté de ceux qui sont gouvernés. Nous ajouterons même que l'expérience prouve que les rois, et les peuples encore plus, se sont toujours mal trouvés de cette inspection que la multitude s'arrogeroit sur la conduite et l'administration de leurs chefs.

La monarchie héréditaire est le gouvernement le plus commun; l'histoire tant ancienne que moderne le prouve; le plus naturel; c'est l'image du gouvernement paternel : le plus fort; quand on forme les états, on cherche à s'unir, et jamais on n'est plus uni que sous un seul chef; jamais aussi on n'est plus fort, parce que tout va en concours. *Boss. Polit. tirée de l'Écrit. sainte*, p. 290, in-4°.

Flatter le peuple pour le séparer des intérêts de son roi, c'est lui faire la plus cruelle de toutes les guerres, et ajouter la sédition à ses autres maux. *Ibid.* p. 397.

L'état est en péril et le repos public n'a plus rien de ferme, s'il est permis, pour quelque cause que ce soit, de s'élever contre son prince. *Ibid.* p. 404.

S. Augustin remarque qu'il y a une convention générale de la société humaine, en vertu de quoi on est tenu d'obéir aux rois : *Generale quippe pactum in societates, obedire regibus suis....*

De-là vient que par tout pays il y a tant de lois et tant de peines établies pour mettre en sûreté la majesté, c'est-à-dire la dignité et l'autorité ou du peuple ou de la personne qui a seule le pouvoir souverain. *Grotius*, liv. 3, ch. x, p. 131,

Le même saint docteur, comme le remarque Bossuet dans sa Défense de l'histoire des variations, tome 5 de ses œuvres, p. 719, consulte sur cette matière la loi éternelle, c'est-à-dire, comme il la définit, la raison divine et l'immuable volonté de Dieu, qui ordonne de conserver l'ordre naturel, et défend de le troubler.... Il donne ensuite cette belle règle : L'ordre naturel sur lequel est établie la tranquillité publique, demande que l'autorité et le conseil d'entreprendre la guerre soit dans le prince.... Et d'après ces mots de S. Paul, *ce n'est pas en vain que le prince porte l'épée, comme ministre de Dieu et comme vengeur des crimes*, il montre que le prince est seul armé dans un état, qu'on n'a nulle force que sous ses ordres, que c'est à lui seul à tirer l'épée que Dieu a mise en sa main pour la vengeance publique, et que l'épée tirée contre lui, est celle que J. C. ordonne de remettre dans le fourreau. Ainsi les guerres civiles et toutes les violences exercées contre le souverain, sous prétexte de se défendre de l'oppression, sont des attentats ; il le prouve par l'écriture, par la raison, par l'exemple des premiers fidèles, qui, malgré leur nombre qui étoit prodigieux, comme le remarque Tertullien dans sa belle apologie, préférèrent toujours la patience, la fuite, la mort même, à la rebellion contre les princes qui les persécutoient.

M. Bossuet réfute ensuite les exemples prétendus de rebellion de l'ancienne église, et démontre que celui de Julien l'Apostat est contredit par tous les historiens contemporains, et même par ceux qui étoient païens. Pour celui d'Anastase, forcé de se démettre de l'empire dans une sédition, il justifie le patriarche de Constantinople Mardonius, par le témoignage d'Évagre, qui convient que c'est la haine des Eutychéens contre ce patriarche, qui leur fit controuver cette calomñie pour le perdre et le faire chasser de son siége; et enfin, pour ce qui regarde les Perses-Arméniens, qui, vexés par le roi de Perse pour leur religion, se donnèrent aux Romains, M. de Meaux en conclut qu'ils étoient rebelles et agissoient contre leur conscience, s'ils n'y étoient pas autorisés par les conditions sous lesquelles ils s'étoient donnés aux rois de Perse.

(2) Œuvres de Bossuet, tome 3 in-4°, pag. 761.

Dans la défense de l'histoire des variations, cet illustre prélat parle de l'avis aux réfugiés que M. Jurieu attribue à Bayle, et dont celui-ci s'est justifié, non en niant qu'il en fût l'auteur, mais en soutenant qu'on n'en avoit aucune preuve. On peut voir dans sa vie, qui est à la tête de son Dictionnaire, tout ce qui s'est dit dans le temps pour et contre cette assertion Quoi qu'il en soit, l'avis aux réfugiés condamne les principes presque généralement avoués dans le parti, et scandaleusement autorisés par quelques-uns de ses synodes. Si l'auteur de cet ouvrage, dit M. Bossuet, est un protestant, comme la préface et beaucoup d'autres raisons donnent sujet de le croire, on ne peut assez louer Dieu de le voir si désabusé des préventions où il a été nourri, et de voir que sans concert, nous soyons tombés lui et moi dans les mêmes sentimens sur des points si décisifs..... Les protestans peuvent voir dans cet ouvrage, avec quelle témérité M. Jurieu les vantoit, il y a dix ans, comme les plus assurés et les plus fidèles de tous ses sujets. On leur montre, dans l'avis aux réfugiés, l'affreuse doctrine contre la majesté des rois et contre la tranquillité des états. Toute la ressource de la réforme étoit autrefois de désavouer, quoiqu'avec peu de sincérité, tous ces livres que l'esprit de rebellion avoit produits, ceux d'un *Bucanan*, ceux d'un *Paré*, ceux d'un *Junius Brutus*, et de tant d'autres de cette nature ; mais maintenant on leur ôte entièrement cette vaine excuse, en leur montrant qu'ils ont confirmé et qu'ils confirment encore par leur pratique constante, cette doctrine qu'ils désavouoient, et que l'église anglicane, qui de toute les églises protestantes avoit la mieux conservé la doctrine de l'inviolable majesté des rois (et nous apporterons en preuve, ci-après, un décret de l'université d'Oxfort, bien digne d'être rappelé dans ces circonstances) se voit aujourd'hui contrainte de l'abandonner. (C'étoit vers le temps de l'invasion de Guillaume, prince d'Orange, et pour le favoriser). On n'oublie pas que M. Jurieu, le même qui nous vantoit, il y a dix ans, la fidélité des protestans à toute épreuve, jusqu'à dire que *tous les huguenots étoient prêts de signer de leur sang, que nos rois ne dépendent pour le temporel de qui que ce soit, que de Dieu, et que sous quelque prétexte que ce soit, les sujets ne peuvent être absous du serment de fidélité*, à la fin embrasse le parti de ceux qui donnent tout pouvoir aux peuples sur leurs rois ; qu'il leur laisse par conséquent le pouvoir de s'absoudre eux-même, et sans attendre personne, de tout serment de fidélité et de toute obligation d'obéir à leurs souverains ; et qu'il s'est par ce moyen réfuté lui-même, plus que n'auroient jamais pu faire tous ses adversaires ensemble. Par-là on découvre clairement que la réforme n'a rien de sincère, ni de sérieux dans ses réponses ; qu'elles les accommode au temps, et les fait au gré de ceux qu'elle veut flatter.

Ce qui donnoit prétexte aux protestans de préférer leur fidélité à celle des catholiques, étoit l'ancienne prétention des papes sur le temporel des rois. Mais, outre qu'on leur a fait voir dans ce livre que toute la France, une aussi grande partie de l'église catholique, fait profession ouverte de la rejeter, on montre encore, plus clair que le jour, que s'il falloit comparer les deux sentimens, (c'est toujours Bossuet qui parle), celui qui soumet le temporel des souverains aux papes, et celui qui le soumet aux peuples, ce dernier parti, où la fureur, où le caprice, où l'ignorance et l'emportement dominent le plus, seroit aussi, sans hésiter, le plus à craindre.

L'expérience a fait voir la vérité de ce sentiment, et notre âge seul a montré, parmi ceux qui ont abandonné les souverains aux cruelles bizarreries de la multitude, plus d'exemples, et de plus tragiques, contre la personne des rois, qu'on n'en trouve durant six à sept cents ans, parmi ceux qui en ce point ont reconnu le pouvoir de Rome.

DECRETUM

UNIVERSITATIS OXONIENSIS,

Damnans propositiones infrà scriptas.

Ad honorem sanctæ et individuæ Trinitatis, et ad catholicæ et ortodoxæ doctrinæ veritatem in ecclesiâ conservandam ; necnon ut regia majestas, non ab hostibus tantum, sedet errorum insidiis, sacta et tuta maneat: frequenti convocationis senátu , die martis videlicet vigesimo quinto die mensis junii , anno domini CIƆIƆXXII habito , vice-cancellarius , doctores , procuratores , magistri, regentes et non regentes, more et loco consuetis convocati , unanimi consensu et assensu super quibusdam propositionibus non solum divino canoni , decretis conciliorum , scriptis patrum et primitivæ ecclesiæ fidei et professioni , sed monarchico culmini subdole ruinam minitantibus decreverunt in formulam sequentem.

PROPOSITIO I. Episcopi et pastores , magistratus suos impios aut injustos, si contumaces sint, possunt et debent Dei consensu ecclesiæ, Satanæ tradere , donec resipiscant.

Censura. Hæc propositio est erronea, impia , et sanæ politiæ subversiva.

PROPOSITIO II. Subditi non privati sed in magistratu inferiori constituti , adversùs superiorem magistratum se et rempublicam et ecclesiam, seu veram religionem etiam armis defendere jure possunt. His positis conditionibus.

1. Cu

1. Cùm superior magistratus degenerat in tyrannum.

2. Aut ad manifestam idolatriam ipsos vel subditos suos vult cogere.

3. Cùm ipsis atrox infertur injuria.

4. Si aliter incolumes fortunis, vitâ, conscientiâ esse non possunt.

5. Ne prætextu religionis aut justitiæ suæ quærant.

6. Servatâ semper *ep.kid* et moderamine inculpatæ tutelæ juxta leges.

Censura. Hæc propositio est falsa, seditiosa et callidè restringitur ad conditiones annexas, sub quibus latente serpentino dolo, quilibet seditiosus facilè se expedire potest.

PROPOSITIO III. Subditis mere privatis, sine legitimâ vocatione, neque ad invalendum tyrannum ante periculum, neque ad defendendum se contra eos in periculo, neque ad vindicandum se post periculum, arma capescere licet, si ab ordinariâ potestate defendi possint.

Censura. Hæc propositio supponit falsa, et est insidiosa & seditiosa.

PROPOSITIO IV. Subditis mere privatis, si tyrannus tanquam latro aut stuprator, in ipsos faciat impetum, et ipsi nec potestatem ordinariam implorare, nec aliâ ratione effugere periculum possint, in presenti periculo se et suos contra tyrannum, sicut contra privatum grassatorem, defendere licet.

Censura. Hæc propositio est falsa, periculosa, impia.

Has et similes propositiones à quocumque scriptore defendantur, ut falsas, impias et seditiosas condemnat universitas Oxoniensis : necnon docet ac defendit secundùm

canonem sacrarum litterarum , subditos nullo modo vi
et armis regi vel principi suo resistere debere , nec illis
arma vel offensiva vel defensiva in causâ religionis , vel
aliâ in re quâcumque , contra regem vel principem suum
capescere licere.

2. Deindè celebris cœtus convocationis doctorum ,
magistrorum regentium et non regentium , unanimi consensu decrevit , ut singuli doctores et magistri universitatis Oxoniensis unà cum baccalaureis in jurisprudentiâ
et medicinâ subscriberent censuris et decretis prædictis.

3. Et ulteriùs celebris ille cœtus convocationis doctorum , magistrorum regentium et non regentium decrevit , quod singuli ad gradus in quâcumque facultate
promovendi , ante admissionem primò subscribant veri-
tati harum censurarum : deindè eodem tempore suscipiant
juramentum corporale , se non solùm propositiones præ-
dictas ex animo condemnare et detestari , sed etiam con-
demnaturos et detestaturos in perpetuum.

Forma juramenti sequitur in hæc verba.

Tu jurabis ex animo et bonâ fide , consentire decreto
convocationis habitæ die martis videlicet xxv junii anno
Domini ciɔiɔxxii super quibusdam propositionibus falsis ,
seditiosis, impiis et ibidem damnatis , et quod nullam præ-
dictarum conclusionum , eorumve sententiam docebis ,
defendes , vel tenebis publicè , vel occultè , neque aliquem
hujusmodi doctorem vel defensorem ope , consilio vel
favore juvabis , sed quantum in te est , impedies. Ità te
Deus adjuvet , tactis sacro-sanctis Dei evangeliis.

Liber commentariorum Davidis Paræi in epistolam sancti
Pauli ad Romanos , in quo omnes prædictæ , falsæ , impiæ

et seditiosæ propositiones ab ipso Paræo proponuntur et
defenduntur, die jovis videlicet sexto die mensis junii,
anno domini CIƆIƆCXXII, in solemni conventu omnium
doctorum, præfectorum collegiorum et aularum, necnon
præfectorum publicorum, dictæ universitatis Oxoniæ au-
toritate combustus fuit. Vide Hugonis Grotii votum
pro pace ecclesiasticâ, contra examen Andreæ Rivetti et
alios irreconciliabiles, page 50.

Décret de l'Université d'Oxfort, qui con-
damne les propositions suivantes.

Pour l'honneur de la sainte et indivisible Trinité, pour
conserver la vérité dans l'église catholique et orthodoxe, et
pour la venger des injures faites à la majesté royale, et la défendre non-seulement de ses ennemis déclarés, mais encore de
ceux qui se couvrent de l'enveloppe insidieuse de l'erreur.

Dans une nombreuse assemblée qui s'est tenue le
mardi 25 de juin, l'an du Seigneur CIƆIƆXXII, le vice-
chancelier, les docteurs, procureurs, maitres, professeurs
et non-professeurs, convoqués de la même manière et dans
le lieu ordinaire, d'une voix et par un accord unanime, ont
censuré de la manière suivante, certaines propositions contraires aux divins canons, aux décrets des conciles, aux
écrits des pères, à la foi et à la doctrine que professoit la
primitive église, et de plus, tendantes par leur perfide sé-
duction, au renversement des trônes les plus élevés et les
mieux affermis.

PREMIÈRE PROPOSITION. Les évêques et les pasteurs
peuvent et doivent, avec le consentement de l'église, livrer

à Satan, jusqu'à ce qu'ils fassent pénitence, leurs magistrats, s'ils sont impies ou injustes et contumaces.

Censure. Cette proposition est erronée, impie, et tend
à la subversion des meilleurs gouvernemens.

2ᵉ. *PROPOSITION.* Les sujets qui ne sont pas dans une
condition privée, mais dans une magistrature subalterne,
peuvent avec justice, pour se défendre eux-mêmes, la république, l'église, c'est-à-dire, la véritable religion, prendre les armes contre le magistrat qui est au-dessus d'eux,
mais seulement dans les cas suivans :

1°. Si ce supérieur devient tyran.

2°. S'il veut les forcer, eux et ceux qui en dépendent,
à une manifeste idolâtrie.

3°. Pour repousser une injure atroce de la part de ce
premier magistrat.

4°. Si cela est nécessaire pour la sureté de leurs personnes, de leurs fortunes et de leurs consciences.

5°. Si sous prétexte de religion et de conscience, ce
premier magistrat ne cherche que son propre intérêt.

6°. Il faut cependant, dans tout cela, garder l'*épiquie*, et
la modération nécessaire que prescrivent les lois pour que
la défense soit légitime.

Censure. Cette proposition est fausse, séditieuse ; les
restrictions qu'on y met sont perfides ; elles couvrent un
poison subtil, et sont peu propres à contenir un séditieux
quelconque.

3ᵉ. *PROPOSITION.* Il est permis de prendre les armes à
de simples particuliers protégés et défendus par leur gouvernement, quoiqu'ils n'y soient point légitimement appelés,
soit pour attaquer un tyran avant le danger, soit pour le

repousser et s'en défendre dans le danger, soit pour s'en venger après le danger.   4

Censure. Cette proposition suppose des choses fausses ; elle est insidieuse, et porte à la sédition.

4e. *PROPOSITION.* Si de simples particuliers sont violemment attaqués par un tyran qui entreprendroit de les voler ou de les déshonorer, et qu'ils ne puissent ni invoquer le secours de la puissance publique, ni trouver aucune autre manière d'échapper à ce danger, ils peuvent alors se défendre, eux et ce qui est à eux, contre le tyran, comme ils le feroient contre un particulier ordinaire.

Censure. Cette proposition est fausse, dangereuse, impie.

L'université d'Oxfort condamne ces propositions et celles qui leur sont semblables, quel que soit l'auteur qui les soutienne ; elle les condamne comme fausses, impies, séditieuses ; elle enseigne et soutient, conformément aux canons des saintes lettres, que les sujets ne doivent en aucune manière résister à leur prince ou à leur roi, par la force et par les armes, et qu'il ne leur est permis ni pour les intérêts de la religion, ni pour aucune autre cause que ce puisse être, de prendre contre eux des armes offensives ou défensives.

De plus, cette célèbre assemblée de docteurs, et de maîtres, professeurs et non professeurs, convoqués et réunis, ont unanimement arrêté que chaque docteur et maître de l'université d'Oxfort, ainsi que les bacheliers en droit et en médecine, souscriroient aux susdites censures et décrets.

Enfin, que quiconque aspireroit à un grade dans quelque faculté que ce fût, y souscriroit avant son admission, et feroit personnellement serment, non-seulement qu'il con-

damne et déteste actuellement et de cœur les susdites propositions ; mais encore qu'il les condamnera et détestera
toujours.

Formule du serment qui est exigé.

Vous jurez de cœur et de bonne foi, que vous souscrivez
au décret rendu par l'assemblée de l'université, tenue le
mardi 25 juin, l'an du Seigneur CIↃIↃCXXII, contre quelques propositions fausses, séditieuses, impies, et qu'elle
y a condamnées ; vous jurez que vous ne tiendrez, n'ensei-
gnerez ni ne soutiendrez le sens d'aucune desdites propositions, soit en public, soit en secret, et que bien loin
d'aider de votre conseil ou de votre crédit, aucun de ceux
qui auroient la témérité de les enseigner ou de les défendre,
vous vous y opposerez de toutes vos forces. Ainsi, que
Dieu vous ait en aide par ces saints évangiles que vous
touchez.

Le livre des commentaires sur l'épître de S. Paul aux
Romains, dans lequel se trouvent les propositions fausses,
impies et séditieuses dont nous venons de faire mention,
et qui y sont avancées et défendues par Paré, fut brûlé
le 6 juin, l'an du Seigneur CIↃIↃCXXII, dans l'assemblée
même de tous docteurs, préfets du collége, etc. de l'université d'Oxfort.

----

(4) Andreæ Rivetti, Examen animadversio-
nem Hugonis Grotii, p. 59.

Vim non opponendam supereminentibus potestatibus
dogma est Christi, ac apostolorum Petri et Pauli. Et

hoc dogma ut divini juris retineri debet. Quæ autem sit
in singulis locis supereminens potestas et una ne an plures,
id ex sacratis cujusque populi legibus cognoscendum est :
Illud docere theologi est : hoc discernere jurisconsulti est
cujusvis, sed ejus qui jus publicum patriæ ex certis do-
cumentis hauserit.

Pacem civilem perturbat dogma illud, reformatos se
dicentium, licita esse pro religione subditorum in reges
arma, quod vir nobilissimus Plessiacus Mornæus, ut pie-
tati consentaneum testamento etiam suo inseruit..... Qui
sunt, qui sexdecim hominum millia Rupellæ fame perire
potiùs, quàm regiam clementiam experiri, coegerunt ?
ministri sub reformato nomine. Qui sunt, qui totam Lan-
guedociam, vicinasque regiones, concionibus et libellis
inflammarunt ? iidem ministri. Qui sunt, qui Cameronem
non perindè insanientem, in plebis adduxere odium, undè
illi crudeliter tractato morbus morsque evenit ? ministri
verbi, ut dicunt, divini. Vide Rivetiani, Apolegetici dis-
cussionem, autore Hugone Grotio, page 88.

C'est un dogme de Jésus-Christ et des apôtres Pierre
et Paul, qu'on ne doit pas résister par la force aux puissances souveraines; et ce dogme doit être maintenu comme
étant de droit divin. Quelle est cette souveraineté dans les
différens états ? appartient-elle à une ou à plusieurs personnes ? c'est ce qu'il faut décider par les lois consacrées
dans chacune de ces nations. C'est aux théologiens à l'in-
diquer, c'est aux jurisconsultes à la déterminer; mais le
premier venu ne doit pas s'en mêler, et cela doit être

réservé à ceux qui auront puisé la science du droit public dans des sources pures et certaines.

Le sentiment des ministres réformés, qui autorise les sujets à prendre les armes contre leurs rois pour la défense de leur religion, est très-contraire à la paix et au repos des états. Duplessis-Mornai, cet homme si célèbre, a cependant inséré dans son testament, qu'il étoit très-conforme à la piété.

Qui sont ceux qui forcèrent 16,000 hommes à périr à la Rochelle, plutôt que de recourir à la clémence du roi ? Ne sont-ce pas les ministres qui prennent le nom de réformés ? Qui sont ceux qui, par leurs prédications et leurs libelles, enflammèrent le Languedoc et les régions voisines ? ce sont les mêmes ministres.

Qui sont ceux qui animèrent le peuple contre le pacifique et paisible Caméron, qui le taxèrent de folie et lui attirèrent les mauvais traitemens qui le conduisirent au tombeau ? Ce sont ceux qui se donnent pour les ministres de la parole de Dieu.

———————

(4) Politique de Bossuet, tome 7 in-4° de ses Œuvres, p. 48.

Il semble aujourd'hui qu'il n'y ait point de milieu entre l'esclavage et la démocratie. On insinue dans presque tous les écrits, que tout gouvernement dans lequel le peuple n'a pas la principale influence, ou par lui-même, ou du moins par ses représentans, est despotique et arbitraire. On brouille ainsi toutes les idées, et c'est encore à Bossuet que nous avons recours pour les éclaircir et les fixer.

Il y a, dit-il, parmi les hommes une espèce de gouvernement que l'on appelle arbitraire, mais qui ne se
trouve point parmi nous, ni dans les états parfaitement
policés. Quatre conditions accompagnent ces sortes de gouvernemens.

1°. Les peuples sujets sont nés esclaves, c'est-à-dire,
vraiment serfs, et parmi eux, il n'y a point de personnes
libres.

2°. On n'y possède rien en propriété; tout le fonds
appartient au prince, et il n'y a point de droit de succession, pas même de fils au père.

3°. Le prince a droit de disposer à son gré, non-seulement des biens, mais encore de la vie de ses sujets,
comme on feroit des esclaves.

4°. Enfin il n'y a de loi que sa volonté.

Voilà ce qu'on appel'e puissance arbitraire.....

C'est autre chose que le gouvernement soit absolu,
autre chose qu'il soit arbitraire. Il est absolu par rapport
à la contrainte, n'y ayant aucune puissance capable de forcer le souverain, qui en ce sens est indépendant de toute
autorité humaine : mais il ne s'enfuit pas de-là que le
gouvernement soit arbitraire, parce que tout est soumis
au jugement de Dieu; ce qui convient aussi au gouvernement qu'on vient de nommer arbitraire : c'est qu'il y a des
lois dans les empires contre lesquelles tout ce qui se fait
est nul de droit, & il y a toujours ouverture à revenir
contre, ou dans d'autres occasions, ou dans d'autres temps ;
de sorte que chacun demeure légitime possesseur de ses
biens, personne ne pouvant croire qu'il puisse jamais
rien posséder au préjudice des lois, dont la vigilance &

l'action contre les injustices & les violences est immortelle,
& c'est-là ce qui s'appelle le gouvernement légitime, opposé par sa nature au gouvernement arbitraire.

Dans le gouvernement légitime, les personnes sont libres ;
les rois y sont les pères de tous leurs sujets, et des enfans
ne sont pas des esclaves.

Le gouvernement est établi pour affranchir tous les
hommes de toute oppression et de toute violence, et c'est
ce qui fait l'état de la parfaite liberté, n'y ayant dans le
fond rien de moins libre que l'anarchie, qui ôte d'entre
les hommes toute prétention légitime, et ne connoît
d'autre droit que celui de la force.

La propriété des biens est légitime et inviolable dans ce
gouvernement ; on y trouve donc liberté, sûreté, et souvent bien plus que lorsque la multitude se mêle de gouverner.

<hr>

(5) 10ᵉ Méditation de M. Daguesseau,
tome XI in-4°, page 595.

De la part des sujets ou de ceux qui sont soumis à
l'autorité du gouvernement, il est clair qu'autant ils sont
obligés d'aimer le bien général de l'humanité, ou le bien
commun de la société dans laquelle ils vivent, autant
doivent-ils obéir aux lois positives, qui, comme je viens
de le dire, ne sont que des moyens pour parvenir à l'un
ou à l'autre bien, soit qu'elles règnent depuis long-temps
dans leur pays, soit qu'elles y soient nouvellement pu-
bliées. Ils agiroient évidemment contre l'amour qu'ils
ont et qu'ils doivent avoir pour eux-mêmes, s'ils en
usoient d'une autre manière ; et cette règle ne peut souffrir

aucune difficulté, tant que les lois qu'il plaît à la puissance suprême d'imposer à ses sujets , n'ont rien qui
répugne manifestement aux droits de la nature ou aux
premiers principes du droit des gens.

Mais que faudra-t-il faire , ou quel parti sera-t-il permis de prendre , si ce cas arrive , et si l'abus de l'autorité
est porté jusqu'à l'excès de rompre les liens de l'humanité , ou ceux qui sont les plus essentiels à la société civile ?

Je puis répondre d'abord que c'est ici une de ces
questions jalouses , comme parlent les Italiens , que le
plus sûr est de ne point agiter ; parce qu'il y a toujours du
danger , même à les bien résoudre ; ainsi j'adopterois
volontiers sur ce point la réponse qu'un Anglais , dont
j'ai oublié le nom , fit à Charles II , roi d'Angleterre ,
lorsque , pressé par ce prince de lui déclarer ce qu'il
pensoit sur les droits réciproques du roi et du peuple ,
il lui dit que tout ce qu'on pouvoit désirer sur ce sujet ,
étoit que le peuple fût persuadé que le roi peut tout ce
qu'il veut ; et le roi , qu'il ne peut que ce qu'il veut selon la loi.

Je trouverai encore , si je veux , une autre défaite plutôt qu'une réponse précise , en renvoyant ceux qui me
feroient cette question , aux lois primitives ou à la constitution fondamentale de chaque gouvernement , comme
à la règle la plus sûre pour bien juger de ce qui est permis à l'égard de la puissance suprême , qui viole ouvertement le droit naturel ou le droit des gens.

Mais s'il faut absolument expliquer ma pensée sur
une matière si délicate , je chercherai encore la solution
générale de ce problême dans les principes qu'un amour-
propre bien entendu inspire aux plus grands empires

comme aux simples particuliers. Posons donc d'abord
l'état de la question avec toute la précision qu'elle demande, et voyons ensuite comment elle peut être résolue.

Je remarque premièrement, que pour donner lieu d'a-
giter cette question , il faut nécessairement que l'entreprise sur les droits essentiels de l'homme et du citoyen
soit si claire, si évidente, si certaine, qu'il ne reste aucun nuage, aucun doute, aucune ombre de difficulté sur
ce sujet ; car si l'on peut hésiter encore sur la conduite
de ceux qui gouvernent ; si les sentimens de la nation ne
sont pas entièrement unanimes ; s'il n'y a qu'une proba-
bilité, quoique beaucoup plus grande d'un côté et beaucoup moindre de l'autre , le bien public, qui veut qu'on
mette toujours la présomption du côté du supérieur légitime, doit encore arrêter et suspendre les esprits , parce
qu'un amour-propre éclairé n'abandonnera point l'avantage
certain qui résulte de la soumission des membres à leur
chef, de l'union et du concert de toutes les parties de
l'état, par la crainte d'un mal douteux, incertain, et qui
n'arrivera peut-être jamais.

J'observe en second lieu , que pour renfermer encore
plus le problême dans ses véritables bornes , on doit supposer qu'il s'agit, non pas de quelques conséquences plus
ou moins éloignées du droit naturel ou du droit des gens,
mais du fond et de l'essence même de ces droits ; ensorte
que la nature de l'homme et de toute société civile soit
attaquée dans sa substance par la loi que le souverain ou
ceux qui en tiennent lieu veulent établir.

En effet, s'il est permis de résister à une autorité légitime en soi, la résistance ne sauroit être justifiée que par
ce principe général , que le salut du peuple est une loi

suprême, à laquelle toute autre considération doit céder.

Mais cette loi même, qui a fait ériger les différentes formes de gouvernement, c'est elle qui les maintient, qui les conserve, qui les perpétue ; et en un sens, elle est toujours favorable à ceux qui gouvernent, quelque usage qu'ils fassent de leur autorité, parce qu'en général l'anarchie est le plus grand de tous les maux, et qu'il vaut encore mieux avoir un mauvais gouvernement, que de n'en avoir aucun.

Ainsi, dans le cas où la question présente peut naître, il se forme une espèce de combat entre le salut du peuple & le salut du peuple même. D'un côté, nulle nation ne peut subsister si l'autorité souveraine n'y est respectée, et si l'on résiste à ses lois ; de l'autre, la nation peut aussi être détruite, si ceux qui sont à sa tête tournent contre elle la puissance qu'ils n'ont reçue que pour elle, et travaillent à sa ruine au lieu de veiller à sa conservation. Malheureux donc les peuples qui se trouvent dans une situation où il faut opter entre ce qui fait ordinairement le salut de la patrie, je veux dire la soumission aux lois, mais qui, dans la circonstance dont il s'agit, en seroit l'entier renversement, et ce qui peut en empêcher la destruction, c'est-à-dire, la résistance à des lois visiblement pernicieuses et contraires à sa durée. Mais dans une telle extrémité, il ne peut jamais y avoir lieu de délibérer sur un si triste choix, que lorsque les fondemens mêmes de toute société humaine et civile sont ébranlés, et qu'il est absolument impossible que la nation se conserve si la loi subsiste, ou que la loi subsiste sans que la nation périsse.

C'est donc dans ces circonstances que la question doit être examinée, si l'on veut l'envisager dans ses véritables

termes ; et avant que de là réfoudre, il me reste à tirer
cette conféquence de mes deux réflexions précédentes, que
la conjoncture où cette efpèce de problême peut être agité,
n'eft prefque qu'un cas métaphyfique, qui n'eft peut-être
jamais arrivé, qui n'arrivera peut-être jamais.

En effet, on a bien vu dés princes ou des chefs d'une nation couper mal-à-propos quelques-unes des branches de ce
grand arbre auquel on peut, après l'écriture-fainte, comparer le corps d'un état, c'eft-à-dire exercer fans règle et fans
raifon un pouvoir arbitraire fur quelque partie du droit
public ou particulier, altérer par-là le bonheur ou la tranquillité de leurs fujets, et nuire à la grandeur de leur empires : mais, pour fuivre toujours la même image, on n'en
a point vu d'affez aveugles ou d'affez infenfés pour vouloir
mettre la coignée à la racine de l'arbre, c'eft-à-dire renver-
fer en un jour l'ouvrage de plufieurs fiècles, et porter le coup
mortel à une nation entière dont ils tirent toute leur force
et toute leur gloire. Une telle penfée peut être comparée à
cet excès de folie qui porte quelquefois l'homme à fe donner la mort lui-même ; mais elle eft encore infiniment plus
rare, et je ne fais fi tous les fiècles pourroient en fournir
un feul exemple. Je l'ai déja dit ailleurs, Néron fouhaitoit
que le peuple romain n'eût qu'une feule tête pour pouvoir
l'abattre d'un feul coup ; mais Néron même s'en eft tenu
au fimple fouhait. C'eft donc dans cette unique fuppofition,
c'eft-à-dire, quand il s'agiroit de fauver la nation entière
par fa réfistance à un feul homme, que le problême
dont il s'agit pourroit être propofé. Je ne me fuis donc
pas trompé quand j'ai dit que la question fuppofe un cas
purement métaphyfique, et j'ai réfolu en quelque manière un problême fi difficile, et fi dangereux même à

traiter, en faisant voir qu'il est moralement impossible
qu'une nation soit obligée à le résoudre.

Que si l'on veut absolument réaliser cette espèce de
chimère, et insister encore à me demander la règle que
des peuples devroient suivre, s'ils avoient le malheur
de se trouver effectivement dans ce cas, qui me paroît
imaginaire, je réduirai à trois maximes générales tout
ce qu'il me semble qu'un amour-propre raisonnable peut
leur inspirer sur ce sujet.

1°. Si les fondateurs d'une monarchie ou d'une république ont prévu un tel cas ; si les lois ou la constitution
même du gouvernement en prescrivent le remède ; si elles
ont établi ou autorisé des voies régulières par lesquelles
les sujets puissent demander et obtenir la révocation d'une
loi contraire au bien commun de l'Etat : je ne vois rien
qui puisse détourner un amour-propre éclairé, de suivre
la route qui lui est marquée sur ce point par l'ordre public
de la nation même.

2°. Si le cas dont il sagit n'a pas été prévu par les
législateurs, et qu'il n'y ait point de forme certaine établie par une autorité légitime pour y apporter un remède
convenable, tous ceux qui sauront aimer raisonnablement
leur patrie comme ils s'aiment eux-mêmes, conviendront
avec moi de la maxime suivante.

Comme il faut supposer que c'est toute la nation qui est
essentiellement, ou, si j'ose le dire, mortellement blessée
par la loi du souverain, sans quoi la question ne pourroit être proposée, c'est aussi à la nation entière, ou à
ceux qui ont droit, suivant les lois, de la représenter,
qu'il appartient de s'opposer à une telle loi ; et par conséquent le droit d'y résister ne réside ni dans la personne
d'aucun particulier, ni même dans celle d'un nombre

confidérable de citoyens. Non-feulement la réfiftance feroit téméraire et dangereufe , puifqu'elle ne ferviroit qu'à produire une confufion et un défordre peut-être plus funefte à l'état que la loi même contre laquelle il fe révolteroit, mais elle pécheroit évidemment contre le principe, puifqu'elle fuppoferoit fans fondement, que le falut du peuple dépend de l'abolition de cette loi. En effet, dès le moment que le corps de la nation, ou ceux qui font chargés d'en foutenir les droits effentiels, demeurent dans le filence, on ne peut plus prétendre que la nouvelle loi foit directement & évidemment contraire à fes droits. Ainfi la préfomption fubfifte toujours en faveur du fupérieur légitime, & il n'en faut pas davantage pour arrêter les mouvemens inquiets des particuliers, fi la raifon eft la feul règle de l'amour qu'ils ont pour l'état.

3. Quand même le corps de la nation, ou ceux qui ont droit de parler et d'agir pour elle felon la conftitution du gouvernement, feroient perfuadés que la loi dont il s'agit répugne effentiellement au droit de la nature et au droit des gens, s'ils voient néanmoins qu'ils ne peuvent s'oppofer à l'exécution de cette loi fans allumer dans le fein de leur patrie une guerre civile beaucoup plus pernicieufe au corps et aux membres que l'obfervation de la loi ne le peut être , ils n'auront alors qu'à confulter cet amour-propre raifonnable auquel j'en reviens toujours, pour reconnoître qu'un moindre mal devient pour l'homme une efpèce de bien , lorfqu'il lui en fait éviter un plus grand, et qu'il vaut mieux fouffrir une tranfgreffion particulière des lois les plus inviolables, lorfqu'elle n'emporte pas en même temps la ruine entiere de l'état , que de l'expofer à des révolutions encore plus funeftes , dont on peut prévoir

voir qu'elle fera la fin , et qui fe terminent fouvent à faire croître encore le pouvoir de ceux qui en ont le plus abufé. Ils entreront même d'autant plus volontiers dans ces vues pacifiques, qu'ils favent, par l'expérience de tous les fiècles , que tout ce qui eft vraiment contraire aux règles fondamentales du droit naturel ou du droit des gens n'eft jamais durable; qu'il fe corrige , ou fe tempère , ou s'ufe par le temps , et que cette efpèce de maladie de l'état trouve fon remède dans fon excès même. Ainfi la plus conftante de leurs maximes, et peut-être la plus convenable au bien commun de l'état , fera de regarder avec Tacite, l'avidité , le luxe et les autres paffions qui gouvernent , comme la ftérilité, les inondations & les autres maux paf-fagers de la nature: *Quomodo fterilitatem , aut nimios imbres , & cætera naturæ mala, ita luxum vel avaritiam dominan-tium tolerare ;* ou , comme le même auteur le dit ailleurs, *Bonos imperatores expetere , qualescumque tolerare.*

Telles sont les principales règles que la fuite de mes principes me fait connoître sur tout ce qui appartient en général ou au droit naturel ou au droit des gens , ou au droit civil; et il me paroît de la dernière évidence que c'est-là ce que tout amour-propre éclairé doit penser fur ces trois sortes de lois, s'il est toujours docile aux conseils de la raison.

Nous terminons ces notes par une observation du docteur Charlas. Elle est tirée de son traité en latin sur les libertés de l'église gallicane, tome 2 in-4°, page 219. Nous donnons un extrait de cet endroit , et nous le donnons en français.

« Plût à Dieu que le clergé de France s'occupât bien plus des moyens de combattre les erreurs qui se répandent, et de conserver ce qu'on ne lui a pas encore enlevé de sa jurisdiction, que de borner et de circonscrire, même dans le spirituel, le pouvoir du vicaire de Jésus-Christ. Ne doit-il pas craindre d'affoiblir lui-même le respect que lui doivent les fidèles, en diminuant celui qu'il croit devoir à leur père commun ?

Comment en effet ces fidèles se soumettront-ils aux évêques avec cette docilité que leur commande S. Paul, s'ils voient les évêques eux-mêmes, ou peu soumis à leur chef, ou cherchant toujours à réduire leur obéissance aux bornes les plus étroites ?

Les raisonnemens qu'on emploie pour attaquer les pouvoirs du pape sont absolument les mêmes dont ont fait usage les républicains contre les monarques. On peut le voir dans Gerson, dans Almain, etc.

C'est à l'assemblée des fidèles qu'ils donnent le droit d'inspection, de jugement, de supériorité sur le pontife de Rome, et c'est aussi dans le peuple réuni qu'ils reconnoissent le même droit sur ceux qui les gouvernent, soit qu'ils soient plusieurs, soit qu'il n'y en ait qu'un seul.

Tous ces systêmes sont nés dans des temps de troubles, de partis, de factions. On outre tout alors ; on se crée des possibilités chimériques, pour les prévenir ou pour les combattre ; et il n'arrive que trop, qu'en courant après un mieux imaginaire, on précipite l'état et la religion dans des maux trop réels, et peut-être incurables. «

FIN DES NOTES.

TABLE

DES CHAPITRES.

TABLE.

Fin de la Table.

De l'imprimerie de LAILLET, place du Marché-neuf, n° 40.

conduit, & elle ne pourra être arrêtée ni le jour fixé pour sa comparution, ni pendant son voyage pour aller au bureau de paix & pour en revenir.

IV. Si un débiteur, après avoir obtenu de son créancier devant le bureau de paix un terme de paiement, manque de payer à l'échéance de ce terme, le créancier pourra l'ajourner directement au tribunal de district, sans le citer de nouveau devant le bureau de paix ; & le délai de l'ajournement ne sera, en ce cas, que de cinq jours, & d'un jour en outre pour dix lieues.

V. Lorsque de deux parties présentes devant le bureau de paix, l'une déclarera s'en rapporter au serment de l'autre partie sur la vérité d'une dette méconnue, ou d'une convention contestée, ou tout autre fait décisif, le bureau de paix recevra ce serment, ou fera mention dans son procès-verbal du refus de le prêter.

On souscrit à Paris, chez la veuve DESAINT, Imprimeur, rue de la Harpe, au-dessus de Saint-Côme, N° 133, moyennant 15 liv. par an, 8 l. pour six mois, 4 l. 10 sous pour trois mois, pour Paris; & pour la Province 16 liv. 10 s. par an, 9 liv. pour six mois, 5 liv. pour trois mois, franc de port.

Les Abonnemens dateront toujours du premier Janvier, du premier Avril, du premier Juillet, ou du premier Octobre, & finiront tous au 31 Décembre 1791.

www.ingramcontent.com/pod-product-compliance
Lightning Source LLC
Chambersburg PA
CBHW051230050726
47594CB00001B/106